CB130484

PESQUISAS sobre COMPORTAMENTO no TRÂNSITO

organizadores:

Hartmut Günther
Fábio de Cristo
Ingrid Neto
Zuleide Oliveira Feitosa

PESQUISAS sobre COMPORTAMENTO no TRÂNSITO

Laboratório de Psicologia Ambiental
Universidade de Brasília

Casa do Psicólogo®
uma empresa PEARSON

© 2015 Casapsi Livraria e Editora Ltda.
É proibida a reprodução total ou parcial desta publicação, para qualquer finalidade, sem autorização por escrito dos editores.

1ª Edição *2015*
1ª Reimpressão *2015*
Editor: *Ingo Bernd Güntert*
Coordenadora Editorial: *Marcela Roncalli*
Assistente Editorial: *Cíntia de Paula*
Produção Editorial e Capa: *Casa de Ideias*

Dados Internacionais de Catalogação na Publicação (CIP)
Angélica Ilacqua CRB-8/7057

Pesquisa sobre comportamento no trânsito / Editado por Hartmut Günther ; Laboratório de Psicologia Ambiental Universidade de Brasília. – São Paulo : Casa do Psicólogo, 2015.
384 p.

1ª reimpressão da 1ª edição de 2015.
ISBN 978-85-8040-315-2

1. Comportamento de risco (Psicologia) 2. Segurança no trânsito I. Günther, Hartmut II. Laboratório de Psicologia Ambiental Universidade de Brasília

15-0192 CDD 158.1

Índices para catálogo sistemático:
1. Psicologia aplicada

Impresso no Brasil
Printed in Brazil

As opiniões expressas neste livro, bem como seu conteúdo, são de responsabilidade de seus autores, não necessariamente correspondendo ao ponto de vista da editora.

Reservados todos os direitos de publicação em língua portuguesa à

Casapsi Livraria e Editora Ltda.
Av. Francisco Matarazzo, 1500 – Cj. 51
Edifício New York – Centro Empresarial Água Branca
Barra Funda – São Paulo/SP
CEP 05001-100
Tel. Fax: (11) 3672-1240
www.casadopsicologo.com.br

PREFÁCIO

J. Pedro Corrêa[1]

Fonte: Beto Nociti / Cerrado Fotografia

Tenho inúmeros motivos para comemorar a chegada deste livro sobre comportamento no trânsito. Aliás, é sempre bom saber do lançamento de um novo livro no Brasil, afinal, somos um país que lê pouco, que não cultiva a leitura e, por consequência, desconhece muita coisa, justamente pela falta deste saudável hábito.

Nesse caso, fico muito feliz, porque ele se propõe a trazer mais informações, mais conhecimento sobre questões de trânsito; um tema em que o Brasil tem patinado bastante nos últimos anos. Aqui, o esforço valeu a pena.

---

1 Consultor em programas de segurança no trânsito, jornalista e relações públicas, foi o criador do Programa Volvo de Segurança no Trânsito, ao qual continua prestando consultoria até hoje.

Nos quinze capítulos de *Pesquisas sobre comportamento no trânsito*, organizados por um bem motivado grupo de psicólogos de algumas das mais importantes universidades brasileiras, temos uma interessante visão de temas importantes dentro do mosaico do trânsito brasileiro, na perspectiva não apenas deles, psicólogos, mas também de médicos, uma socióloga, uma engenheira de trânsito e uma policial federal.

Saúdo, assim, o esforço do grupo do Laboratório de Psicologia Ambiental da Universidade de Brasília, coordenado pelo professor Dr. Hartmut Günther, constituído por Fábio de Cristo, Ingrid Neto e Zuleide Feitosa, pesquisadores do laboratório e pós-graduados na linha de estudos sobre comportamento no trânsito; chega em boa hora para manter acesa a discussão em torno do tema.

Entre outras qualidades, este livro abre espaço não apenas para profissionais da psicologia de trânsito, mas possibilita visões regionais e diferenciadas sobre a problemática do trânsito de outras áreas, o que é muito importante considerando a pluralidade brasileira de enfoques sobre trânsito. Quanto mais essas opiniões forem disseminadas, quanto mais debates produzirem e mais conhecimento permitirem, tanto melhor para o país, que continua em busca de seu trânsito ideal e da segurança desejada.

Todos conhecemos pessoas que acham simplesmente que nosso trânsito não tem jeito e que estamos condenados a ter "isso aí" por muito tempo. Não sou ingênuo de ignorar as dificuldades culturais de nossa sociedade em absorver novos conceitos que vão alterar o comportamento de nosso cidadão no trânsito. Contudo, não faço parte do grupo "do contra", que não vê saída, e creio, sinceramente, que estamos cada vez mais próximos do dia da chegada do "novo trânsito brasileiro". Julgo, mesmo, que falta muito pouco para chegarmos lá.

Para mim, a chegada do "novo trânsito brasileiro" será marcada por uma mudança radical no Governo Federal, que simplesmente dará tons verdes e amarelos às ações que inúmeros países já aplicam há vários anos. Em alguns deles, essas ações foram iniciadas há muitas décadas, tempo necessário para consolidar as mudanças desejadas.

No Brasil, não será diferente. Basta entender nosso atraso educacional que precisa ser superado para que ganhemos condições de praticar um comportamento no trânsito civilizado, solidário, de absoluto respeito aos outros e que está longe do quadro atual de nossas cidades. Entender que trânsito é sinônimo de cidadania e que isso impõe mudanças radicais em nosso cotidiano é absolutamente imprescindível se pretendemos nos igualar a outras nações que, ainda que não tenham chegado ao ponto desejado, já desfrutam de condições muito melhores.

Um de nossos maiores desafios – alô, psicólogos! – é eliminar o "jeitinho" brasileiro de nosso dia a dia. Durante décadas, o "jeitinho" foi visto como motivo de orgulho, por permitir soluções criativas para determinadas situações. No trânsito, o "jeitinho" acabou se traduzindo em práticas incorretas, inseguras, muitas vezes, nada éticas e, por consequência, condenáveis.

Devemos ter claro que, para tornar o trânsito brasileiro mais humano, mais seguro e mais moderno, não precisaremos de "jeitinhos", mas de muito trabalho em todas as áreas. O que outros países nos mostram é que, para obter resultados concretos, basta um bom plano de ação, uma boa estrutura organizacional e recursos adequados, e isso não é nada complicado. O que nos falta, hoje, são lideranças com essa visão no Brasil.

Acabo de escrever um livro contando casos brasileiros sobre disseminação de cultura de segurança no trânsito. Para tanto, corri o país inteiro, conheci novos personagens, reencontrei outros, e nesses outros incluo empresas, entidades, ONGs, pessoas físicas e órgãos governamentais que aplicam conceitos de trânsito compatíveis com o que se pode encontrar nas nações mais desenvolvidas. Foi depois desse périplo que me dei conta de que o Brasil está cheio de muros e pontes. Muros que cercam as inúmeras ilhas de excelência que temos de norte a sul. Pontes que são levadiças, como se estivéssemos na Idade Média, impedindo a passagem daqueles que têm sede de conhecimento e não conseguem atravessar a ponte para as ilhas de excelências.

Se pretendemos ser um país de trânsito saudável, precisamos baixar essas pontes levadiças e permitir o melhor acesso ao conhecimento que algumas áreas possuem. Este é papel do Governo Central, mas enquanto ele não acorda e isso não ocorre, caberá a nós, Joãos e Marias da comunidade (psicólogos do trânsito), desempenhar esse papel.

Quando terminava de escrever o livro, lançado em 2013, ocorreu-me fazer uma pergunta de pura provocação a todos nós – Governo, setor privado e sociedade civil – sobre a realidade do trânsito brasileiro: se é tão fácil achar a bússola, por que é tão difícil encontrar o caminho?

Duvido que qualquer autoridade brasileira, de qualquer escalão, não saiba das vantagens de ter um bom sistema de trânsito e que tampouco desconheça os danos que um trânsito como o nosso provoca. Se isso é verdade, se as coisas estão tão claras, por que não as fazemos?

Shakespeare dizia que "onde houver vontade, haverá um jeito". Enquanto a vontade política não chega e nosso trânsito patina na direção de seu grande destino, cabe à "resistência" empenhar esforços para melhorar o comportamento do brasileiro no trânsito.

Este livro enquadra-se perfeitamente nesse contexto. De um lado, é a universidade cumprindo seu papel fundamental de gerar conhecimento e de outro, um punhado de psicólogos que assume seu papel e se junta a profissionais de outras áreas para discutir questões importantes relacionadas a nosso cotidiano no trânsito.

Vejo a psicologia do trânsito no Brasil como um setor que tem mostrado crescimento bastante positivo ao longo das últimas décadas. Tenho acompanhado suas lutas e suas dificuldades desde os tempos do querido professor Reinier Rozestraten, cujo papel pioneiro será sempre lembrado. Julgo que a psicologia de trânsito no Brasil tem um papel preponderante no enfrentamento das grandes questões relacionadas ao comportamento do usuário. Se de um lado isso é promissor para os profissionais da área; de outro, significa também um desafio enorme a ser encarado e vencido.

Quando recebi, com muito orgulho, o convite para prefaciar este livro, lembrei-me de uma frase do escritor e diplomata norte-americano James Lowel que dizia que "livros são abelhas que levam o pólen de uma inteligência a outra". É assim que vejo esta publicação.

APRESENTAÇÃO

MARCOS PIMENTEL BICALHO[1]

Fonte: Beto Nociti / Cerrado Fotografia

Este livro é uma iniciativa de um grupo de profissionais do Laboratório de Psicologia Ambiental da Universidade de Brasília (UnB), mas não é uma obra apenas de psicólogos e, naturalmente, não se destina exclusivamente a eles. Pelo contrário, deve ser lida por todos aqueles que tentam

1 Arquiteto e urbanista, Secretário de Transportes da Prefeitura de Campinas (2001/2004), Superintendente da Associação Nacional de Transportes Públicos – ANTP (2005/2011), Consultor de planejamento da mobilidade urbana.

entender por que o trânsito se tornou um dos principais problemas de nossas cidades e também por todos que tentam administrá-lo.

Para quem vive nas grandes e médias cidades brasileiras, o problema trânsito aparece, em primeiro lugar, associado aos congestionamentos. De fato, a perda de um tempo precioso, roubado do trabalho, do descanso ou do lazer, está diretamente associada à deterioração da qualidade da vida urbana. Tampouco pode ser esquecido seu impacto econômico. Um estudo realizado pela Associação Nacional de Transportes Públicos (ANTP), em 1998, denunciou que em apenas dez cidades brasileiras eram desperdiçados cerca de R$ 500 milhões por ano em horas de trabalho perdidas, emissão de poluentes, consumo adicional de combustível etc. Naquele reduzido universo, a cidade de São Paulo respondia por quase 70% desse montante. Passada pouco mais de uma década, com o exponencial crescimento da frota automotora, o problema só se agravou. Hoje é percebido até mesmo em cidades menores, guardadas, é claro, as devidas proporções. Sem dúvida, atualmente o prejuízo é muito maior.

Outros números também são impressionantes, e trágicos: segundo o Ministério da Saúde, a cada ano, em nossas ruas e estradas morrem cerca de 40 mil pessoas, e outras 400 mil sofrem sequelas temporárias ou permanentes. A cada um desses genocídios anuais o país perde R$ 28 bilhões, segundo estudos também elaborados pela ANTP.

Outra pesquisa, desta vez da Faculdade de Medicina da Universidade de São Paulo, indica, ainda, que quatro mil pessoas morrem anualmente apenas na cidade de São Paulo, em função de problemas respiratórios, em grande parte causados pelos poluentes emitidos pelos veículos, principalmente pelos caminhões movidos a óleo diesel.

Diante dessa situação, mais e mais vozes questionam o rumo dessa política de transporte praticada na quase totalidade das cidades do país, orientada pelos e para os automóveis; e cresce a mobilização em defesa de uma mobilidade urbana sustentável. Mobilidade sustentável não é ainda um conceito claramente definido, mas pode ser delineado por alguns princípios bastante objetivos: planejamento dirigido às necessidades de movimentação das pessoas, e não dos veículos; prioridade aos meios de transporte coletivo nos investimentos e no uso do espaço (público) viário; estímulo ao uso dos meios de transporte não motorizados; e ênfase na segurança das pessoas, e não na fluidez dos carros.

Infelizmente, os números resumidamente apresentados não têm sido suficientes para sensibilizar a sociedade para a necessidade dessa mudança. E, pior, governos nos níveis federal, estadual e municipal continuam colocando em prática políticas de estímulo a esse esgotado modelo. Subsídios de impostos para a aquisição de automóveis, congelamento do preço da gasolina, investimentos em obras viárias faraônicas destinadas a tentar dar fluidez para essa imensa massa de veículos pelas já saturadas vias urbanas. Tentativas vãs cujo único resultado tem sido a destruição das próprias cidades.

Enquanto isso, minguam os investimentos em sistemas de transporte público de qualidade, explodem os preços das tarifas do transporte coletivo, e políticas de fiscalização de trânsito mais efetivas são tachadas como "indústria da multa", apenas para citar alguns exemplos.

Por que será que é tão difícil mudar esse quadro, mesmo diante dos alarmantes indicadores citados anteriormente? Falta de vontade política, pressão de interesses econômicos, falta de alternativas de outros meios de transporte, pouca educação para motoristas, todos são enunciados que explicam, mas, ao mesmo tempo, são produtos dessa realidade.

Minha experiência pessoal e profissional mais recente, como gestor público e à frente de uma organização não governamental, dirige minha atenção para as políticas públicas de gestão dos serviços de transporte e da circulação. Tendo a acreditar que as mudanças precisam ser estruturais, partindo do comando político da sociedade. Porém, qual é o papel dos indivíduos na impulsão ou na resistência a essas necessárias mudanças?

Pela ANTP, passei a ter algum contato com a área médica e seus estudos sobre os acidentes de trânsito. Fiquei fascinado por um simples e radical enunciado de que "toda morte no trânsito é uma morte evitável". Visto por esse ângulo, mesmo sabendo impossível a meta de zerar tal índice, esse é o objetivo que deve orientar as políticas públicas. Entretanto, o foco da medicina também está orientado às políticas mais gerais, e não ao comportamento das pessoas e dos grupos sociais.

Uma visão bem diferente pode ser observada em alguns setores mediante embates semelhantes. A questão ambiental é um bom exemplo. É comum encontrarmos defensores das ações individuais, independentemente do Estado, dos partidos políticos e de outras instituições da sociedade. Desvinculados destas, eles parecem dizer: "Faça a sua parte!", "Dê o exemplo!", "Calcule sua pegada de carbono.", "Plante uma (ou muitas) árvore(s)".

Possivelmente motivados pelo desgaste dessas tradicionais instituições, surgem mais e mais exemplos interessantes e transformadores de ações individuais, ou de grupos, agora fortalecidos pelas possibilidades abertas pelas redes sociais. Não é o caso de contrapor esses dois níveis de atuação, posto que não são excludentes, pelo contrário, podem e devem ser complementares. A questão que levanto é a importância da conscientização e da tomada de posição individual como motores da transformação estrutural.

Se for verdade que as mudanças precisam ser institucionalizadas – e eu acredito nisso –, também é verdade que elas dependem de uma legitimação que é construída, ou apoiada, "de baixo para cima". É interessante lembrar um aspecto importante das sociedades democráticas modernas: as eleições ocorrem a cada quatro anos, mas a pressão sobre os governantes é cotidiana, expressa na manchete do jornal, no noticiário do rádio ou na conversa de botequim.

Como criar essa força? Como trabalhar com ela? A melhor frase que me ocorre é "conquistar corações e mentes". E parece óbvio que, para isso, é preciso conhecer e compreender por onde anda a cabeça das pessoas.

Uma bem elaborada campanha publicitária de uma distribuidora de combustíveis declarava: "o brasileiro gosta (acima de tudo) de carro". E não só do seu, uma vez que mesmo aqueles que não possuem um automóvel resistem a medidas de disciplinamento desse agressivo meio de transporte. Talvez sonhando em ter um, um dia. Sem perceber que o domínio absoluto dos automóveis sobre o espaço urbano está na raiz da má qualidade a que ele é submetido diariamente no precário transporte coletivo que lhe é acessível, no risco cotidiano a que está exposto, como pedestre, sem falar nos impactos ambientais mais gerais, explodindo na ameaça das mudanças climáticas.

Será que a psicologia pode nos ajudar nesse delicado campo dos desejos e aspirações individuais e de sua somatória, nem sempre lógica? Um importante passo será dado se os capítulos deste livro puderem contribuir para demonstrar o valor e a importância de olhar para aspectos individuais e grupais do trânsito, além de alertar para uma nova abordagem das políticas públicas considerando também a dimensão psicológica, além de outras.

Nós, urbanistas, engenheiros, arquitetos, sociólogos, economistas e tantos outros, acostumados que estamos a encarar o trânsito pelos nossos olhos, talvez já viciados, precisamos prestar mais atenção no que nos podem ensinar os psicólogos e outros estudiosos dos comportamentos no trânsito.

SUMÁRIO

Fonte: Beto Nociti / Cerrado Fotografia

CAPÍTULO 1

PESQUISAS SOBRE COMPORTAMENTO NO TRÂNSITO: UMA BREVE INTRODUÇÃO

Fábio de Cristo

Fonte: Beto Nociti / Cerrado Fotografia

Certa vez, os ratos, que viviam com medo de um gato, resolveram fazer uma reunião para desenvolver um projeto para acabar com o eterno transtorno. Muitos planos foram discutidos e abandonados, até que um rato se levantou e deu a ideia de pendurar uma sineta no pescoço do gato; assim, sempre que ele chegasse perto, os ratos saberiam e poderiam correr. Todos bateram palmas, afinal, o problema estava resolvido. Vendo aquela algazarra, outro rato falou que o plano era muito inteligente e, com certeza, suas preocupações acabariam. Só faltava uma coisa: como pendurar a sineta no pescoço do gato?

Essa fábula mostra, de uma maneira muito simples, a ideia de como intervir para solucionar um problema específico. Os problemas do trânsito e do transporte, no Brasil e no mundo (representados na fábula pelo gato), desafiam as sociedades, seus representantes e seus membros individualmente (no caso, a assembleia de ratos e suas propostas). Os desafios são muitos, tais como os acidentes de trânsito, as dificuldades de locomoção e o acesso aos espaços públicos, além da perda na qualidade de vida devida ao barulho e à poluição atmosférica (simbolizadas na fábula pelo desafio dos ratos de acabar com o transtorno e o medo provocado pelo gato).

Os problemas do trânsito e do transporte têm produzido uma crescente demanda social perante a necessidade de avaliar antes de intervir, a fim de buscar a eficiência e a eficácia (Brasil, 2001, 2004; Instituto de Pesquisa Econômica Aplicada, Departamento Nacional de Trânsito, Associação Nacional de Transportes Públicos, 2006; Organización Mundial de la Salud, 2009). Em um curto prazo, por exemplo, temos preocupações com grandes eventos que serão realizados em nosso país e que necessitam ser bem planejados e administrados do ponto de vista do transporte urbano, como as Olimpíadas de 2016, e, em um médio prazo, a efetivação da Política Nacional de Mobilidade Urbana (Brasil, 2012) e a elaboração final e implantação do Plano Nacional de Redução de Acidentes e Segurança Viária para a Década 2011-2020 (Brasil, 2010).

Como na fábula, existem intervenções que, não raro, são realizadas sem base no estudo do comportamento (por exemplo, do motorista, do pedestre, do passageiro e do ciclista) ou sem considerá-los, comprometendo os objetivos predefinidos de produzir segurança ou bem-estar. Os estudos sobre o comportamento no trânsito podem colaborar para minimizar tais dificuldades por meio de seus resultados de pesquisa e de suas conclusões. Dessa maneira, a ciência busca, com seus métodos e técnicas, identificar e testar a melhor solução para um problema teórico ou prático (como a ideia de pendurar a sineta no pescoço do gato) e também encontrar a melhor maneira de realizar uma intervenção em benefício das pessoas que a demandam (o que seria representado pela pergunta do outro rato de como pendurar a sineta).

No espírito da fábula do início deste capítulo, isto é, de discutir uma ideia e de como seria possível realizá-la, este livro objetiva propiciar ao leitor o contato com algumas pesquisas que consideramos relevantes, tanto da psicologia quanto de outras áreas do conhecimento, as quais têm estudado a dimensão do comportamento no trânsito, como a engenharia, a arquitetura, a sociologia, a medicina, entre outras. A partir de um "olhar" multidisciplinar, ensejamos a aproximação e a apropriação pelos psicólogos dos conhecimentos de outras áreas. Simultaneamente, desejamos que os profissionais de outras áreas também se beneficiem dos conhecimentos produzidos pela psicologia. Assim, exercitamos o "diálogo" e, futuramente, possibilitaremos parcerias sistemáticas.

Especificamente, o livro se propõe a: (1) atualizar os conhecimentos dos profissionais a partir dos resultados de pesquisas; (2) possibilitar ao leitor a aquisição de novos conhecimentos, inclusive de outras áreas (teóricos, metodológicos ou práticos); (3) inspirar a realização de pesquisas, isto é, de como produzir informação para uma intervenção qualificada; (4) privilegiar as implicações práticas dos resultados dos estudos para os profissionais e tomadores de decisão nos diversos contextos aos quais o estudo (pode) se aplica(r), por exemplo, as empresas de transporte de passageiros, de cargas ou instituições públicas de trânsito; e (5) contribuir para divulgar a produção brasileira quanto aos temas estudados, teorias e métodos.

O público-alvo deste livro são os estudantes de graduação e de pós-graduação e os profissionais de psicologia e de outras áreas do conhecimento. Tendo em vista a variedade de nossa audiência, foi um desafio trabalhar os diversos temas com colegas de várias regiões do país e a partir de uma perspectiva multidisciplinar. Isso exigiu dos organizadores e autores esforços no sentido de possibilitar aos leitores a transmissão dos conhecimentos obtidos nos estudos de uma maneira acessível e estimulante. Esperamos ter logrado êxito.

O livro é composto predominantemente por capítulos baseados em estudos empíricos, oriundos de dissertações ou relatos de pesquisa ainda não publicados pertinentes à proposta da obra. Os capítulos foram elaborados por pesquisadores e profissionais convidados. Todos são mestres ou doutores que têm se dedicado – ou já se dedicaram – ao estudo do comportamento no trânsito nas instituições de ensino superior e centros de pesquisa.

Os capítulos seguintes abordarão vários temas. No próximo capítulo, o comportamento no trânsito é analisado teoricamente a partir da psicologia ambiental. Os demais capítulos são compostos por estudos empíricos que discutem o espaço público e a civilidade no trânsito; a acidentalidade no transporte coletivo; e o comportamento de risco de mototaxistas e seu envolvimento em acidentes. Os pedestres são contemplados nos capítulos sobre sua percepção de risco e seus comportamentos na travessia da faixa de segurança e seus padrões de comportamento em travessias semaforizadas. O tema mobilidade sustentável é abordado a partir do uso da bicicleta, em que se buscou identificar os aspectos ambientais e psicológicos que o influenciam e de suas formas de inclusão entre a população universitária. Os motoristas são estudados a partir de suas justificativas para infrações de trânsito e de suas reações ante as reclamações de sua conduta infratora nos estacionamentos públicos reservados. Além disso, foi feita uma pesquisa sobre a influência do ambiente de trânsito sobre o comportamento de velocidade e sobre o uso de álcool e outras drogas por caminhoneiros. Também foram contemplados o trabalho do psicólogo perito examinador de trânsito e a avaliação psicológica e sua relação com a segurança no trânsito.

O livro foi organizado por membros do Laboratório de Psicologia Ambiental (LPA) da Universidade de Brasília[1], coordenado pelo professor Hartmut Günther e pelos pesquisadores e pós-graduados da linha de estudos sobre comportamento no trânsito Fábio de Cristo, Ingrid Neto, Zuleide Feitosa. Juntos formam o Grupo de Trabalho sobre Mobilidade (GT-Mobilidade).

Embora esta obra, tal qual publicada, tenha sido concebida em 2011 e organizada arduamente durante os três anos seguintes por esse grupo, a história da ideia de um livro sobre trânsito produzido pelo LPA vem de longa data. Sumarizo a seguir um pouco dessa história, como uma forma de prestar uma singela e justa homenagem ao LPA, a seus coordenadores e a todos os alunos que já passaram por esta "família" a fim de trabalhar e aprender...

Esse laboratório tem contribuído sistematicamente com a formação de pesquisadores, professores e alunos de (pós-)graduação. Inúmeros artigos científicos e capítulos de livro, entre outras colaborações técnicas para instituições e para o público geral, têm sido produzidos e publicados no que se relaciona a métodos de pesquisa, estatística, psicologia social, psicologia ambiental e psicologia do trânsito. Neste último caso, o livro *Pesquisas sobre Comportamento no Trânsito* contempla muito dos esforços desse laboratório ao longo de seus mais de vinte anos de existência.

Os primeiros estudos sobre trânsito e transporte do LPA foram realizados a partir do início da década de 1990. Alunos de iniciação científica conduziram pesquisas sobre o uso da bicicleta como transporte alternativo e a avaliação pelos motoristas de ônibus de aspectos gerais de seu trabalho, do trânsito e suas regras e da rodoviária de Brasília. Ainda nos anos 1990, foram defendidas as primeiras dissertações de mestrado, com pesquisas relativas à interferência de variáveis ambientais na percepção e no comportamento

---

1 Visite: http://psiambiental.wordpress.com/

do pedestre e aos comportamentos de motoristas de ônibus relacionados ao itinerário urbano, estressores ocupacionais e estratégias de enfrentamento.

Nas décadas seguintes, a linha de pesquisa de trânsito e transporte se consolidou com novos estudos de iniciação científica (a percepção de tempo e o comportamento de travessia segura entre pedestres em semáforos) e com a defesa de outras dissertações de mestrado cujos temas foram: a influência de elementos físicos da via urbana no comportamento de velocidade dos motoristas; a imagem e o uso da bicicleta em cidades-satélites de Brasília; justificativas de motoristas para infrações de trânsito em diversas situações, mais especificamente nos estacionamentos. Além disso, foi defendida, nessa época, a primeira tese de doutorado vinculada ao LPA, sobre a identificação de variáveis antecedentes de erros e violações de motoristas às leis de trânsito. Atualmente, as teses de doutorado em andamento relacionam-se às variáveis psicológicas e ambientais que influenciam o comportamento de escolha por um transporte (por exemplo, o hábito e a qualidade da infraestrutura para ônibus, além dos aspectos motivacionais, tais como orientação pró-ambiental, norma pessoal, norma social, atitude e intenção).

Tanto esforço foi reconhecido em algumas ocasiões, por exemplo, quando o LPA ganhou, em 2002, o primeiro lugar em um concurso público nacional de Ideias e de Estudos Preliminares de Arquitetura e Urbanismo para a Revitalização das Vias W3 Sul e Norte em Brasília. Essas avenidas cruzam toda a capital federal e possuem intenso comércio, tráfego de veículos e de pedestres. Esse resultado mostrou a possibilidade de a psicologia contribuir para a qualidade de vida urbana junto com outras áreas do conhecimento, considerando o trânsito e o transporte aspectos centrais da intervenção, e a cidade de Brasília exemplo e objeto de intervenções urbanas que podem inspirar os psicólogos de outras cidades (por exemplo, Günther & Rozestraten, 1993).

Além do empenho do LPA, a realização deste livro não teria sido possível sem a colaboração dos autores dos capítulos. Todos investiram um precioso tempo. Desde já, manifestamos nossos mais sinceros agradecimentos pela confiança, trabalho, dedicação e paciência nas idas e vindas durante o processo de criação e revisão dos trabalhos. Agradecemos a Clara Cantal, que ajudou, sobremaneira, nas etapas iniciais de estruturação do livro e nas revisões dos primeiros capítulos, mas afastou-se para dedicar-se integralmente a seu doutorado na Nova Zelândia. Agradecemos ao fotógrafo Beto Nociti pelo profissionalismo e pelo empenho ao buscar retratar o trânsito da nossa capital federal e ao relacionar as imagens com os conteúdos dos capítulos. Agradecemos ao jornalista e relações públicas, J. Pedro Corrêa, e ao arquiteto e urbanista Marcos Bicalho, que escreveram o prefácio e a apresentação, respectivamente. São profissionais de grande relevância e que representam muito bem essa nossa tentativa de integrar os conhecimentos das várias áreas em um livro científico; afinal, conseguem "navegar" com facilidade nas diversas áreas que lidam com trânsito. Agradecemos à editora Casa do Psicólogo, por acolher a proposta e trabalhar para o sucesso do projeto, prestando todo o apoio necessário.

Acreditamos que esta obra ajudará a preencher uma lacuna importante nos estudos sobre comportamento no trânsito, especialmente por abordar temáticas ainda pouco exploradas do ponto de vista psicológico e comportamental. Contribuirá, ainda, na ampliação da bibliografia da área – no caso da psicologia, notadamente no contexto das especializações em psicologia do trânsito e dos concursos para a obtenção do título de especialista promovidos pelo Conselho Federal de Psicologia[2].

Finalmente, retomando a fábula que iniciou este capítulo, um dos ratos perguntou: "como pendurar a sineta no pescoço do gato?" Em outras palavras, pode significar para nós: "como enfrentar os diversos desafios que o trânsito e o transporte brasileiro nos colocam?" Espero que possamos todos ajudar a responder aos diversos questionamentos que a população em geral, os colegas pesquisadores de várias áreas de investigação, os gestores ou autoridades de trânsito nos fazem. Aqui estão algumas inspirações; algumas possibilidades de resposta!

Referências

Brasil. (2001). *Política nacional de redução da morbimortalidade por acidentes e violências*. Brasília: Ministério da Saúde. Recuperado em 18 setembro, 2014, de http://portal.saude.gov.br/portal/arquivos/pdf/portaria737.pdf

---

2 Visite: http://site.cfp.org.br/servicos/titulo-de-especialista/

Brasil. (2004). *Política nacional de trânsito*. Brasília: Departamento Nacional de Trânsito. Recuperado em 18 setembro, 2014, de http://portal.saude.gov.br/portal/arquivos/pdf/PNT.pdf

Brasil. (2010). *Plano nacional de redução de acidentes e segurança viária para a década 2011-2020*. Brasília: Ministério das Cidades. Recuperado em 18 setembro, 2014, de http://www.denatran.gov.br/download/Plano%20Nacional%20de%20Redução%20de%20Acidentes%20-%20Comite%20-%20Proposta%20Preliminar.pdf

Brasil. (2012). Lei n. 12.587, de 3 de janeiro de 2012. Institui as diretrizes da política nacional de mobilidade urbana. Recuperado em 18 setembro, 2014, de http://www.planalto.gov.br/ccivil_03/_ato2011-2014/2012/lei/l12587.htm

Günther, H., & Rozestraten, R. J. A. (1993). Psicologia ambiental: algumas considerações sobre sua área de pesquisa e ensino. *Psicologia: Teoria e Pesquisa, 9*(1), 107-122. Recuperado em 18 setembro, 2014, de http://beco-do-bosque.net/XTextos/10PsiAmbiental.pdf

Instituto de Pesquisa Econômica Aplicada, Departamento Nacional de Trânsito & Associação Nacional de Transportes Públicos. (2006). Impactos sociais e econômicos dos acidentes de trânsito nas rodovias brasileiras. Brasília. Recuperado em 18 setembro, 2014, de http://www.denatran.gov.br/publicacoes/download/custos_acidentes_transito.pdf

Organización Mundial de la Salud. (2009). Informe sobre la situación mundial de la seguridad vial: resumen. Ginebra. Recuperado em 18 setembro, 2014, de http://whqlibdoc.who.int/hq/2009/WHO_NMH_VIP_09.01_spa.pdf

CAPÍTULO 2

COMPORTAMENTO NO TRÂNSITO: UMA PERSPECTIVA DA PSICOLOGIA AMBIENTAL

Hartmut Günther e
Ingrid Neto

Fonte: Beto Nociti / Cerrado Fotografia

A mobilidade é um atributo inerente à natureza humana que possibilita o deslocamento e o acesso aos recursos oferecidos no ambiente (Günther, 2003b). Esse atributo se manifesta em contextos diversos (por exemplo, dentro da residência, entre a residência e os locais de trabalho, lazer ou compras) e por meio de diferentes instrumentos (por exemplo, pelos próprios pés ou por meios mecânicos, como a bicicleta e o automóvel). São necessários, portanto, dois elementos básicos para que a mobilidade aconteça: 1) o indivíduo que deseja se locomover e realizar suas atividades cotidianas; 2) o ambiente em que esse indivíduo se locomove (por exemplo, seus locais de origem e de destino e as opções de transporte disponíveis para se locomover). Nesse contexto, presume-se que a mobilidade só ocorre quando há o interesse do indivíduo em se locomover e quando há um local onde ele possa fazê-lo.

A relação entre o comportamento do indivíduo e o ambiente de trânsito tem sido amplamente investigada por uma área específica da psicologia: a psicologia ambiental. Neste capítulo serão apresentados alguns conceitos-chave da psicologia ambiental que podem contribuir para a compreensão e para a investigação das questões referentes à mobilidade e ao comportamento no ambiente do trânsito. Espera-se que o capítulo possibilite ao leitor identificar diferentes modos de aplicação dos conceitos da psicologia ambiental aos estudos relativos ao comportamento humano no ambiente do trânsito.

O que é comportamento para a psicologia ambiental?

A relação recíproca entre indivíduo e ambiente

A psicologia ambiental é definida como "o estudo da relação recíproca entre as pessoas e seu ambiente" (Günther, 2009). Essa área da psicologia investiga a maneira como as características do ambiente construído e/ou natural afetam o comportamento humano e como o comportamento humano impacta no ambiente. A principal premissa é, portanto, que a interação indivíduo-ambiente se constitui por uma relação recíproca, de retroalimentação contínua, tornando-se imperceptível a primazia do indivíduo sobre o ambiente ou vice-versa. Assim, em vez de tratar essas duas variáveis como questões para estudos distintos e isolados, a psicologia ambiental considera sua interdependência.

A relevância dessa abordagem para a análise do comportamento humano no trânsito decorre do fato de que as ações dos motoristas, ciclistas e demais usuários afetam e são afetadas pelos elementos físicos e sociais dispostos nesse ambiente. Por exemplo: os modos de transporte disponíveis em determinada cidade ou bairro e a forma como as pessoas se comportam diante dessas opções influenciam profundamente a qualidade e a estrutura do ambiente. Paralelamente, as modificações introduzidas no ambiente para acomodar os diferentes modos de transporte afetam diretamente o comportamento humano. As duas relações são, portanto, interdependentes. Assim, uma pessoa pode escolher utilizar o transporte público com maior frequência em seus deslocamentos cotidianos, em decorrência da boa qualidade na prestação dos serviços de ônibus, como conforto, preço baixo e rapidez. Trata-se de um comportamento que foi de alguma forma influenciado pelo ambiente. No entanto, quando várias pessoas andam de bicicleta, mesmo sem ter uma infraestrutura adequada para tal, esse comportamento pode induzir que os gestores desenvolvam ações de planejamento e de implementação de um ambiente mais adequado para o ciclista. Nesse exemplo, é o comportamento exercendo influência sobre o ambiente.

Os exemplos supracitados apontam para uma importante premissa da psicologia ambiental: a interação indivíduo-ambiente pode ser considerada uma unidade de análise, constituindo-se um "cenário comportamental"[1]. Essa premissa possibilita a elaboração de uma teorização específica, que visa contribuir para a investigação dos diferentes comportamentos que ocorrem em ambientes específicos, como o ambiente de trânsito, por exemplo. Essa teorização será apresentada mais adiante neste capítulo, no tópico "Conceitos da psicologia ambiental com potencial aplicabilidade ao contexto do trânsito".

A previsibilidade do comportamento humano

Outra premissa da psicologia ambiental, originária dos primeiros estudos empíricos sobre comportamento humano e de problemas ocorridos no ambiente do trânsito (Münsterberg, 1913), implica a suposição de que o comportamento é algo compreensível, previsível e, consequentemente, controlável. No contexto do trânsito, prever a possível ocorrência de conflitos, colisões, contravenções e desobediência às regras implica identificar o(s) agente(s) responsável(is) e os elementos contextuais. Além disso, envolve a possibilidade de se estabelecer um encadeamento de eventos interdependentes de maneira lógica e racional[2].

A possibilidade de previsão do comportamento humano é relevante, uma vez que os ramos científicos que investigam as questões relacionadas ao trânsito, como a engenharia, a medicina, a psicologia e a educação, usualmente buscam identificar antecedentes dos diversos eventos que ocorrem no trânsito. Nesse contexto, a premissa da previsibilidade do comportamento aponta para as implicações de como lidar com dois temas centrais da psicologia do trânsito: conflitos e colisões. O conflito pode ser compreendido como aquele momento imediatamente anterior à ocorrência de uma colisão (Monteiro, 2001). Esta, por sua vez, representa um conflito não resolvido ou não evitado. Consequentemente, identificando-se o evento prévio (conflito), evita-se boa parte das colisões e de suas consequências. Essa premissa

---

1 O termo original em inglês, *behavior setting*, foi definido por Barker (1968) como o contexto físico no qual uma série de comportamentos ocorre.

2 Apresentamos essa argumentação previamente em Günther (2003a, pp. 49-50).

refuta, portanto, a percepção popular de que os acidentes são eventos supostamente "imprevisíveis", o que minimiza, em certo grau, a responsabilidade individual sobre o acidente.

Como a psicologia ambiental investiga os eventos que ocorrem no trânsito?

Algumas estratégias utilizadas pela psicologia ambiental para investigar os eventos que ocorrem no trânsito serão discutidas a seguir.

Abordagem holística

A perspectiva ecológica, subjacente às análises da psicologia ambiental, compreende os cenários de trânsito de forma "holística": a tentativa de modificar qualquer uma das dimensões comportamentais de algum participante do trânsito (pedestres, ciclistas, motoristas e pessoas com necessidades especiais) e/ou de outro elemento ambiental (por exemplo, qualidade da via, largura e pavimentação) terá impacto sobre os demais participantes, bem como sobre os múltiplos ambientes físicos e sociais. Por exemplo, qualquer alteração na frequência de uso e na participação de ciclistas e de motoristas em determinado espaço urbano poderá impactar a relação estabelecida entre ciclistas e pedestres, bem como poderá demandar ajustes no *layout* físico do espaço urbano. Isso, por sua vez, poderá provocar redistribuições espaciais (por exemplo, ter menor espaço para estacionamentos).

Abordagem multidisciplinar

Sabe-se que as relações indivíduo-ambiente interessam não somente à psicologia ambiental, mas também às ciências sociais, à educação (ambiental), à arquitetura, ao planejamento urbano ou à ergonomia (Günther, 2009; Moore, 1987). No contexto do trânsito, é evidente a ampla interface com outras disciplinas. Uma revisão breve de obras como *Threats from car traffic to the quality of urban life* (Gärling & Steg, 2007) ou do *Handbook of traffic psychology* (Porter, 2011) indica o caráter multidisciplinar da área de trânsito, que é investigada por profissionais e pesquisadores das áreas da engenharia, economia, sociologia, medicina, educação ou direito. Assim, sugere-se que as investigações acerca do comportamento no ambiente de trânsito sejam realizadas a partir de perspectivas múltiplas, com o intuito de investigar as temáticas inerentes ao ambiente de trânsito de maneira diversificada e complementar.

Nesse contexto, convém ressaltar que inúmeras contribuições são trazidas por profissionais e pesquisadores de outras áreas de atuação, diferentes da psicologia. Um exemplo apropriado para compreender a abordagem multidisciplinar é o trabalho desenvolvido por Taco (2010), que considera que o foco das atividades de planejamento em transportes se alterou ao longo dos anos. Tal alteração ocorreu como consequência da complexidade cada vez maior do trânsito e da hegemonia dos modos de transportes motorizados. Assim, foram definidas as quatro fases de gestão de mobilidade: (1) prover adequada infraestrutura de transportes – ampliar vias, adequar a sinalização e estabelecer regras de interação; (2) gerenciar as demandas do sistema – educar os usuários, resolver conflitos e problemas cotidianos decorrentes da utilização do sistema de transportes; (3) preservar o meio ambiente (reduzir as emissões decorrentes da utilização de modos de transporte motorizados); e (4) considerar a influência do comportamento humano na investigação dos eventos relacionados aos transportes.

O modelo proposto por Taco, sob a ótica da engenharia de transportes, é um exemplo de como as diferentes áreas de conhecimento (nesse caso, a psicologia e a engenharia) podem trabalhar conjuntamente na investigação das temáticas de transporte. Enquanto grande parte das pesquisas desenvolvidas pela psicologia ambiental estão mais relacionadas à terceira e à quarta fase da gestão da mobilidade (ambiental e comportamental), elevada parcela dos estudos delineados pela engenharia foca a primeira e a segunda fases da gestão da mobilidade (provisão de infraestrutura e gerenciamento da demanda). Identifica-se, portanto, por meio do modelo de Taco, uma tentativa de aproximação cada vez maior entre áreas distintas de conhecimento, com o intuito de investigar os fenômenos que ocorrem no ambiente de trânsito de maneira mais abrangente. Busca-se, assim, minimizar os possíveis vieses ou "tradições" existentes em cada área de atuação, a partir da utilização de uma abordagem multidisciplinar.

Pesquisa-ação

Outra forma de investigar os eventos que ocorrem no ambiente de trânsito é por meio da utilização do modelo de pesquisa-ação. Essa abordagem considera que a realização de pesquisas deve ser orientada para a resolução de problemas cotidianos, contribuindo, de alguma forma, para a solução de questões práticas (Bell, Greene, Fisher & Baum, 2001, p. 7).

No que se refere ao estudo do comportamento aplicado ao trânsito, indica-se a possibilidade de realização de pesquisas de cunho teórico e aplicado. É possível, por exemplo, desenvolver estudos que investigam o fenômeno e o conceito do "jeitinho brasileiro" no trânsito ou, ainda, tentar aplicá-lo aos problemas práticos, buscando compreender como esse fenômeno ocorre no ambiente de trânsito. Vale ressaltar, contudo, que não há uma prevalência da pesquisa básica sobre a aplicada ou vice-versa, uma vez que os estudos da área de psicologia ambiental podem ser desenvolvidos tanto para fins teóricos quanto para fins aplicados.

Enfoque multimétodo

Outra característica da psicologia ambiental inerente à análise do comportamento humano no ambiente de trânsito, ou em qualquer outro ambiente, é a utilização de diferentes métodos para investigar o fenômeno de interesse. Se, por exemplo, um pesquisador pretende investigar os argumentos apresentados por motoristas para justificar as infrações que cometeram, ele poderá lançar mão de diferentes estratégias para atingir seu objetivo, tais como analisar recursos de multas encaminhados ao órgão responsável, entrevistar policiais de trânsito ou, ainda, conversar com os próprios motoristas infratores (Neto, 2009).

A utilização da abordagem multimétodo indica que diferentes estratégias metodológicas podem ser utilizadas, incluindo o desenho experimental, correlacional ou descritivo. Cabe ressaltar que cada método ou técnica de investigação do comportamento no trânsito apresenta vantagens e desvantagens que devem ser levadas em consideração pelo pesquisador no momento em que o estudo está sendo planejado. Por vezes, a associação de vários métodos serve para suprir as desvantagens que um método pode oferecer, minimizando, dessa maneira, as lacunas existentes quando se utiliza um único método (Günther, 2011).

Conceitos da psicologia ambiental com potencial aplicabilidade ao contexto do trânsito

Aqui serão apresentados alguns conceitos da psicologia ambiental, potencialmente aplicáveis aos estudos que buscam compreender como a relação organismo-ambiente se estabelece na área de trânsito e transporte. São eles: valência, densidade, espaço pessoal, território e privacidade.

Valência

Ao deparar com a afirmação de que a psicologia ambiental trata da relação recíproca entre comportamento humano e ambiente, muitos pesquisadores se questionam sobre qual seria o ponto de partida para a análise dessa interação: o indivíduo ou o ambiente? Inúmeras teorias e conceitos da psicologia focam a compreensão de como as características do ambiente eliciam ou exercem "força" sobre o comportamento humano. Os estudos de Skinner (1938), por exemplo, focam-se em como o ambiente atua como estímulo discriminante, ao passo que os de Gibson (1968) enfatizam como o ambiente apresenta *affordances*[3]. Nesse contexto, o conceito de valência, apresentado por Lewin (1933a, 1933b), é de grande relevância para a compreensão e para a realização de pesquisas na área de psicologia ambiental (Günther, 2011).

O termo original em alemão usado por Lewin foi *Aufforderungscharakter*, posteriormente traduzido como *valence* (em inglês) e valência (em português),

[3] *Affordance* é definida como as possibilidades que o ambiente oferece ou proporciona. Essas possibilidades determinarão o significado do ambiente para o observador.

refere-se ao valor subjetivo de um evento, de um objeto, de uma pessoa ou de outro elemento no espaço de vida de um indivíduo e, portanto, de seu impacto potencial sobre o indivíduo. Pode significar, ainda, um elemento que atrai e induz o indivíduo a se comportar de determinado modo (*Aufforderungscharakter* positivo) ou um elemento que repele e impede o comportamento por parte do indivíduo (*Aufforderungscharakter* negativo). É importante assinalar que o espaço semântico ao redor do verbo *auffordern*, bem como em torno do substantivo *Aufforderung*, oscila entre vários significados: de convite (como para uma dança), desafio (como para um duelo), instigação (como tentar algo) e até intimação (como receber um mandado judicial). Assim, o conceito de valência, originalmente utilizado por Lewin, pode ser um importante ponto de partida para a análise das interações pessoa-ambiente, por considerar tanto as variáveis comportamentais (isto é, o valor subjetivo atribuído ao objeto) quanto as ambientais – o ambiente em questão.

No contexto da pesquisa de trânsito, identifica-se que esse conceito pode ser aplicado em determinadas situações. É possível investigar, por exemplo, de que maneira determinada infraestrutura de transporte exerce influência no comportamento de escolher ou utilizar esse modo de transporte. Ou, ainda, se existe relação entre a forma que os moradores percebem determinada ciclovia de seu bairro, isto é, o valor subjetivo atribuído a essa infraestrutura, e o padrão de utilização ou não desse espaço. Estima-se que os ambientes percebidos positivamente, em termos de conforto, qualidade e iluminação, tendem a ser mais utilizados.

Densidade e espaço pessoal

Densidade

O conceito de densidade refere-se ao número de elementos dentro de dada unidade de espaço físico (por exemplo, total de pessoas dentro de um ônibus ou número de veículos em determinada via). Uma redução da densidade pode ser obtida de duas maneiras: (1) provendo mais espaço (por exemplo, implantar mais estradas e/ou mais estacionamentos diante do aumento no número de veículos); ou (2) reduzindo a quantidade ou o tamanho dos elementos (por exemplo, restringir a utilização do automóvel ou incentivar o uso de veículos menores, como a bicicleta, quando não há possibilidade de alocar mais espaço).

Identifica-se, nos dias atuais, que medidas de provisão de mais espaço não têm sido suficientes para resolver a problemática da densidade nos grandes centros urbanos. A demanda por espaço, decorrente do aumento das taxas de motorização nas grandes cidades, tem crescido sistematicamente, tornando necessário o desenvolvimento de medidas de gerenciamento dessa demanda. Para lidar com as demandas do sistema no que diz respeito ao número de veículos em circulação há inúmeras estratégias, como aumentar o número de passageiros por veículo, incentivar o uso do transporte público ou tornar o uso do transporte individual mais oneroso. Esses esquemas para lidar com a densidade supõem que existe uma necessidade de ter pessoas e veículos na via. Há, entretanto, uma solução mais radical, chamada de "não transporte", que encoraja a redução do uso do sistema de transporte, por meio de planejamento urbano, de tal maneira que os cidadãos precisariam cada vez menos utilizá-lo (Affonso, 2008).

Há de se considerar, ainda, que a psicologia ambiental diferencia a medida objetiva da densidade da percepção subjetiva de aglomeração (ou apinhamento). Apesar de ambas constituírem duas faces de uma mesma moeda, aglomeração refere-se à sensação psicológica provocada pelo excesso de pessoas ou objetos dentro de determinado espaço. A psicologia ambiental dá especial atenção às possíveis consequências dessa sensação de apinhamento (por exemplo, estresse, nervosismo, perda de controle, desejo de sair ou de ficar em um ambiente percebido como denso) (Bell, Greene, Fisher & Baum, 2001), bem como a outros mecanismos psicológicos que podem estar subjacentes a essa sensação (por exemplo, percepção de invasão do espaço pessoal, conceito que será apresentado no próximo tópico).

Espaço pessoal

Espaço pessoal é definido como uma "área com limites invisíveis que cerca o corpo de uma pessoa, a qual intrusos não podem acessar"

(Sommer, 1969, p. 26). A distância ideal de aproximação para cada pessoa varia de acordo com a situação e o contexto. Uma aproximação *exofficio* (por exemplo, por um dentista) pode ser aceitável, mas em outra situação social a mesma pessoa precisa manter certa distância, "conhecer o seu lugar (social)". O espaço pessoal também varia de acordo com o sexo, idade, *status* social e cultura, tanto por parte da pessoa que considera seu espaço pessoal invadido como daquela que invade o espaço do outro. O mecanismo utilizado tanto para violar o espaço pessoal (mover-se para dentro do espaço de alguém) quanto para evitar essa violação (afastar-se do espaço pessoal de alguém) é a mobilidade.

Embora a maior parte das pesquisas sobre espaço pessoal lide principalmente com os indivíduos e com o espaço imediato em torno dos próprios corpos físicos, esse conceito mostrou-se útil no estudo e na aplicação em contextos diversos (Sommer, 2002). No contexto do trânsito, identifica-se uma potencial aplicação do conceito de espaço pessoal, principalmente quando utilizado em conjunto com os conceitos de densidade e aglomeração. Por exemplo, um aumento na densidade de veículos em determinada via pode propiciar a ocorrência de mais ocasiões de invasão do espaço pessoal (como entrar bruscamente na frente de um veículo "fechando" o outro motorista). O indivíduo cujo espaço pessoal foi invadido pode tentar afastar-se, desviando do veículo que o "fechou", mas, como o espaço é limitado, esse afastamento provavelmente resultará em invasão do espaço pessoal de outrem. Assim, ao mesmo tempo que se obtém um afastamento do primeiro motorista, tem-se uma aproximação com um segundo motorista, tornando a invasão do espaço pessoal algo praticamente inevitável. Essa inevitabilidade, por sua vez, produz a sensação de aglomeração e as consequências mencionadas anteriormente, por exemplo, nervosismo, estresse e desejo de fugir dessa situação (Evans & Stecker, 2004). Assim, grande parte das violações, tais como a ultrapassagem indevida ou o excesso de velocidade, pode ser compreendida como estratégias adotadas pelos motoristas para lidar com a densidade, a sensação de aglomeração e a percepção de invasão do espaço pessoal.

Nos exemplos mencionados anteriormente, identifica-se que o conceito de espaço pessoal pode ser aplicado não somente ao indivíduo, mas também ao corpo físico utilizado por ele para se deslocar, por exemplo, o automóvel. Sabe-se que para muitos motoristas o veículo é tido como uma extensão de seu corpo (Fraine, Smith, Zinkiewicz, Chapman, & Sheehan, 2007), o que implica um "transbordamento" do espaço pessoal não apenas para o indivíduo, mas também a seu respectivo veículo. Essa ampliação do espaço pessoal também pode ser aplicada a grupos de usuários, por exemplo, pedestres, ciclistas, motociclistas e motoristas, atribuindo-se um limite de acesso aos espaços reservados para esses grupos de usuários.

Em nível técnico, a extensão do conceito de espaço pessoal para "espaço grupal" afeta a manutenção de uma distância segura entre os veículos, entre veículos de diferentes tamanhos e velocidades, entre veículos e bicicletas ou motocicletas, entre veículos e pedestres. Há também de se levar em conta a relação entre a largura da via, o tamanho do veículo e a velocidade. Considerando uma via com largura fixa, presume-se que provavelmente a velocidade irá diminuir, caso o número ou a largura de veículos aumente. No entanto, muitas vezes ocorre a situação oposta: para evitar essa sensação psicológica de invasão da "armadura corporal", os motoristas buscam expandir seu espaço pessoal, desrespeitando os limites de segurança e de velocidade (veja também o Capítulo 10 deste livro).

O espaço expandido pode ser, ainda, interpretado como uma maneira de demonstrar *status* e direito, em conjunto com o desrespeito para com as necessidades dos outros usuários das vias. Um exemplo desse comportamento é a utilização de veículos maiores ou mais largos que o necessário, como estratégia de imponência de poder, "obrigando" os outros a sair do caminho. Outro exemplo é estacionar em espaços reservados para outros fins (ver também o Capítulo 11 deste livro).

A observação de Whyte (1988) sobre o "pedestre habilidoso" é relevante aqui. Ele escreveu: "o simples ato de evitar uma colisão [...]é realmente uma demonstração notável de um esforço de cooperação" (p. 57). Em outras palavras, um pedestre colidir com outro pedestre seria considerado falta de atenção ou de comunicação. A diferença entre as habilidades da maioria dos pedestres e as habilidades que um motorista precisa ter para evitar o conflito e a colisão está na velocidade, na coordenação, na possibilidade de esconder-se atrás de um vidro fumê, na facilidade de fugir da cena de uma (quase) colisão ou de enfrentar consequências imediatas.

O postar-se por meio de espaço pessoal no contexto do trânsito como forma de exigir respeito (e, consequentemente, mostrando desrespeito para com os outros participantes do trânsito) está associado à noção de direito, tanto no sentido figurativo quanto no sentido literal da palavra. Ou seja, a noção de que o espaço da via "pertence" ao usuário, especialmente quando este é o relativamente mais forte, é demonstrada por meio de velocidade ou de tamanho claramente superior ao do usuário mais fraco. Essas ideias remetem ao próximo par de conceitos centrais da psicologia ambiental relevantes para a pesquisa do trânsito: território e privacidade. Afinal, densidade e aglomeração acontecem em algum lugar.

Território e privacidade

Território

Como mencionado anteriormente, o espaço pessoal pode ser considerado um espaço portátil que rodeia e acompanha o indivíduo; assim, por extensão, o veículo no qual viaja também constitui esse espaço pessoal. Território, por outro lado, embora frequentemente confundido ou mesmo igualado com espaço pessoal, constitui um espaço físico mais permanente dentro e entre os quais as pessoas circulam.

Tal como no caso da densidade, o território tem uma dimensão física concreta e outra mais subjetiva. Assim, há de se distinguir entre a entidade física território e o fenômeno psicológico territorialidade. Territorialidade refere-se à maneira com que as pessoas lidam com diferentes tipos de territórios. Gifford (2007) define territorialidade como um "conjunto de comportamentos e atitudes por parte de um indivíduo ou grupo, baseados em controle percebido, tentado ou real sobre um espaço físico definível, objeto ou ideia, que pode implicar em ocupação habitual, defesa, personalização e demarcação" (p. 166).

Nesses termos, pode-se dizer que um indivíduo tem controle sobre determinado território à medida que os outros percebem e aceitam tal controle. Essa percepção de controle implica tanto reconhecimento quanto contestação. No momento em que o controle não é mais reconhecido, pode-se (tentar) entrar em um território até então controlado por outro. Além disso, os territórios variam de acordo com o controle sobre eles: um território primário, por exemplo, uma moradia, tem um proprietário "certificado" social ou legalmente; um território secundário, por exemplo, um escritório, tem um usuário "habitual"; ao passo que "qualquer um" pode usar territórios terciários, que são os espaços públicos. Lyman e Scott (1967) adicionaram, ainda, um "território interacional", isto é, um espaço temporariamente ocupado por pessoas em interação.

No contexto do trânsito, o conceito de território pode ser exemplificado em termos de estacionamento atribuído (território primário), das faixas de trânsito reservadas (território secundário), da separação mais ou menos clara para pedestres e ciclistas nas calçadas (territórios públicos) e o que podemos chamar de potenciais pontos de conflito ou colisão, como cruzamentos (território interacional). Assim, dependendo do tipo de território e da importância dele na vida de um indivíduo, podem-se almejar maiores ou menores desafios na tentativa de entrar e ocupar o território do outro. Assim como no espaço pessoal, a mobilidade constitui o meio pelo qual o indivíduo interage com os territórios, em termos de deslocamento, reconhecimento e/ou contestação de controle sobre um território mantido por outra pessoa.

A distinção entre a dimensão técnica de território e a dimensão psicológica de territorialidade tem implicações importantes para a pesquisa aplicada ao trânsito. Boa parte dessa pesquisa e de suas aplicações trata de territórios: definição e tamanho de vias; divisão e alocação de espaço entre usuários (carros, ônibus, caminhões, bicicletas, motocicletas, pedestres etc.); definição de regras para o uso de territórios específicos, por meio de sinalizações.

Porém, a maneira como o território público é dividido e alocado, do ponto de vista do usuário, bem como o reconhecimento da legitimidade dessas divisões e alocações, passa pelo processo de territorialidade. No momento em que alguns participantes do trânsito reconhecem a ocupação de dado espaço/território como legítimo e não o fazem em outras situações, o conflito e/ou a colisão tornam-se inevitáveis.

Observam-se, ainda, as dimensões psicológicas de apropriação e apego no contexto de territorialidade, à medida que territorialidade implica controle percebido, tentado ou real sobre um espaço físico. Logo, há de se constatar que tal controle é antecedido por um processo de aquisição, para não dizer apropriação. Por exemplo, em nível micro, tal apropriação pode acontecer quando alguém frequentemente estaciona em um mesmo local público (território terciário) e começa a considerar o espaço como "seu" (território secundário), até que se torna privativo por "usucapião" (território primário), defendido e reconhecido como pertencendo a determinada pessoa. Um exemplo desse processo, em nível macro, seria a designação, por parte do poder público, de um espaço, antes verde e usado para lazer, como área destinada ao estacionamento de veículos. Ambos os exemplos poderiam implicar conflitos entre diferentes participantes do trânsito. Quanto mais apego a "seu" espaço, maior a possibilidade de conflito, já que o usuário que se sente "dono" daquele espaço tentará manter o controle (que está sendo contestado por outro usuário).

Nesse sentido, territorialidade, mediada por apropriação e apego, é um conceito relevante para a investigação de determinados comportamentos que ocorrem no trânsito, especialmente no que diz respeito ao uso e à ocupação de espaços públicos em geral (vias, ruas e calçadas) e espaços destinados a uma clientela específica (ciclovias, faixas de pedestres ou vagas especiais).

Privacidade

Diferenciamos entre o território, enquanto dimensão técnica, e a territorialidade, enquanto dimensão psicológica. O mecanismo subjacente a ambas é a privacidade, que pode ser definida como o desejo de se ter "controle seletivo de acesso para si próprio ou para o seu grupo" (Altman, 1975, p. 18). No contexto do trânsito, a falta desse controle seletivo de acesso para si significa não poder evitar o conflito e/ou a colisão; em outras palavras, ter menos segurança. Ao atravessar a faixa de pedestres, por exemplo, tanto o pedestre quanto o motorista podem sentir essa falta de privacidade, a qual se deve ao fato de, nessa situação, ambos não terem controle sobre o comportamento do outro. Assim, não é possível ao pedestre prever se o motorista respeitará a sinalização e dará a preferência ou se simplesmente continuará acelerando o veículo. Já para o motorista, o fato de precisar parar para dar a preferência ao pedestre representa uma situação sobre a qual ele não tem controle e que pode, portanto, ser compreendida como uma invasão de privacidade.

Como Altman e outros pesquisadores mostraram, privacidade constitui um impulso importante que mobiliza mudanças no espaço pessoal, no território/territorialidade e na densidade/aglomeração. Aplicado ao trânsito, o "controle seletivo de acesso a si mesmo" significa a manutenção da integridade física e da segurança no trânsito. Assim, o modelo de regulação da privacidade de Altman (1975, p. 7) pode ser facilmente adaptado ao manejo da mobilidade e segurança no trânsito (Figura 2.1).

Figura 2.1 Modelo do manejo da mobilidade e segurança no trânsito baseado em Altman (1975).

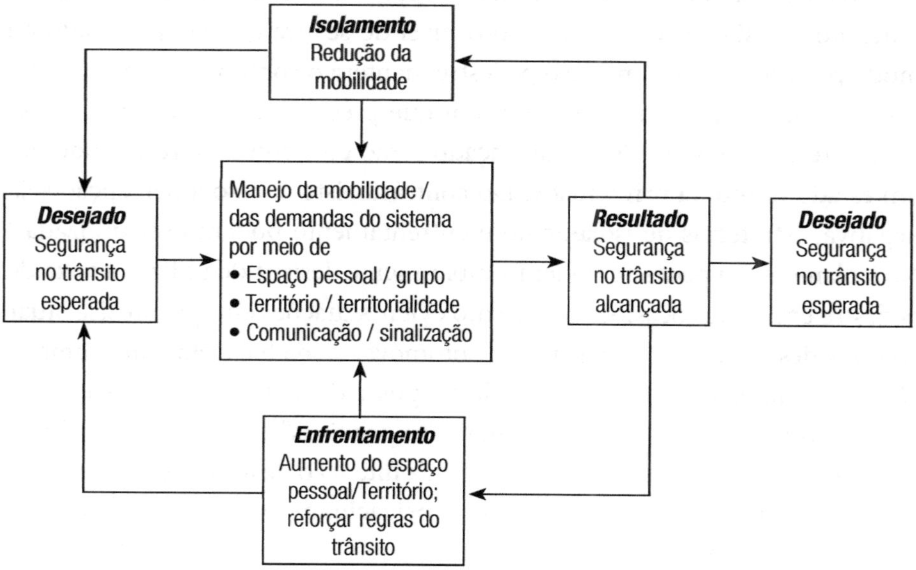

O nível de segurança desejado implica um manejo da mobilidade (por meio de medidas como preservação do espaço pessoal e da territorialidade e comunicação) e resulta em uma dada percepção de segurança no trânsito alcançada. Se como resultado o nível de segurança é percebido como inadequado, duas estratégias básicas podem ser utilizadas:

a) isolamento, isto é, redução da mobilidade;
b) enfrentamento, por mecanismos tais como aumentar o espaço pessoal ou o território e/ou reforçar as regras de trânsito e sinais para orientar o comportamento.

Desse ciclo de *feedback* pode resultar, eventualmente, um estado ótimo em que o nível desejado e o resultado obtido quanto à segurança de tráfego chegaram a um equilíbrio.

Retomando o exemplo da faixa de pedestres: o nível de segurança desejado pelo pedestre consiste em atravessar a faixa sem sofrer risco algum, preservando sua integridade física. Para tanto, o pedestre pode adotar estratégias que visem ao manejo da mobilidade, como atravessar a rua no local apropriado, isto é, na faixa de pedestres, como meio de preservar seu espaço pessoal e territorialidade.

Ao chegar ao outro lado da rua, o pedestre terá uma percepção de segurança no trânsito (resultado). Caso o nível de segurança seja percebido de modo positivo, possivelmente o pedestre manterá o comportamento de atravessar na faixa em outras situações em que precise atravessar a rua. Nesse caso, o resultado desejado e o alcançado serão convergentes, resultando em um estado ótimo da privacidade. Do contrário, isto é, caso a percepção seja negativa, estratégias de isolamento e enfrentamento poderão ser utilizadas. No isolamento, o pedestre poderá simplesmente desistir de utilizar a faixa de pedestre em outras ocasiões ou mesmo evitar situações em que precise atuar como pedestre, fazendo mais uso do automóvel ou da bicicleta, por exemplo. No enfrentamento, no entanto, o pedestre possivelmente insistirá em atravessar na faixa, utilizando estratégias mais "impositivas", tais como dar o "sinal da vida" para evidenciar aos motoristas sua intenção de atravessar a rua.

Assim, prevê-se que o conceito de privacidade pode ser aplicado aos estudos da área de trânsito, sobretudo aos que enfatizam a manutenção da integridade física, da segurança no trânsito, do espaço pessoal e da territorialidade. Vale acrescentar, no entanto, que a pesquisa aplicada ao trânsito, sobretudo aquela que enfatiza as variáveis comportamentais, depende muito do grau de compartilhamento social sobre o que constitui um ambiente de trânsito seguro (por exemplo, qual deve ser o limite de velocidade ou a quantidade de álcool segura ingerida antes de dirigir).

Implicações para o estudo do comportamento no trânsito

Partindo da centralidade da mobilidade humana, iniciamos o capítulo apresentando a perspectiva da psicologia ambiental, que investiga a relação que se estabelece reciprocamente entre as pessoas e seu ambiente, considerando essa relação em si como uma unidade de análise. Nesse contexto, o comportamento foi definido como a interação entre o indivíduo e seu ambiente, considerando seus aspectos relacionais e de previsibilidade.

Posteriormente, foram apresentadas algumas das principais características da psicologia ambiental (abordagem multidiscilplinar, holística, pesquisa-ação e multimetodológica), que indicam o modo como a psicologia ambiental costuma investigar os eventos que ocorrem no trânsito.

Por fim, foram apresentados cinco conceitos-chave da psicologia ambiental (valência, densidade, espaço pessoal, território e privacidade), com o objetivo de auxiliar os interessados em investigar os eventos que ocorrem no trânsito. No decorrer da discussão desses conceitos, apresentamos exemplos de como podem contribuir para a compreensão, previsão e gerenciamento da mobilidade e suas potenciais consequências (por exemplo, conflito e colisão).

A breve explanação realizada neste capítulo teve como objetivo principal evidenciar ao leitor uma forte aproximação entre os conceitos e ideias centrais da psicologia ambiental aos eventos que ocorrem na vida cotidiana das pessoas. Observa-se, portanto, que a psicologia ambiental oferece um aparato conceitual que pode contribuir significativamente com a investigação dos eventos que acontecem no ambiente de trânsito.

Talvez, a maior contribuição seja a visão holística e relacional entre indivíduo e ambiente, enfatizando que a compreensão dos eventos que acontecem no ambiente de trânsito não deve restringir-se ao estudo das variáveis ambientais, tampouco ao estudo das variáveis individuais, mas sim da relação que ocorre de maneira recíproca entre ambas (Günther, 2003a). Por essa razão, ao apresentar alguns dos principais conceitos da psicologia ambiental, procuramos evidenciar a existência de aspectos físicos e psicológicos em alguns eventos que ocorrem cotidianamente no trânsito. A visão relacional, contudo, tem sido negligenciada por inúmeros profissionais que atuam na área de trânsito e transporte quando tendem a enfatizar uma área em detrimento da outra. Alguns enfatizam as variáveis ambientais (como a engenharia, a arquitetura e o urbanismo), e outros, as variáveis individuais ou grupais (como a psicologia, a antropologia ou a sociologia).

Como o trânsito é palco de eventos que são multideterminados (por exemplo, acidentes e infrações), verifica-se que, cada vez mais, as diferentes áreas de atuação têm sido convidadas para uma aproximação, como tentativa de compreender esses eventos. Os diferentes métodos propostos por área têm permitido, conjuntamente, uma maior interpretação dos fenômenos que ocorrem no trânsito. Dificilmente um psicólogo do trânsito poderá entender um comportamento transgressor, por exemplo, sem verificar de que maneira as variáveis ambientais contribuíram para que aquele comportamento ocorresse. Da mesma forma, um engenheiro de tráfego pode não compreender os motivos que levaram a um acidente, identificando apenas as características ambientais que contribuíram para sua ocorrência, negligenciando as possíveis variáveis comportamentais envolvidas nessa situação. Assim, a abordagem multidisciplinar e multimetodológica endossada pela psicologia ambiental tem sido cada vez mais colocada em prática, especialmente nos estudos que investigam o comportamento no ambiente do trânsito.

Finalmente, há de se considerar que a psicologia ambiental e os conceitos aqui apresentados não representam uma área de aplicação exclusivamente da psicologia, especialmente quando se considera que ela é voltada à resolução de problemas do cotidiano. O caráter de pesquisa-ação evidencia a característica de interface com outras ciências e tem como foco principal a resolução de problemas da sociedade.

Assim, é possível aplicar os preceitos da psicologia ambiental ao comportamento e aos eventos diversos que ocorrem no ambiente de trânsito. Espera-se, dessa forma, que novos estudos possam ser desenvolvidos no Brasil buscando essa (necessária) integração entre ambiente e indivíduo, com o intuito de contribuir com as questões que podem trazer mais qualidade de vida às pessoas no ambiente urbano, especialmente no que se refere à mobilidade.

Referências

Affonso, N. S. (2008). Revisitando o "não-transporte": a tese da rua humanizada. *Ciência & Ambiente, 37*, 93-104.

Altman, I. (1975). *The environment and social behavior: privacy, personal space, territory, crowding*. Monterey: Brooks/Cole.

Barker, R. (1968). *Ecological psychology*. Stanford: Stanford U.

Bell, P. A., Greene, T. C., Fisher, J. D., & Baum, A. (2001). *Environmental psychology* (5a ed.). Belmont: Wadsworth/Thomson.

Evans, G. W., & Stecker, R. (2004). Motivational consequences of environmental stress.*Journal of Environmental Psychology, 24*, 143-165.

Fraine, G., Smith, S. G., Zinkiewicz, L., Chapman, R., & Sheehan, M. (2007). At home on the road? Can drivers' relationships with their cars be associated with territoriality? *Journal of Environmental Psychology, 27*, 204-214.

Gärling, T. & Steg, L. (Eds.). (2007). *Threats from car traffic to the quality of urban life: problems, causes, and solutions*. Amsterdam: Elsevier.

Gibson, J. J. (1968). *The ecological approach to visual perception*. Hillsdale: Lawrence Erlbaum.

Gifford, R. (2007). *Environmental psychology: principles and practice*. Colville: Optimal Books.

Günther, H. (2003a). Ambiente, psicologia e trânsito: reflexões sobre uma integração necessária. In M. H. Hoffman, R. C. Cruz, & J. C. Alchieri (Orgs.). *Comportamento humano no trânsito* (pp. 49-57). São Paulo: Casa do Psicólogo.

Günther, H. (2003b). Mobilidade e affordance como cerne dos estudos pessoa-ambiente. *Estudos de Psicologia (Natal), 8*(2), 273-280.

Günther, H. (2009). The environmental psychology of research. *Journal of Environmental Psychology*, 29, 358-365.

Günther, H. (2011). Métodos de pesquisa em psicologia social. In C. V. Torres & E. R. Neiva (Orgs.). *Psicologia social: principais temas e vertentes* (pp. 58-76). Porto Alegre: Artmed.

Lewin, K. (1933a). Environmental forces (D. K. Adams, Trad.). In C. Murhison (Ed.). *A handbook of child psychology* (2a ed., vol. 2, pp. 590-625). New York: Russell & Russell.

Lewin, K. (1933b). Vectors, cognitive processes, and Mr. Tolman's criticism. *Journal of General Psychology, 8*, 318-345.

Lyman, S. M. & Scott, M. B. (1967). Territoriality: an eglected sociological dimension. *Social Problems, 15*, 235-249.

Monteiro, C. A. S. (2001). Comportamentos relacionados aos conflitos de tráfico entre pedestres idosos e veículos. *Arquivos Brasileiros de Psicologia, 53*(3), 61-76.

Moore, G. T. (1987). Environment and behavior: research in North American – history, developments, and unresolved issues. In D. Stokols, & I. Altman (Eds.). *Handbook of environmental psychology* (vol. 2, pp. 1359-1410). New York: Wiley.

Münsterberg, H. (1913). *Psychology and industrial efficiency*. Boston: Houghton Mifflin.

Neto, I. L. (2009). *Justificativas de motoristas para infrações de trânsito: esboçando um modelo*. Dissertação de mestrado, Universidade de Brasília, Brasília, DF, Brasil.

Neto, I. L.; Feitosa, Z. O; Silva, F. H. V. C., Cantal, C. B., & Günther, H. (no prelo). *O uso de automóveis e qualidade de vida urbana: desafios para a psicologia*.

Porter, B. E. (Ed.). (2011). *Handbook of traffic psychology*. London: Academic Press.

Skinner, B. F. (1938). *Behavior of organisms: an experimental analysis*. Cambridge: Century.

Sommer, R. (1969). *Personal space: the behavioral basis of design*. Englewood Cliffs: Prentice-Hall.

Sommer, R. (2002). Personal space in a digital age. In R. Bechtel & A. Churchman (Eds.). *Handbook of environmental psychology* (pp. 647-660). New York: Wiley.

Taco, P. W. G. (2010). *Planejamento de transportes*. Notas de Aulas. Brasília: UnB/FT/ENC/PPGT.

Whyte, W. H. (1988). *City: rediscovering the center*. New York: Anchor.

CAPÍTULO 3

ESPAÇO PÚBLICO E CIVILIDADE NO TRÂNSITO: UM ESTUDO DE HÁBITOS E ATITUDES DE MOTORISTAS E PEDESTRES DA CIDADE DE SÃO PAULO

Alessandra Olivato

Fonte: Beto Nociti / Cerrado Fotografia

"O trânsito de São Paulo é pra doido andar.
Quem não tiver paciência mata, morre, mata os outros."
(Motorista de ônibus)

Especialistas têm concordado que o "fator humano" é o maior responsável pelos acidentes de trânsito no Brasil (Rozestraten, 1988; Vasconcelos, 1991). Há anos, notícias sobre as taxas de acidentes e outros tipos de conflitos confirmam essa opinião e o fato de que o deslocamento humano nas cidades tornou-se premente questão urbana e social, deixando de ser um problema corriqueiro para se transformar em questão cotidiana. Pesquisas de opinião pública sobre a qualidade de vida em São Paulo realizadas por institutos de pesquisa (Datafolha, 2007a; 2007b, 2008a, 2008b; Ibope, 2007, 2011) revelam que o trânsito é um dos aspectos de maior desagrado da vida cotidiana na metrópole e que se tornou, nos últimos anos, um dos principais fatores considerados no planejamento da vida diária.

De fato – isso é percebido não apenas pelos entrevistados desta pesquisa, mas também pelo senso comum e por autoridades – o trânsito da maior cidade brasileira sofre com o excesso de veículos, problema que encontra vários outros agravantes decorrentes da história da urbanização na cidade, da transformação de seus espaços públicos e do desenvolvimento de seu sistema de transporte. Independentemente desse fato, parece, portanto, inviável analisar todos os aspectos que configuram o trânsito da metrópole paulista.

Este capítulo é baseado em uma pesquisa realizada na cidade de São Paulo que revela a complexidade dessa questão social ao abordar a avaliação que motoristas e pedestres fazem do trânsito, bem como das leis e das autoridades de trânsito. Também foi analisada a relação entre esse imaginário e a maneira como esses atores se comportam no trânsito, e como infrações cometidas são percebidas e explicadas. O objetivo principal da pesquisa foi entender quais seriam os motivadores e orientadores do comportamento de motoristas e pedestres na capital paulista, à luz da análise sociológica do "fator humano" do trânsito.

A hipótese central é que motoristas e pedestres paulistas não têm uma noção clara de espaço público e bem comum e, por conseguinte, uma noção clara de civilidade como norteadores de seus comportamentos nesse âmbito da vida social – e, nesse sentido, São Paulo pode ser compreendida como representativa do trânsito de boa parte das cidades brasileiras.

Vale dizer que conceitos como espaço público, bem comum e civilidade são compreendidos, na tradição do pensamento político e social moderno, como alguns dos princípios básicos do viver nas cidades no que se refere à necessidade de compartilhamento de espaços e de direitos, de respeito a deveres e corresponsabilidades. Tais conceitos orientam o sentido das relações em espaços públicos e de bens comuns, mesmo em situações em que as leis que garantem que esses princípios não estejam presentes ou evidentes. Ou seja, esse comportamento modernamente identificado como civilidade depende da interiorização e da legitimação de leis e regras de convivência. O que parece ocorrer é a não existência dessa noção de corresponsabilidade pela vida social e pela cidade, ao menos não de forma predominante, de modo que seja significativo para a maioria dos habitantes da cidade e, no caso do objeto desta pesquisa, para os usuários do trânsito.

Estudar e analisar o trânsito de uma perspectiva sociológica sem dúvida inova a compreensão sobre esse complexo objeto de estudo, considerando-se os estudos predominantes sobre o tema no Brasil, nas áreas da psicologia, da geografia urbana e da engenharia de tráfego. Sem dúvida, fatores psicológicos ou ambientais são fundamentais para analisar o comportamento de motoristas e pedestres. Entretanto, fatores sociais e culturais, como o significado do espaço público no Brasil, a relação e o sentimento do brasileiro em relação à lei, o *status* do automóvel no imaginário social, entre outros, mostram-se de igual ou maior relevância para essa análise. A despeito disso, não apenas aspectos culturais de nosso *modus vivendi* importam, mas também fatores relativos à sociedade contemporânea, como a relação utilitária com o espaço, o individualismo etc.

A hipótese central, certamente não a única possível, remete a análises clássicas da sociologia e da antropologia no Brasil sobre a relação entre o público e o privado, sobre o pensamento social brasileiro, sobre nossa relação com o "outro" e, ainda, sobre a própria constituição da identidade social brasileira em um sentido mais geral.

A percepção do público no Brasil

Em *Raízes do Brasil*, obra central da historiografia brasileira, Holanda (1977) analisa o que ele chamou de nossa incapacidade histórica em distinguir as noções de público e de privado. A gênese dessa característica estaria no fato, embora não apenas, de que a noção moderna de indivíduo que acompanhou a revolução industrial no processo de formação e consolidação da sociedade urbana moderna não se desenvolveu no Brasil de forma universalizante. A noção moderna de indivíduo, germinada nas revoluções Francesa e Americana e consolidada com o desenvolvimento dos Estados modernos, veio substituir as ordens até então existentes de privilégio e poder que orientavam as relações sociais vigentes em sociedades cujas estruturas se assentavam em relações familiares, de nobreza e de hereditariedade.

No Brasil, inúmeros fatores deram base a uma estrutura e dinâmica sociais que dificultaram a racionalização da vida social no que diz respeito à diferenciação entre o público e o privado, no sentido de desenvolvimento de uma dificuldade em estabelecer limites para os direitos individuais (em face dos coletivos) e, portanto, como dificuldade à aceitação das leis como universais e igualitárias. Entre esses fatores, podemos citar as relações hierárquicas entre casa grande e senzala, os privilégios da Coroa Portuguesa, a lógica de distribuição das terras em capitanias hereditárias, o sistema escravocrata e as dificuldades em desenvolver uma sociedade com garantia de direitos e prerrogativa de deveres sociais; o paternalismo nas relações entre Estado e indivíduos e, não menos, a relevância das relações familiares e de amizade em detrimento das relações com o outro "estranho".

Nesse sentido, nossos laços pessoais de afeto, característicos dos laços de parentesco e das amizades próximas deram, ao longo de nossa história, o tom para uma diferenciação peculiar entre quem tem "mais direito" e quem tem "menos direito", quem deve seguir as leis e quem não necessariamente tem de fazê-lo, prejudicando sumariamente os princípios de igualdade social, de civilidade e de cidadania.

Em um sentido prático, não apenas os amigos e a família, mas tudo o que entre nós adquire conotação de familiar ganhou prioridade em comparação às demais relações sociais e com o outro desconhecido que divide conosco a vida coletiva na cidade e que demanda os mesmos direitos e tratamento que meus próximos: "Com efeito, onde quer que prospere e assente em bases muito sólidas a ideia de família [...] tende a ser precária e a lutar contra fortes restrições a formação e a evolução da sociedade segundo conceitos atuais" (Holanda, 1977, pp. 103-104). O autor continua:

> No Brasil, onde imperou, desde tempos remotos, o tipo primitivo da família patriarcal, o desenvolvimento da urbanização [...] ia acarretar um desequilíbrio social, cujos efeitos permanecem vivos ainda hoje. Não era fácil aos detentores das posições públicas de responsabilidade, formados por tal ambiente, compreenderem a distinção fundamental entre os domínios do público e do privado. [...] E um dos efeitos decisivos da supremacia incontestável, absorvente, do núcleo familiar – está em que as relações que se criam na vida doméstica sempre forneceram o modelo obrigatório de qualquer composição social entre nós (p. 106).

Assim, ao predomínio da cordialidade em nossas relações sociais familiares e próximas, contrapõe-se o contrário da polidez em nossas relações com o outro desconhecido. Holanda ressalta, por exemplo, a tendência do brasileiro em "aproximar" o que lhe parece distante ou desconhecido, para se sentir mais à vontade e confortável nas relações sociais, familiarizando-se com as pessoas, objetos e situações, ao mesmo tempo que lhes dá maior relevo em nossas vidas. Ou, dito de outro modo, a importância devida.

A tendência em tentar aproximar, quando necessário, o que é estranho para perto, é igualmente premente na tentativa de transpor a lógica particular do convívio entre os próximos para além dos limites da vida doméstica e dos círculos pessoais, ou seja, de adotar na vida social a lógica da vida privada. Segundo Da Matta (1991), a sobreposição da rua pela "casa" está nítida na tendência do brasileiro quando questiona o outro sobre "Você sabe com quem está falando?", sem dúvida expressão muito comum nas situações do trânsito da cidade. Lembrar ao outro sobre sua pretensa importância é tentar fazê-lo entender o constrangimento que lhe foi "imposto" por pressupor que deveria ser tratado como igual a tantos outros e, portanto, passível à aplicação igualitária e universal das leis (Da Matta, 1990).

Na mesma via de análise, Kowarick (1991) identifica um sentimento de "subcidadania" no brasileiro, um sentimento geralmente negativo em relação às coisas públicas e quando é lembrado de ser um cidadão. Desse modo, os dois autores convergem para uma análise segundo a qual a ideia de cidadania no Brasil estaria ligada a uma sensação de desvantagem e de desconforto em espaços e situações regidas por regras destinadas a todos indistintamente.

Caldeira (1997), por sua vez, lembra que a consolidação do autoritarismo nas relações sociais do brasileiro guarda uma das causas na interiorização da "desigualdade estruturante" de nossa sociedade, ou seja, as estruturas desiguais de poder econômico e social na base da formação do Estado e da sociedade brasileiros fomentaram e viabilizaram relações também desiguais. Tudo isso posto, uma sociedade regida por uma lógica "relacional" (isto é, em que as relações sociais garantem poder, prestígios diferenciados e privilégios) tem dificuldade de pensar horizontalmente (Da Matta, 1991). Entretanto a lei, bem como as demais regras de convivência, que são formas de dominação legítima, só pode vigorar de fato em uma sociedade em que a maioria legitime a igualdade e os deveres que a lei supõe, independentemente de sua posição social.

Trânsito: problema multifatorial

Para além de análises sobre a "cordialidade disfarçada" do brasileiro, dos traços hierárquicos no trato social e do sentimento de subcidadania (ou a ausência de um sentimento de cidadão), o comportamento de motoristas e pedestres aponta também para outros caminhos de interpretação, bem como para outros fatores que tocam o problema de investigação, como a relação com a cidade contemporânea e o significado do uso do automóvel.

Carr (1992) comenta estudo realizado nos Estados Unidos que revelou existir uma relação inversamente proporcional entre a intensidade do uso de veículos na cidade e o sentimento de vida pública de seus habitantes. A contraposição ao sentimento de corresponsabilidade em relação ao que é público seria ainda mais reforçada na sociedade contemporânea pelo que Saskia (1991) chamou de "culturalismo de mercado", uma lógica de mercado que se baseia em estratégias de marketing para instaurar entre os habitantes da cidade a aceitação de transformações do espaço público. Tais estratégias, na análise de Oliveira e Paoli (1999), realizar-se-iam pela apropriação maciça dos recursos públicos pelo capital privado, muitas vezes em detrimento das demandas locais, e gerando por vezes a valorização de algumas áreas da cidade em detrimento de outras no processo de desenvolvimento urbano. Já para Santos (1987), quando a percepção do espaço urbano se torna parcial e diferenciada, pode-se deduzir que os espaços físicos da cidade, como as ruas, sejam humanamente desvalorizados e reduzidos a uma função. Ora, a consequência de reduzir o espaço público a uma função é a de desvalorizá-lo como um espaço seu, que deve ser cuidado e sobre o qual se é responsável.

Não é difícil perceber a relação inversamente proporcional entre a intensidade do uso do automóvel e o sentimento de vida pública em cidades como São Paulo, onde o uso do automóvel ganha significados diferenciados conforme a região da cidade, dependendo de quem o utiliza, na diferenciação de marcas e modelos bastante nítida entre os diferentes estratos sociais, na opção pelo transporte público ou não. Em São Paulo, como em muitas cidades brasileiras, é notória a identificação de quem usa o transporte público para se locomover como "o pobre" e sem distinção social, e os que se utilizam praticamente apenas do automóvel particular como os estratos de classe média ou superior, ou "os distintos socialmente".

Para a maioria de seus condutores, o veículo particular cumpre o objetivo de atravessar o espaço público e as distâncias de maneira mais rápida e mais confortável que o transporte coletivo, dois atributos que estimulam não apenas a indiferença em relação ao entorno urbano, como também ao que ocorre ao redor, à ação de outros que passam pelo mesmo espaço.

Além disso, o automóvel carrega um atributo peculiar: torna-se um pequeno espaço privado móvel, possibilitando ao motorista uma sensação de privacidade segura em relação à hostilidade do espaço público urbano – lotado, sujo e barulhento –, proporcionando o reforço de uma individualidade que mal percebe sua submissão ao espaço público na qual se realiza, e onde, de fato, as individualidades dariam lugar à figura do cidadão, igual perante as leis. Marques Jr. (1997), comparando dados sobre o uso do automóvel nos Estados Unidos e em Campinas (SP), analisa que o aumento do uso do automóvel no Brasil está ligado a alguma forma de oposição à vida pública das ruas. "O carro realizou o ideal burguês de privacidade, tornou-se um invólucro individual que permite o deslocamento pelo território concebido como perigoso: a segurança da casa no espaço da rua" (Marques Jr., 1997, p. 44).

Outrossim, os significados subjetivos do automóvel particular e a intensa transformação da temporalidade da vida urbana contemporânea acabam por condicionar a psiquê do habitante do espaço urbano a uma postura *blasé* nos espaços superpovoados das cidades (Simmel, 1973). Submetido a uma existência extremamente intensa e dinâmica na metrópole contemporânea, o indivíduo desenvolve uma interiorização e uma atitude de "reserva" típica nas relações sociais em âmbito público, características de um comportamento identificado como individualista, alterando tanto a sociabilidade urbana como o sentimento dos indivíduos em relação à cidade (Sennet, 1988). Essa "reserva", típica do individualismo das grandes cidades, aprofunda a incapacidade de perceber o espaço por onde se desloca, e todos os elementos que o compõem, inclusive as outras pessoas que também utilizam o espaço público. De maneira indireta, mas não irrelevante, essa característica dificulta a capacidade de prever e prevenir situações de conflito e insegurança no trânsito, entendida como "direção defensiva" (Dotta, 1998) e fundamental no trânsito.

Feita essa contextualização acerca de como o brasileiro percebe o espaço público e o trânsito em geral, será apresentado, a seguir, o método de pesquisa utilizado no presente estudo.

Método

Participantes

Participaram do estudo 54 motoristas e pedestres da cidade de São Paulo, conforme exposto na Tabela 3.1.

Tabela 3.1 Perfil dos entrevistados.

	Categorias de entrevistados						
	Motorista comum	**Motorista de ônibus**	**Taxista**	**Motorista de lotação**	**Motoboy**	**Pedestre**	**Total**
Homem	6	10	6	10	7	2	41
Mulher	4	0	1	1	2	5	13
Menos 25 anos	2	1	0	2	5	4	14
25 a 40 anos	5	3	2	7	4	0	21
41 anos ou mais	3	6	5	2	0	3	19
Ensino fundamental	1	9	2	2	0	3	34
Ensino médio	0	1	5	8	8	4	16
Superior	9	0	0	1	1	0	4
Total	10	10	7	11	9	7	54

Instrumento

Foi utilizado um roteiro semiestruturado para a realização das entrevistas.

Procedimentos

Para a pesquisa empírica deste estudo foi seguida a metodologia qualitativa de coleta de dados, por meio da técnica de entrevistas em profundidade. As entrevistas foram realizadas individualmente, entre outubro de 2000 e março de 2001, em diversos pontos da cidade de São Paulo, como pontos de estacionamento de motociclistas, pontos de táxi, pontos finais de linha de ônibus, shopping centers, pontos de fluxo de transeuntes, praças e estacionamentos de lotação. A duração aproximada das entrevistas foi entre uma hora e meia e duas horas. Todas as entrevistas foram gravadas.

Após transcrição dos dados coletados durante as entrevistas, foi realizada uma análise de conteúdo das respostas dos participantes. As respostas foram agrupadas e categorizadas em eixos temáticos. Alguns deles foram previamente definidos como hipóteses e linhas de análise, outros foram construídos posteriormente às entrevistas.

Resultados

Os resultados apontam para a falta de noção de espaço público como bem comum e, logo, para a ausência de uma noção generalizada de civilidade que oriente o comportamento de motoristas e pedestres no trânsito. Em seguida, os resultados são apresentados segundo eixos temáticos decorrentes da análise dos dados.

Percepções gerais sobre o trânsito e seus usuários

São predominantemente negativos os adjetivos relacionados ao trânsito de São Paulo pelos motoristas e pedestres: é o "caos" – palavra mencionada por metade dos entrevistados em resposta à primeira pergunta da entrevista "O que você acha do trânsito em São Paulo?": "muito estressante", "coisa de maluco". As referências aos motoristas vêm em segundo lugar: "são mal-educados", "imprudentes", "agressivos", "cada um só pensa em si mesmo".

> Muito mal-educados. Eu acho que o motorista de São Paulo, ele primeiramente pensa em si próprio, tá certo? Ele não pensa na segurança de quem tá do lado dele, de quem vem atrás, ou de quem tá na frente. Ele pensa nele. Quer dizer, todo mundo em São Paulo tá com pressa. O cara... o farol, ele vê se tá amarelo, ele não espera mais trinta segundos e depois passa o farol, ele passa no vermelho mesmo, tá todo mundo preocupado em satisfazer a sua vontade, entendeu?" (Motorista de ônibus, 26, ensino fundamental incompleto).

Também significativas são as menções às autoridades de trânsito – "incompetentes", "injustas", "muito rigorosas", "erradas". Os responsáveis técnicos são tidos como ineficientes para tomar medidas necessárias, como obras ou ações de sinalização, para melhorar o "caos" do trânsito, ao mesmo tempo que multam em excesso e não compreendem a situação do motorista que, muitas vezes, em razão da pressa por um motivo particular, atravessa o sinal vermelho, para sobre a faixa de pedestres, esquece de usar o cinto de segurança, estaciona em local proibido etc. A autoridade parece ter como objetivo principal punir o motorista, utilizando-se para isso das leis de trânsito, igualmente percebidas como punitivas, e não como garantidoras da segurança no trânsito e do deslocamento satisfatório de todos.

Questionados a explicar por que os participantes do trânsito de São Paulo seriam imprudentes, agressivos e egoístas, a questão da má educação surge como algo particular, decorrente, na percepção geral, de algo pessoal ou da falta de educação familiar. Essa percepção remete diretamente à hipótese da ausência de uma noção diferenciada de público e privado, na medida em que a má conduta e a má educação no trânsito não sejam percebidas como falta de um comportamento esperado do cidadão, ou seja, relativo a um comportamento esperado dos indivíduos na vida social e em um espaço público notoriamente regido por leis, mas como uma falta de educação particular da pessoa.

> Eu não sei, não sei se é por causa do dia a dia, [...], se já é da educação dele mesmo, é um problema meio difícil. Mas eu acho que vai de cada um. Porque não adianta você ser uma doutora e não ter educação. E adianta eu ser um analfabeto e ser educado. Educação não vai tanto de cultura. Isso é de cada pessoa. Eu penso e ajo assim. Porque eu mesmo sou um deles. Não tive muito estudo porque não tive oportunidade, mas eu acho que educação não vai tanto de muita leitura, porque tem engenheiro que é mal-educado que não dá mais, então quer dizer que cada caso é um caso [...] (Taxista, 53 anos, ensino fundamental).

Essa percepção individualista reforça, portanto, o que estudos sobre o trânsito apontam como uma falta de noções de direção defensiva no trânsito, o que parece ser um fator relevante para os problemas relativos ao trânsito. A capacidade de prever as situações que podem ocorrer no trânsito é condição *sine qua non* da boa direção e, portanto, hoje ensinada nas autoescolas como noções de direção defensiva. De fato, a justificativa de incapacidade de prever as situações parecem genuínas, entretanto, por isso mesmo revelam uma má formação dos motoristas no geral, que não desenvolveram essas noções de direção defensiva, e que depende ainda de noções sobre espaço público, percepção do entorno urbano, do olhar sobre o que está ao redor e sobre o outro. "A alegação de que outro surgiu, repentinamente e, como que do nada, é falsa. [...] Uma boa previsão é a marca de um bom condutor e a base da direção defensiva – estar preparado para o inesperado." (Dotta, 1998, p. 23).

Segundo Rozestraten (1988), há cinco etapas que compõem o processo de condução de um veículo: observação, identificação, prevenção, decisão e execução. Prever consiste em uma análise múltipla dos fatores envolvidos na locomoção: a condição das vias, os espaços disponíveis, a densidade do tráfego, a velocidade com que seu veículo e os dos demais se locomovem, o tempo do sinal verde, amarelo e vermelho, as condições de visibilidade etc. A maioria dos condutores no Brasil teve uma formação apenas técnica, sem cursos preparatórios com noções de segurança e primeiros socorros e, principalmente, sem noções de civilidade e cidadania. Mas mesmo a habilidade técnica é prejudicada se não há o desenvolvimento de uma percepção mais integral do entorno espacial, bem como o desenvolvimento de um sentimento de corresponsabilidade pelo trânsito. Em outras palavras, a falta de noção do todo social envolvido gera uma imprudência e uma incapacidade que neutralizam uma possível habilidade técnica.

Percepções específicas de cada usuário do trânsito

Eu-motorista e os demais motoristas

No geral, o motorista da cidade de São Paulo considera-se melhor que os demais motoristas. Os *motoristas de táxi* têm uma percepção positiva de si mesmos: sabem os melhores caminhos, são mais experientes, mais espertos, mais rápidos, contribuem mais para a fluidez do trânsito. Para eles, os motoristas de ônibus são os que mais se aproximam deles em experiência, ao passo que os motoristas comuns são os piores – não sabem os caminhos, não dirigem bem, atrapalham a fluidez do trânsito. Entretanto, assim como os motoristas comuns, os taxistas foram os que mais admitiram cometer infrações de trânsito; um em particular admitiu cometer três ou quatro infrações por mês, "mas dá para recorrer pelo menos de umas duas depois".

Os *motoristas comuns* revelaram-se bastante receosos a situações desconfortáveis no trânsito, sobretudo em relação a uma competição acirrada pelo espaço por parte de outros motoristas, principalmente por parte de motoristas de ônibus que, por dirigem um veículo grande e menos vulnerável a perdas decorrentes de acidentes, competem agressivamente pelo espaço das vias. A competição também é sentida em relação aos "motoboys" ou "motoqueiros", em sua maioria percebida como agressivos e imprudentes.

Os *motoristas de ônibus* entrevistados revelaram-se cansados e desanimados. Eles relataram a exigência de perícia para dirigir e manobrar o veículo nos espaços pequenos e congestionados de São Paulo, o desconforto do motor quente próximo ao corpo e a má educação dos passageiros. Além disso, foram os que mais se mostraram preocupados com situações de conflito no trânsito, por ameaça de violência ou possibilidade de briga com outros motoristas ou com os motoboys. Três motoristas entrevistados já haviam passado por situações de violência, inclusive com ocorrência de tiro que, por sorte, não o atingiu. À época da pesquisa de campo, ocorria o auge dos conflitos envolvendo os motoristas de lotação em São Paulo, e eles foram lembrados como potencialmente perigosos e hostis pelos motoristas de ônibus.

Os *motoboys*, por sua vez, percebem-se como uma categoria à parte, discriminada enquanto tais, o que explicaria a união entre eles, para se defender não apenas de outros motoristas, mas também da sociedade, que os trata de maneira diferenciada.

> O motoboy é unido porque ele é muito discriminado. Você vai num prédio, o pessoal te manda lá pro subsolo. Você vai entrar em qualquer lugar, olha, motoboy do outro lado, ó, espera aqui. Por isso que acontece essa união. O pessoal fica um pouco revoltado com isso também (Motoboy, 23 anos, ensino médio completo).

A adoção de uma postura hostil, porém, não é unânime entre eles, como no caso de um que se mostrou bastante crítico em relação a seus colegas.

Já os *motoristas de lotação* demonstraram sentir-se injustiçados pelo controle exercido sobre eles, à época da pesquisa, bastante evidente pelo processo de regularização das lotações na cidade de São Paulo e pelos inúmeros conflitos envolvendo a categoria. Esse sentimento de injustiça e de conflito revelou-se também nas seguintes falas:

> Já briguei no trânsito, o cara me fechou, sabe? Várias vezes já. No trânsito você tá arriscado a tudo (Motorista de lotação clandestina, 22 anos, ensino médio incompleto).

> Ah... não dá nem pra falar, a maioria é nervoso, né? O pessoal no trânsito tá nervoso. Eu não sou nervoso, mas a maioria é. Não pode levar uma fechadinha aí que o pessoal fica nervoso, já quer matar, já quer bater. Por aí (Motorista de lotação legalizada, 32, ensino fundamental).

Motorista, o dono do mundo versus *pedestre, o obstáculo ao deslocamento*

É bastante frequente a referência à sensação de que o motorista, no Brasil, sente-se "dono do mundo", expressão bastante conhecida pelo senso comum.

> O motorista de São Paulo, na minha opinião, ele tem duas personalidades. Quanto ele tá atrás do volante ele tem uma, quando ele está fora ele tem outra, você nota isso aí. O motorista, quando ele tá atrás do volante, ele se sente o dono do mundo, ele sabe que tem razão, que ele tá certo, ele quer levar vantagem em tudo, tá? [...] E outra coisa: quando ele tá fora do carro ele é uma pessoa, entendeu, e quando tá atrás do volante eles modificam, é outra pessoa (Motorista de lotação legalizada, 34, ensino médio completo).

Outro:

> Ah, eu acho que é muito... a pessoa, no momento em que ela tem o carro na mão, ele cresce dentro de si. Se ele estiver a pé, ele não é aquela pessoa que tá dentro do carro. Ele pega o carro, pega um volante na mão e se acha dono da situação, e ele não é dono da situação; ele é dono do carro, mas da situação ele não é dono (Motorista de ônibus, 52, ensino fundamental).

Essa percepção de que o motorista é melhor que os demais participantes do trânsito é ainda mais presente a depender do tipo de transporte ou de automóvel conduzido. Assim, a maioria dos motociclistas, dos motoristas de ônibus e dos motoristas de lotação entrevistados revela um sentimento de desprestígio social em relação aos motoristas de carros, sobretudo de modelos mais caros, e mesmo entre os motoristas comuns essa sensação existe.

> Aquilo que eu te falei. As pessoas que têm um poder aquisitivo mais alto, elas acham que você... eu já senti preconceito, tá? Eu tenho uma Kombi, eu ando dentro da cidade com ela, você vê como as pessoas que têm um poder aquisitivo mais alto elas acham que você tem que andar na direita, ou não tem que tá ali, querem entrar, não querem nem saber, se você não deixa entrar, te xinga. Então, eu acho que o motorista... ele se sente o poderoso (Motorista de lotação, 30 anos, ensino médio).

Em relação aos pedestres, os motoristas relataram que os percebem como um obstáculo ao deslocamento.

> Olha, os pedestres são mais mal-educados que os motoristas. O farol tá verde pro carro, tá fechado pro pedestre, ele só porque tá na faixinha de pedestre dele, ele entra na frente e passa. Eu acho um erro que devia ser punido o pedestre também, que passa no farol vermelho pra ele (Motorista de lotação legalizada, 50, superior incompleto).

> Pedestre você vê vindo na rua, ele faz questão de entrar no meio da rua. Não é a gente que tem que tomar cuidado não, é eles que têm que tomar cuidado com o carro. [...] Aí quando atropela tem que ver tudo isso (Motorista de lotação legalizada, 38, ensino fundamental completo).

> Aprendi uma coisa: pedestre ele não entende nada, não entende nem o que é faixa de pedestre. Se você fizer uma pesquisa, eu acredito que 50% não sabe o que é um farol vermelho, ele vai passando. [...] O pedestre é um coitado, eu acho. Porque se eu tirei carteira da habilitação é porque eu estudei pra isso, não é verdade? E ele, não. É o que eu acho (Taxista, 50 anos, ensino médio completo).

O pedestre, por sua vez, vê-se como vítima dos motoristas, sobretudo dos condutores de transporte público:

> Tem vários tipos de motoristas. Tem uns que correm, outros que são muito lerdos. Parece que sempre quando eu tô atrasada, parece que eles são lentos, ficam pegando trânsito. [...] Agora, também tem uns que correm, a gente dá sinal, eles não param no ponto, a gente tem que descer no outro ponto, eles não abrem a porta, são ignorantes, a gente pergunta "Passa em tal rua?", eles mal respondem (Mulher, 17 anos, ensino médio).

> Ah, eu acho que eles são... não são pacientes, né? A gente não pode citar todos, tem as exceções, mas a maioria... eles são mal-humorados [...]. Eu procuro evitar ao máximo depender de motorista e cobrador, porque... eles são muito mal-humorados (Mulher, 22 anos, ensino médio).

De modo geral, motoristas e pedestres tendem a amenizar suas falhas – já pouco assumidas –, enquanto se mostram bem menos tolerantes com relação à conduta e às falhas dos demais no trânsito.

Percepção e opinião sobre as leis e as infrações

Uma das principais constatações da pesquisa é de que as leis são avaliadas como ineficazes, inócuas, apesar de boa parte também considerá-las importantes, mesmo sem conseguir explicar muito bem por quê. Outro resultado é a identificação entre as leis e seus agentes: se as leis são ineficazes, as autoridades de trânsito também o são; se estas são vistas como injustas, também as leis são injustas. Além disso, os agentes do trânsito multam por "não estarem de bom humor" porque não "foram com a cara" do motorista, porque querem demonstrar autoridade e, ainda, porque querem servir à "indústria da multa":

> A maioria do pessoal multa sem necessidade, entendeu? Ontem mesmo. Cê para assim e vê que você tá sem o cinto e já vai multando. Não dá uma chance (Motorista de lotação legalizada, 32 anos, ensino fundamental).

> São inadequadas (as leis). Só tão ali pra multar... Eles tão só pra fazer multa, não tão ali pra orientar ninguém (Motorista de ônibus, 48 anos, ensino fundamental).

De fato, para uma parcela considerável dos entrevistados as leis só parecem existir quando aparece o guarda de trânsito, fiscalizando e multando.

Motoristas que admitiram ter cometido infrações revelaram um inconformismo e um sentimento de injustiça pela multa recebida. Das justificativas acionadas, têm-se, em geral, argumentos que atribuem a responsabilidade a fatores externos (o próprio trânsito, que obrigaria os motoristas a dirigir em uma velocidade que dificultaria a frenagem a tempo ou o semáforo com defeito) e, em menor escala, a fatores internos (a impossibilidade de perceber a tempo que o tráfego ficaria lento, de modo que pudessem parar antes de passar o sinal vermelho ou de perceber a presença do agente de fiscalização).

> Eu parei no farol e dei um tempo, sabe ali, em frente ao Parque Dom Pedro. Fiquei um tempão lá, o farol não abria, "tá com defeito". Aí eu dei um impulso no carro, o farol abriu. Só que atrás de mim tinha uma viatura da polícia. O policial acionou. E eu não ouvi. [...] duas semanas a multa tava na garagem. E a segunda foi há pouco tempo, lá no Jaguaré. Eu não vi polícia dentro do carro, não vi polícia no farol, não vi polícia em lugar nenhum. O cara ainda teve coragem de colocar na ocorrência: "Farol deu sinal de mudança e o ônibus avançou." É lógico, tô com o carro lotado, um monte de idoso na frente, uma senhora passando mal!... Queria achar um ponto próximo onde tivesse uma farmácia, uma água pra ela descer, beber e depois pegar outro carro. Aí quando chegou a multa eu falei: "ah, foi naquele dia!" (Motorista de ônibus, 48 anos, ensino fundamental).

> Já fui multado como taxista uma vez, porque eu simplesmente passei um sinal fechado. Pensando que não tivesse nenhum sistema de radar ou alguém que pudesse multar. Devido não haver trânsito, eu passei (Taxista, 50 anos, ensino médio).

Um dos argumentos mais comuns dos entrevistados para explicar o infringir da lei é, sem dúvida, a impossibilidade de prever uma situação que poderia resultar na infração e, consequentemente, na multa. Ainda que a percepção sobre uma apropriação pessoal da lei por uma autoridade qualquer no Brasil possa ter alguma base na análise dos fatos, o que interessa aqui é o predomínio dessa percepção por parte dos entrevistados em detrimento de uma crença na validade da lei ou na função dos agentes do trânsito. De fato, para uma parcela considerável dos entrevistados as leis só parecem existir quando aparece o guarda de trânsito, fiscalizando e multando.

Conclusões

Os resultados encontrados nesta pesquisa podem ser sumarizados em dois principais eixos:

1. Não há uma compreensão do trânsito como um "espaço público, um "bem comum", e que, por isso, pressupõe o cumprimento de deveres de cidadão. Esse *status quo* leva a uma privatização do público e à ausência generalizada de noções de civilidade.
2. O trânsito e os elementos que o compõem (vias, sinalização, pessoas etc.) estimulam uma percepção e uma relação utilitária e individualista com o espaço público, reforçada pela pressa e pela atitude *blasé* da vida na metrópole.

De diversas formas e por diversas vias – seja na percepção da (má) educação no trânsito como questão pessoal, na percepção de um conflito social que se revela no trânsito, na ausência de compreensão das leis e das autoridades de trânsito como cumpridoras de seu dever e mantenedoras da lei, na percepção de que o veículo que é conduzido realiza uma diferenciação social, ou de que o automóvel estimula um sentimento de privatização do público e de poder ao motorista –, a ideia de um individualismo no trânsito, em vez de um sentimento de coletividade, bem comum e corresponsabilidade pelo coletivo, ficou bastante evidente após a análise do conteúdo dos relatos dos entrevistados.

A sensação de conflito iminente e de hostilidade reinante acirra características já presentes na vida social urbana contemporânea brasileira. À medida que produzem a desconexão do indivíduo com a sociedade à qual pertencem, a lógica intimista e o novo individualismo reforçam a desigualdade estrutural na sociedade, o julgamento das relações sociais e dos processos coletivos, da nação e da cidade. Essa desconexão desestabiliza ainda mais o princípio de um mundo comum no qual o sentimento de pertencimento teoricamente induziria os indivíduos a agir orientados ao bem comum.

A rápida transformação dos espaços urbanos e da dinâmica de vida, em que se incluem os deslocamentos, dificultariam o desenvolvimento e a manutenção de um sentimento de "continuidade pessoal", isto é, de uma ligação coerente e permanente com o espaço em que vive (Carr, 1992).

Em cidades como São Paulo, não obstante tentativas de dar relevância a atores antes esquecidos – como os pedestres –, ou a questões antes relegadas – como o meio ambiente –, trata-se de uma cidade que colhe os frutos de uma urbanização que impermeabilizou o solo, de vias de locomoção que favorecem os veículos em detrimento do deslocamento a pé, que diferenciou as regiões da cidade também pelas obras viárias, que levantou cada vez mais prédios, gerando um tráfego cada vez mais concentrado.

As percepções e crenças gerais sobre trânsito, sobre os demais usuários do trânsito, bem como sobre as leis e as infrações de trânsito, revelaram a presença de um conflito social no trânsito. O fato de as pessoas se perceberem como melhores que os demais e que o mau comportamento do outro é algo particular, e não um problema social de âmbito público, reforça a ideia de um individualismo generalizado no trânsito, em vez de um sentimento de coletividade, bem comum e corresponsabilidade pelo coletivo. Assim, o sentimento de hostilidade em relação aos outros, já bastante marcante em uma cidade caracterizada pela heterogeneidade cultural e pelas diferenças sociais, só pode ser ainda mais reforçado.

A noção moderna de civilidade versus *modus vivendi* no trânsito

A noção moderna de civilidade, embasada na aceitação do poder legítimo das leis e da limitação do direito individual de cada um face ao direito do outro nos espaços compartilhados não tem forma definida tampouco generalizada em nosso imaginário sobre a vida em comum. Quando os habitantes da cidade não percebem as leis justamente como um dos últimos elos que lhes assegura uma existência social regida por um estatuto de direitos, mas sim com um sentimento negativo de restrição à liberdade e à vontade individuais, pode ser que o último território possível da igualdade tenha sido invadido pela lógica privada. A sensação generalizada de hostilidade e de um conflito latente acirra características presentes na vida social urbana contemporânea e brasileira, como já apontava Simmel (1973, pp. 17-18):

> Na verdade, se é que não estou enganado, o aspecto interior dessa reserva exterior é não apenas a indiferença, mas mais frequentemente do que nos damos conta, uma leve aversão, uma estranheza e repulsão mútuas, que redundarão em ódio e luta no momento de um contato mais próximo,

> ainda que este tenha sido provocado. [...] O que aparece no estilo metropolitano de vida diretamente como dissociação na realidade é apenas uma de suas formas elementares de socialização.

Os resultados desta pesquisa revelam que o trânsito de São Paulo, nos termos aqui expostos, pode retratar muitos aspectos presentes no trânsito de boa parte das cidades brasileiras, no sentido de combinar fatores desfavoráveis à fluidez e à segurança, quais sejam: a combinação de um motorista sem educação para o trânsito, em tudo o que esta educação sugere – ausência de uma formação técnica satisfatória e de noções de espaço público, bem comum e civilidade, reforçados por um contexto histórico e contemporâneo que favoreceu o individualismo tanto na prática do deslocamento quanto na relação com o outro no espaço público. Compreender a dinâmica dessa confluência de fatores é essencial para medidas mais eficazes e eficientes no enfrentamento e superação dos problemas do trânsito, em médio e longo prazo.

Essa multifatorialidade remete à percepção de que o trânsito contemporâneo, sobretudo de grandes cidades, não deveria ser visto como um espaço cujo uso possa ser facilmente regulamentado por regras eficientes e neutras, mas sim como um espaço de disputa entre diferentes atores políticos que nele atuam, motoristas e pedestres, mas também os múltiplos agentes sociais, como comerciantes e citadinos em geral, com diferentes interesses e necessidades muitas vezes conflitantes entre si.

Campanhas que enfatizem a gentileza no trânsito e a valorização do pedestre provavelmente trazem resultados imediatos, mas não transformadores. Uma formação deficitária do condutor, sem noções de direção defensiva com ausência das noções de leis, de cidadania e de civilidade. serão menos eficientes do que poderiam ser. Finalmente, a impunidade às infrações perpetuará a sensação de que sempre há um meio de recorrer das leis.

Sem considerar os outros fatores e dimensões que formam o trânsito, o "fator humano" já é bastante complexo, uma vez que, consolidadas as especificidades desse âmbito da estrutura e da dinâmica urbana, traz desdobramentos que se realizam em outras esferas da vida social brasileira, como a intermediação entre o público e o privado, a ausência de noção geral de bem comum e responsabilidade pela cidade, além de uma interiorização peculiar sobre a ideia de cidadania e de civilidade. A pressa, o individualismo e a relação utilitária e mercadológica com os espaços da vida contemporânea só tendem a agravar essa realidade, que somente pode ser alterada com uma transformação mais geral da relação do brasileiro com a cidade, com a lei e com o outro.

O que fazer?

A principal conclusão sobre o que poderia ser feito para superarmos boa parte dos problemas do trânsito em uma metrópole como São Paulo, assim como em boa parte das cidades brasileiras, além do que já é realizado em âmbito federal, estadual e municipal, não é muito animadora, considerando os resultados da pesquisa e da análise aqui apresentadas. Isso porque as sugestões remetem a medidas de resultados em médio e longo prazos, sem dúvida, além de envolver um dos pontos que considero mais complicados em termos de execução – da educação no trânsito.

Identifica-se que essa questão central, para a qual a perspectiva deste estudo é orientada, é complexa, na medida em que a educação de trânsito é entendida como parte da educação cidadã mais geral, logo, mostra-se em boa medida como resultante desta.

Aqui cabe uma discussão, segundo a perspectiva adotada: a considerar as tentativas de campanha de educação no trânsito pelas instâncias públicas, em parceria ou não com entidades privadas, os resultados das abordagens até agora adotadas parecem bem limitados, senão inócuos. E isso se deveria, parcialmente, ao equívoco nas abordagens sobre essa educação. Como já analisado, campanhas para ser mais gentil no trânsito, por exemplo, parecem recair no erro de abordar a questão da educação no trânsito como uma questão pessoal, como se fosse uma escolha individual (e não que não seja), reforçando, assim, uma percepção "privada" de uma questão "pública", traço generalizado de nossa cultura, o qual é aqui analisado com uma das maiores barreiras para um melhor comportamento no trânsito. Assim, essa abordagem individualizante da educação relega novamente ao esquecimento a educação no trânsito como um dever do cidadão, ou pelo menos como um comportamento "esperado", entendido sob a ótica do bem comum, do entendimento à vida na cidade como a dimensão coletiva e, portanto, compartilhada de nossa existência, na qual o direito individual é bastante relativizado.

Nesse sentido, não vejo uma campanha que visa à educação no trânsito como algo isolado, mas sim como uma demanda por um programa amplo e complexo de desenvolvimento de uma educação cidadã generalizada na sociedade brasileira. Nesse aspecto, ao se delinearem estratégias de educação para o trânsito, seria relevante considerar as inúmeras discussões sociais sobre alguns conceitos e a compreensão da vida em sociedade.

Uma tentativa de abordagem mais geral sobre educação cidadã pode ser retratada pela política do Governo da Colômbia, como parte de uma política mais geral para o problema da violência e insegurança no país, entre as décadas de 1990 e 2000 (sobre o assunto, ver Olivato & Magalhães, 2012).

Outrossim, a fluidez, segurança e melhora do comportamento no trânsito deveria considerar outros dois pontos fundamentais: o da exigência e o do acompanhamento de uma formação técnica que considere, efetivamente, noções de direção defensiva, incluindo um programa sério de reciclagem dos motoristas já formados; e a revisão da questão sobre o cumprimento efetivo da pena para crimes de trânsito, por exemplo, acidentes cometidos por fatores "previsíveis", como a ingestão de álcool.

Para além dessas questões que focam a dimensão acerca da educação e do comportamento no trânsito, resta incluir as dimensões de engenharia de tráfego, de planejamento e desenvolvimento urbano fora do escopo deste trabalho.

Referências

Caldeira, Teresa Pires do Rio. (1997, março). Enclaves fortificados: a nova segregação urbana. *Novos Estudos – CEBRAP (47)* 155-176.

Carr, Stephen. (1992). *Public space*. Cambridge: Cambridge University Press.

Da Matta, Roberto. (1990). *Carnavais, malandros e heróis: para uma sociologia do dilema brasileiro* (5a ed.). Rio de Janeiro: Guanabara Koogan.

Da Matta, Roberto. (1991). *A casa e a rua* (4a ed.). Rio de Janeiro: Guanabara Koogan.

Datafolha. (2007a). *80% são a favor de rodízio de veículos*. Recuperado em 19 setembro, 2014, de http://datafolha.folha.uol.com.br/opiniaopublica/2007/08/1226263-80-sao-a-favor-do-rodizio-de-veiculos.shtml

Datafolha. (2007b). *Saúde se destaca como principal problema e como área de melhor e pior desempenho da prefeitura*. Recuperado em 19 setembro, 2014, de http://datafolha.folha.uol.com.br/opiniaopublica/2007/08/1226234-saude-se-destaca-como-principal-problema-e-como-area-de-melhor-e-pior-desempenho-da-prefeitura.shtml

Datafolha. (2008a). *86% aprovam a nova Lei do Trânsito, e 76% costumam beber fora de casa*. Recuperado em 19 setembro, 2014, de http://datafolha.folha.uol.com.br/opiniaopublica/2008/07/1224180-86-aprovam-a-nova-lei-de-transito-e-76-costumam-beber-fora-de-casa.shtml

Datafolha. (2008b). *Reprovação ao trânsito cai de 87% para 77%; Reprovação ao sistema de transporte coletivo aumenta de 44% a 49%*. Recuperado em 19 setembro, 2014, de http://datafolha.folha.uol.com.br/opiniaopublica/1224425-reprovacao-ao-transito-cai-de-87-para-77.shtml

Dotta, Ático. (1998). *Condutor defensivo: teoria e prática*. Porto Alegre: Sagra Luzzato.

Holanda, Sérgio Buarque. (1977). *Raízes do Brasil*. Rio de Janeiro: José Olympio.

Ibope Inteligência. (2007). *Segurança no trânsito*. São Paulo.

Ibope Inteligência. (2011). *Pesquisa de Opinião Pública sobre a satisfação com a qualidade de vida na cidade e avaliação de serviços públicos*. São Paulo.

Kowarick, Lúcio. (1991). Cidade e cidadania: cidadão privado e sub-cidadão público. *São Paulo em Perspectiva, 5*(2), 2-8.

Marques Jr., Gessé. (1997). Instrumento móvel de imobilidade: automóvel e estrutura social. Tese de doutorado, Universidade de São Paulo, SP, Brasil.

Olivato, Alessandra C., & Magalhães, Taís R. (2012). *A segurança cidadã: os casos de Bogotá e São Paulo*. Paper apresentado na Wapor 2012, Bogotá, CLB.

Oliveira, Francisco, & Paoli, Maria C. (Orgs). (1999). *Os sentidos da democracia: políticas do dissenso e hegemonia global*. Petrópolis: Vozes.

Rozestraten, Reiner J. A. (1988). *Psicologia do trânsito: conceitos e processos básicos*. São Paulo: Edusp, 1988.

Santos, Milton. (1987). *O espaço do cidadão*. São Paulo: Nobel.

Saskia, Sassen. (1991). *The global city: New York, London, Tokyo*. Princeton: Princeton University Press.

Sennet, Richard. (1988). *O declínio do homem público: as tiranias da intimidade* (Lygia Araújo Watanabe, Trad.). São Paulo: Companhia das Letras.

Simmel, Georg. (1973). A metrópole e a vida mental (Sérgio Marques dos Reis, Trad.). In Otávio Velho. (Org.). *O fenômeno urbano* (pp. 13-28). Rio de Janeiro: Zahar.

Vasconcelos, Eduardo Alcântara. (1991). A cidade da classe média: estado e política de transporte. *São Paulo em Perspectiva, 5*(2), 38-46. Recuperado em 22 janeiro, 2015, de http://produtos.seade.gov.br/produtos/spp/v05n02/v05n02_07.pdf

CAPÍTULO 4

A ACIDENTALIDADE NO TRANSPORTE COLETIVO DA CIDADE DE SÃO CARLOS

Thais de Cássia Martinelli Guerreiro e
Antonio Clóvis Pinto Ferraz

Fonte: Beto Nociti / Cerrado Fotografia

Nos últimos anos, os acidentes de trânsito têm se constituído em um verdadeiro desafio para as autoridades responsáveis pela segurança viária, uma vez que em muitos casos ocasiona lesões irreversíveis nos envolvidos e grande impacto sobre a economia dos países.

De acordo com dados da OMS – Organização Mundial da Saúde (2004), anualmente no mundo o número de feridos em decorrência de acidentes de trânsito varia entre 20 e 50 milhões, sendo que muitos apresentam lesões permanentes que os tornam deficientes físicos ou mentais. A OMS estima, ainda, que o número de mortes provenientes de acidentes de trânsito crescerá cerca de 65% até o ano 2020, considerando um aumento de 83% nos países em desenvolvimento e uma redução de 27% nas nações desenvolvidas, uma vez que estes últimos têm conseguido reduzir os acidentes e as mortes no trânsito.

Segundo Ferraz e Raia Jr. (2005), no Brasil, estima-se que o número anual de feridos em acidentes de trânsito seja superior a 400 mil, dos quais cerca de 140 mil adquirem lesões físicas e mentais permanentes. Com relação ao número de mortos por ano, estima-se uma estatística entre 32 mil e 50 mil, caso o acompanhamento do estado de saúde das vítimas após os acidentes seja realizado. Comparando esses dados aos índices apresentados pelos países desenvolvidos e considerando a relação entre o número de mortos no trânsito e a frota de veículos, verifica-se que o Brasil apresenta as maiores taxas, conforme apresentado na Tabela 4.1.

Tabela 4.1 Taxas de mortalidade no trânsito em alguns países.

País	Veículos por 100 habitantes	Taxa de mortes por 100 mil habitantes	Taxa de mortes por 100 mil veículos	Relação mortos/ veículo no Brasil e nos outros países[b]	Relação mortos/ veículo no Brasil e nos outros países[c]
Suíça	66,2	7,1	10,7	7,6	11,9
Suécia	55,4	6	10,8	7,6	11,8
Japão	63,1	7,5	11,9	6,9	10,7
Reino Unido	51,3	6,1	11,9	6,9	10,7
Alemanha	64,7	8,3	12,8	6,4	10
Canadá	59,3	9,3	15,7	5,2	8,1
Estados Unidos	78,3	14,9	19	4,3	6,7
França	59,6	12,9	21,6	3,8	5,9
Polônia	40,6	15,3	37,7	2,2	3,4
Grécia	48	19,3	40,2	2	3,2
Hungria	29,2	14	47,9	1,7	2,7
Coreia	30,7	14,9	48,5	1,7	2,6
Brasil[a]	21,8	17,8[b]/27,8[c]	81,7[b]/127,7[c]	1	1
Turquia	5,6	14,3	255,4	0,3	0,5

[a] Valores estimados com base nas estatísticas referentes ao ano de 2004.

[b] Valores considerando 32 mil mortes anuais.

[c] Valores considerando 50 mil mortes anuais.

Fonte: Ferraz e Raia Jr. (2005).

De acordo com a Tabela 4.1, para um valor estimado de 32 mil mortes anuais, a relação de mortos por veículo no Brasil é 7,6 vezes maior que na Suíça e Suécia e 6,9 vezes maior que no Japão e Reino Unido. Considerando 50 mil mortes anuais, valores maiores ainda são observados: 11,9 vezes maior na Suíça, 11,8 na Suécia e 10,7 no Japão e no Reino Unido.

Do ponto de vista econômico, segundo dados da OMS (2004), o custo monetário anual dos ferimentos e mortes no trânsito no mundo é estimado em 518 bilhões de dólares. Para o Brasil, é da ordem de 30 bilhões de reais, considerados os custos associados à despesa médico-hospitalar, ao tratamento e à reabilitação das vítimas, às perdas materiais (veículos, carga e objetos físicos, como postes, sinais de trânsito, muros etc.), à remoção dos veículos acidentados, ao resgate das vítimas, à limpeza e ao reparo dos danos causados à via e à sinalização de trânsito, às perdas de dia de trabalho, às pensões e aposentadorias precoces, aos custos policiais, judiciários e funerais, dentre outros (Ferraz & Raia Jr., 2005).

Especificamente com relação aos acidentes de trânsito, estes podem ser classificados em duas categorias distintas: quanto à gravidade e à tipologia. Já as vítimas dos acidentes de trânsito podem ser classificadas quanto ao estado físico.

Segundo Ferraz e Raia Jr. (2005), quanto à gravidade, no Brasil utiliza-se a classificação adotada pela Polícia Militar, na qual estão descritas três categorias de acidentes: (1) sem vítimas; (2) com vítimas (fatais ou feridos) não pedestres; (3) atropelamentos, que se pressupõem ser sempre acidentes com vítimas.

De acordo com a Associação Brasileira de Normas Técnicas – ABNT (1989), na NBR 10.697/89, Ferraz e Raia Jr. (2005) e Gold (1998), no tocante à tipologia, os acidentes de trânsito podem ser classificados em: colisão traseira, colisão frontal, colisão transversal (abalroamento transversal), colisão lateral (abalroamento lateral), choque, atropelamentos, tombamento, capotagem, engavetamento e combinação (junção de dois ou mais tipos).

Segundo a ABNT (1993), por meio da Norma NBR 12.898/93, as vítimas dos acidentes de trânsito podem ser classificadas em: (1) fatal: quando a vítima falecer em razão dos ferimentos ocorridos no local do acidente, ou depois de socorrida no período até a conclusão do relatório de acidente; (2) grave: quando a vítima sofrer ferimentos graves que exijam tratamento médico mais prolongado; (3) leve: quando a vítima sofrer ferimentos leves, como lesões superficiais que não exijam tratamento médico prolongado; (4) ileso: quando a vítima não sofrer qualquer tipo de ferimento aparente, nem apresentar sintomas ou queixas de lesões internas.

Para Gold (1998), os principais fatores que podem ocasionar acidentes de trânsito são: (1) homem; (2) veículo; (3) via e meio ambiente; (4) institucional/social. A partir do momento em que tais fatores são desagregados e correlacionados entre si, é possível conhecê-los melhor. Assim, procura-se associar a ocorrência dos acidentes de trânsito a seis fatores, segundo Raia Jr. (2004): (1) humano; (2) veicular; (3) viário; (4) climático; (5) uso e ocupação do solo; e (6) institucional e social. Ainda de acordo com o autor, a combinação de tais fatores pode aumentar a probabilidade de ocorrência de acidentes em determinados locais. Para definir quais ações deverão ser utilizadas para a redução dos acidentes de trânsito, é necessário definir quais os reais fatores que contribuem para sua ocorrência, sejam eles em menor ou maior grau, e qual a relação existente entre cada um deles para que posteriormente possam ser aplicadas medidas mistas visando obter resultados, no mínimo, satisfatórios.

Com relação às condições de visibilidade, de acordo com Gold (1998), em decorrência da pouca iluminação no período noturno, os condutores dos veículos apresentam dificuldades em observar o pedestre, e este, em avaliar com precisão a velocidade de deslocamento do veículo. Essa situação gera, em muitos casos, erros de avaliação, causando amiúde o acidente do tipo atropelamento de pedestre.

Acidentes de trânsito envolvendo automóveis provocam um grande impacto na sociedade e na qualidade de vida de todos os envolvidos. Nesse sentido, a maior utilização de ônibus de transporte coletivo, além de propiciar cidades mais sustentáveis, também gera uma redução no número de acidentes, uma vez que os ônibus são mais seguros. Em termos de passageiros por milha, usuários de automóveis estão 25 vezes mais propensos a morrer em acidentes de trânsito que usuários de ônibus, ao passo que para os que viajam de motocicleta essa probabilidade é superior a 800 vezes (Gifford & Steg, 2007).

Especificamente para os acidentes de trânsito envolvendo o transporte coletivo, em função de sua característica de grande capacidade de transporte, um único acidente pode vitimar dezenas de pessoas, causando grandes danos aos envolvidos e à sociedade. De acordo com estudo realizado pelo Instituto de Pesquisa Econômica Aplicada (Ipea) e pela Associação Nacional dos Transportes Públicos (Ipea/ANTP, 2003), verificou-se na aglomeração urbana da cidade de São Paulo um número total de 1.754 acidentes, sendo 1.622 acidentes sem vítimas e 132 com vítimas. Tais dados resultaram em

2,23 acidentes de ônibus/ano, 2,07 acidentes sem vítimas/ônibus/ano e 0,17 acidentes com vítimas/ônibus/ano. Outro levantamento de dados realizado pela Empresa Municipal de Desenvolvimento de Campinas (Emdec, 2003) revelou que nessa cidade cerca de 8% de todos os veículos envolvidos em acidentes de trânsito eram ônibus que realizavam o transporte coletivo. Na cidade de Ribeirão Preto, por sua vez, os índices de acidentes com vítimas envolvendo ônibus chegou a cerca de 4% (Empresa de Trânsito e Transporte Urbano de Ribeirão Preto S/A –Transerp, 2003).

Ainda de acordo com o Ipea (2003), com relação aos custos de acordo com a categoria veicular, mostrou-se a necessidade de haver um enfoque especial nos acidentes envolvendo ônibus e caminhões, em virtude da maior exposição ao risco destes, além dos custos envolvidos.

Neste estudo, considerando a frota em aglomerações urbanas composta por automóveis, motocicletas, ônibus urbanos, caminhões e utilitários leves, os automóveis representaram 74% da frota de veículos e concentraram 56% dos custos envolvidos. Em contrapartida, os ônibus urbanos representaram 1% da frota em aglomerações urbanas; entretanto, representaram 13% dos custos totais dos acidentes ocorridos nessas aglomerações. Isso mostra que os ônibus urbanos, em decorrência de suas maiores dimensões, capacidade máxima de transporte, maior espaço ocupado na via, entre outros fatores, embora tenham apresentado uma frota de 0,014% menor do valor da frota de automóveis, apresentaram custos totais cerca de 0,23% menor dos custos totais envolvendo automóveis.

Diante desse panorama sobre acidentes de trânsito no Brasil e no mundo, mais especificamente com relação aos que envolvem o transporte coletivo, em função de sua grande capacidade de transporte e de utilização, este capítulo tem como objetivo apresentar a análise de um estudo sobre a acidentalidade no transporte coletivo, realizado em uma cidade de porte médio, São Carlos (SP), durante os anos de 2005 e 2006. Nesse período, de um total de 7.921 acidentes de trânsito registrados envolvendo automóveis, motos, caminhões, pedestres e transporte coletivo, especificamente 342 envolveram somente o transporte coletivo por ônibus. Em média, foram registrados 170 acidentes de trânsito envolvendo o transporte coletivo por ônibus, sendo 135 sem vítimas e 35 com vítimas, para uma frota média de 97 veículos, resultando em 1,75 acidentes/ônibus/ano, 1,39 acidentes sem vítimas/ônibus/ano e 0,36 acidentes com vítimas/ônibus/ano.

Para a apresentação desta análise, serão demonstrados os resultados referentes à caracterização dos acidentes de trânsito com relação à gravidade, tipologia, distribuição temporal e espacial e aos locais e vias críticas de acidentes. De posse de tais resultados, será apresentado um diagnóstico da situação, a partir do qual ações mitigadoras de caráter geral e específico serão propostas, visando à redução da acidentalidade no transporte coletivo da cidade de São Carlos.

Método

Procedimento de coleta dos dados – análise documental

Os dados de acidentes de trânsito envolvendo o transporte coletivo da cidade de São Carlos nos anos 2005 e 2006 foram coletados diretamente dos boletins de ocorrência (BOs) e dos registros de ocorrência (ROs), os quais foram preenchidos pela Polícia Militar e pela Polícia Civil, respectivamente. Com cada BO e RO, foi obtido um formulário desenvolvido e utilizado pela empresa operadora, denominado "Relatório de Ocorrência", o qual apresenta campos que auxiliam na complementação das informações dos BOs e ROs. Esse relatório é preenchido manualmente por um fiscal da própria empresa, imediatamente após a ocorrência do acidente, e serve de auxílio para a etapa de processamento e sistematização dos dados.

Processamento e sistematização dos dados

Após a coleta dos dados, procedeu-se ao processamento destes a partir de sua inserção no Banco de Dados de Acidentes de Trânsito (BDAT) da cidade de São Carlos, desenvolvido em plataforma operacional *Access* por Raia Jr. (2004), em uma parceria com a Prefeitura Municipal de São Carlos. Nesse banco foi possível inserir todas as informações contidas nos BOs/ROs, bem como suas complementações contidas nos "Relatórios de

Ocorrência", com exceção do campo destinado ao croqui, uma vez que a plataforma operacional não permitiu tal tarefa.

Em seguida, foi realizada uma análise de consistência dos dados, com o objetivo de verificar possíveis incoerências nos registros de acidentes, tais como ausência de vítimas em acidentes que resultaram em vítimas, horário de ocorrência do acidente em desacordo com o horário de operação do sistema de transporte coletivo, localização da ocorrência dos acidentes etc.

Por fim, procedeu-se à sistematização dos dados por meio da ativação de vários campos de busca do BDAT, tais como período do dia, dia da semana, horário, local (todos ao longo das vias e cruzamentos), tipo de veículo, sexo, idade, tipo de acidente, iluminação e gravidade. A partir das informações fornecidas por esses campos, foi possível selecionar e quantificar todas as características dos acidentes de trânsito envolvendo o transporte coletivo, as quais foram organizadas e visualizadas no *Excel*.

Caracterização dos acidentes

Nesta etapa foi realizada a organização de todas as características em tabelas e gráficos, de tal forma que fosse possível obter um panorama da acidentalidade envolvendo os veículos de transporte coletivo.

Para a visualização da distribuição espacial dos acidentes de trânsito, utilizou-se um programa de Sistema de Informação Geográfica específico para a área de Transportes (SIG-T), o qual continha a base cartográfica do município de São Carlos. Nesse programa foi criado um banco de dados de pontos que continha o registro geográfico de todos os acidentes ocorridos, bem como seus atributos, tais como: (1) número total de acidentes; (2) número total de acidentes que resultaram em danos materiais; (3) número total de acidentes que resultaram em vítimas não fatais; (4) número total de acidentes que resultaram em vítimas fatais. Tais atributos forneceram subsídios para a geração de mapas temáticos que permitiram melhor visualização e análise da distribuição espacial dos acidentes de trânsito envolvendo os ônibus de transporte coletivo.

Análise das informações e preparação de diagnóstico

Foi realizada uma análise das informações e, a partir desta, foi preparado um diagnóstico da acidentalidade envolvendo o transporte coletivo, com o objetivo de identificar as principais características dos acidentes de trânsito, tais como: (1) principais tipos de acidentes envolvendo o ônibus de transporte coletivo e suas prováveis causas; (2) distribuição temporal dos acidentes; (3) identificação dos tipos de acidentes ocorridos de acordo com o período do dia; (4) distribuição espacial dos acidentes de acordo com a gravidade e com a localização, uma vez que eles poderiam ocorrer ao longo das vias (maior número de pontos de parada), como em interseções.

Proposição de ações mitigadoras

Realizado o diagnóstico da acidentalidade no transporte coletivo, procedeu-se à proposição de ações mitigadoras (isto é, ações voltadas à diminuição de acidentes de trânsito envolvendo o transporte coletivo) em dois níveis distintos: nível 1 – caráter geral – e nível 2 – caráter específico. No nível 1 foram propostas ações mitigadoras que poderão ser implementadas pelo poder público (melhoria da sinalização, poda adequada de árvores, fiscalização permanente) e pela empresa operadora (treinamento da mão de obra operante, manutenções preventivas e corretivas da frota, campanhas educativas para a redução de acidentes etc.). No nível 2 foram elaboradas ações mitigadoras para cada tipo de acidente, com base na provável causa de ocorrência destes, para a principal interseção crítica de acidentes. Por exemplo, analisando os tipos de acidentes e suas prováveis causas, na interseção "A", em decorrência do grande número de acidentes do tipo colisão transversal e após observações *in loco*, é necessário reforçar a sinalização que se encontra apagada e realizar poda de árvore para melhorar a visibilidade.

Resultados

No biênio 2005-2006 foram registrados 7.921 acidentes de trânsito na cidade de São Carlos, dos quais 342 (4,32%) envolveram os ônibus de transporte coletivo. Dessa parcela, 269 acidentes (78,65%) resultaram em danos materiais, 69 (20,18%) em vítimas não fatais e 4 (1,17%) em vítimas fatais. De todos os acidentes, os tipos preponderantes foram colisão transversal, colisão lateral, colisão traseira e choque em veículo estacionado, que juntos representaram 92,4% do total de acidentes. O restante, que representa 7,6% dos acidentes envolvendo ônibus, decorre de colisão frontal, queda de passageiro, atropelamento de pedestre e choque em objeto fixo.

Verificou-se um maior número de acidentes de trânsito envolvendo os ônibus de transporte coletivo em dias úteis. Com relação à gravidade, a sexta-feira apresentou o maior número de acidentes que resultaram em vítimas não fatais. Aos sábados e domingos, em contrapartida, foi registrada a maior ocorrência de acidentes que resultaram em vítimas fatais. Ainda com relação à gravidade, o período noturno, embora tenha apresentado menor número de ocorrência de acidentes de trânsito em relação ao período diurno, proporcionalmente apresentou maior número de acidentes que resultaram em vítimas fatais e não fatais. O número de acidentes que resultaram em danos materiais foi praticamente igual nos dois períodos.

Com relação à distribuição espacial, os acidentes ocorreram em maior número ao longo das vias em comparação às interseções. Locais que apresentaram apenas um acidente de trânsito ocorreram em toda a mancha urbana da cidade de São Carlos, em muitos bairros com características distintas entre si. A ocorrência de dois acidentes de trânsito foi registrada, sobretudo no eixo norte-sul e nas proximidades da Santa Casa de Misericórdia, e a ocorrência de três ou mais acidentes foi verificada em pontos diversos da cidade, sobretudo em vias importantes de ligação entre o bairro e o centro da cidade e que apresentam elevado volume de tráfego. Acidentes que resultaram em vítimas (fatais e não fatais) encontraram-se distribuídos por toda a mancha urbana, principalmente nas regiões central, sudoeste e noroeste (notadamente nas proximidades da Santa Casa de Misericórdia). Nas demais regiões, verificou-se uma pequena ocorrência de acidentes que resultaram em vítimas, notadamente a região sudeste. A Figura 4.1 mostra a distribuição espacial dos acidentes de trânsito independentemente da gravidade. A distribuição espacial dos acidentes com vítimas e com vítimas fatais é apresentada nas Figuras 4.2 e 4.3, respectivamente.

Figura 4.1 Distribuição espacial dos acidentes de trânsito no biênio 2005-2006.

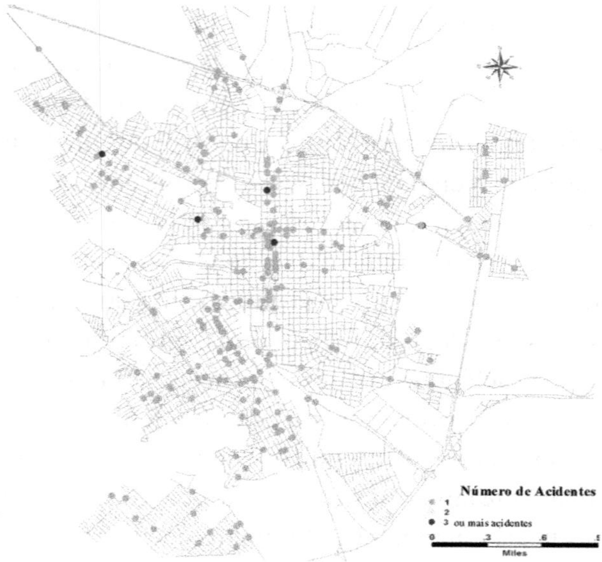

Figura 4.2 Distribuição espacial dos acidentes de trânsito com vítimas no biênio 2005-2006.

Figura 4.3 Distribuição espacial dos acidentes de trânsito com vítimas fatais no biênio 2005-2006.

No que diz respeito às vias críticas de ocorrência de acidentes de trânsito, de um total de 1.541 vias existentes na cidade de São Carlos, 18,82% são destinadas ao fluxo de ônibus de transporte coletivo, sendo que 30% destas apresentaram acidentes de trânsito envolvendo o transporte público, ressaltando que em muitas vias o transporte público opera em alguns trechos, e não em toda a extensão. Muitas dessas vias diferem entre si com relação à extensão e características próprias de composição e formas de controle do fluxo de tráfego, características de adensamento e uso do solo, conservação do pavimento, entre outras, e estão localizadas em toda a malha viária e praticamente em todas as regiões, à exceção da região sul. Das quinze vias críticas consideradas (número absoluto de acidentes maior que três), seis estiveram localizadas na região central, três na região sudoeste, duas na região noroeste, uma na região norte e duas na região nordeste, conforme Figura 4.4(a).

Figura 4.4 Distribuição espacial dos acidentes de trânsito envolvendo o transporte coletivo: (a) vias críticas e (b) locais críticos.

Em todas as vias críticas, foram verificadas muitas colisões entre os ônibus de transporte coletivo e veículos que saíam de estacionamentos localizados juntos ao meio-fio, acidentes em conversões à direita em trechos sem faixa exclusiva, além de choques com veículos estacionados de cujos condutores desembarcavam sem tomar as devidas precauções com relação ao fluxo da via.

As interseções críticas (em que o número absoluto de acidentes é maior que dois) localizaram-se principalmente no eixo norte-sul, regiões sudoeste, oeste, nordeste e leste, nas principais vias do transporte coletivo da cidade de cada região, envolvendo vias de categoria arterial, coletora e local, conforme Figura 4.4(b). De um total de 137 acidentes ocorridos em interseções, 77,37% ocorreram em interseções controladas com sinal de parada obrigatória PARE, 11,68% em interseções sem qualquer tipo de controle, 8,76% em interseções semaforizadas e 2,19% em interseções com outra forma de controle (sinalização horizontal, tachões, canalização etc.).

Especificamente com relação às interseções semaforizadas, foi constatado maior número de colisões transversais (58,34% do total de colisões ocorridas em semáforos), seguidas de colisões laterais (33,33% do total) e colisões traseiras (8,33% do total).

Foi realizada uma análise da via mais crítica – avenida São Carlos – principal via de transporte coletivo da cidade de São Carlos, concentrando 92,45% das linhas operantes, em razão da característica essencialmente diametral do sistema de transporte coletivo.

Nessa via foram registrados 28,83% do total de acidentes nas vias críticas, sendo que trinta resultaram em danos materiais e dois em vítimas não fatais. Foram verificadas muitas colisões laterais nas conversões à direita em trechos de faixa exclusiva e muitas colisões no momento em que o ônibus de transporte coletivo efetuava a troca de faixa de rolamento em determinados trechos.

A segunda via crítica – rua Dª. Alexandrina – realiza binário à avenida São Carlos e concentrou 13,51% do total de acidentes que ocorreram nas vias críticas. Destes, treze resultaram em danos materiais e dois, em vítimas não fatais, sendo que a maioria dos acidentes foi do tipo colisão traseira, principalmente nos casos em que o ônibus se encontrava estacionado nos pontos de parada efetuando embarque/desembarque. Além desse tipo de acidente, também foi verificada a ocorrência de acidentes em conversões à direita em trechos sem faixa exclusiva.

Com relação à primeira interseção mais crítica – rua Maestro João Seppe × rua Serafim Vieira de Almeida – foram registrados 18,18% do total de acidentes ocorridos em interseções críticas e localizou-se nas proximidades da Santa Casa de Misericórdia, região constituída por vários polos de serviços de saúde, além de núcleos residenciais e educacionais. É formada por uma via coletora (rua Maestro João Seppe) e uma via local (rua Serafim Vieira de Almeida).

Ambas as vias apresentaram sentido duplo de direção, ocasionando 28 pontos de conflitos, potenciais zonas para a ocorrência de acidentes. A rua Maestro João Seppe é uma via preferencial (tráfego de doze linhas de transporte coletivo), sendo que todo o fluxo de veículos que trafega pela rua Serafim Vieira de Almeida (via secundária) é controlado pela sinalização vertical e horizontal de parada obrigatória. Na via preferencial, o estacionamento é regulamentado apenas em um dos lados da via, e na via secundária, nos dois lados. Todos os acidentes ocorridos nessa interseção concentraram-se no período diurno, em todos os intervalos horários, e envolveram, além dos ônibus de transporte coletivo, somente veículos do tipo automóvel.

A interseção formada pelas vias avenida Bruno Ruggiero Filho (via preferencial) e rua Sebastião Sampaio Osório (via secundária – fluxo de transporte coletivo) localiza-se em uma região predominantemente residencial e com presença de estabelecimentos comerciais. A via preferencial corresponde a uma via arterial com dois sentidos de tráfego separados por canteiro central (largura insuficiente para acomodação do tráfego), duas faixas de rolamento em cada sentido e com estacionamento regulamentado do lado direito da via. A via secundária apresenta sentido único de circulação, uma faixa de rolamento e estacionamento regulamentado dos dois lados da via. Como o fluxo de ônibus trafega pela via secundária e necessita cruzar a via preferencial, em cada etapa são encontrados três pontos de conflito. Todos os acidentes ocorridos nessa interseção concentraram-se no período diurno, em todos os intervalos de horário e envolveram, além dos ônibus, veículos do tipo automóvel e moto.

Discussão

Diante do exposto, acidentes de trânsito envolvendo veículos de transporte coletivo, mesmo apresentando um menor número quando comparados aos acidentes envolvendo os demais veículos da frota, podem ser considerados alarmantes, em virtude da grande quantidade de pessoas envolvidas, muitas vezes causando danos irreversíveis para os envolvidos e para a sociedade.

Para a cidade de São Carlos, estudo de caso deste trabalho, verificou-se a ocorrência de praticamente todos os tipos de acidentes envolvendo o ônibus de transporte coletivo, sendo o acidente do tipo colisão transversal o registrado em maior número. Esse tipo de acidente é caracterizado por envolver veículos em direções perpendiculares, resultando em acidentes típicos de interseções, ao passo que os demais tipos ocorreram, sobretudo, próximo aos pontos de parada, podendo ser considerados acidentes típicos de meio de quadra.

Na cidade de São Carlos, a porcentagem de ocorrência dos acidentes tipo atropelamento de pedestre difere bastante do verificado em estudo da European Conference of Ministers of Transport (ECMT, 2000), mesmo este considerando todos os tipos de veículos envolvidos. De acordo com esse estudo, nos países europeus o período noturno concentrou a ocorrência de 51% dos atropelamentos que resultaram em vítimas fatais e 29% do total de atropelamentos que geraram vítimas não fatais, sendo que para a cidade de São Carlos, no período noturno, foi verificada maior ocorrência de atropelamentos que resultaram em vítimas não fatais (66,67%) em comparação aos atropelamentos que resultaram em vítimas fatais (33,33%). A diferença verificada entre os resultados obtidos pela ECMT e o presente trabalho pode ser atribuída aos diferentes tamanhos da amostra de dados utilizada. Para a cidade de São Carlos foram utilizados dados referentes a dois anos, ao passo que, no estudo supracitado, utilizaram-se dados coletados ao longo de quatro anos de pesquisa, além de envolver vários países europeus.

Especificamente com relação ao acidente do tipo queda de passageiro, ocorreu proporcionalmente em maior número no período diurno quando comparado ao período noturno. Isso pode ser explicado pelo fato de que no período diurno, em decorrência do maior volume de tráfego nas vias e de passageiros, muitas linhas de transporte coletivo apresentaram atrasos operacionais e, consequentemente, desenvolvimento de velocidade acima do permitido e maior ocorrência de freadas bruscas e acidentes. Além disso, em relação ao período noturno, o período diurno apresenta maior número de passageiros transportados, inclusive idosos e crianças, os quais estão mais propensos a sofrer esse tipo de acidente, em função de suas características físicas.

Em muitos casos foi verificada a ocorrência de acidentes do tipo colisão lateral e colisão traseira em pontos de parada, cujas prováveis causas estão diretamente ligadas à falta de preparo dos condutores envolvidos, desrespeito e falta de sinalização, inclinação das vias e à necessidade de implantação de um sistema integrado de trânsito e transporte coletivo. Com relação a este último, um sistema integrado permitiria um adequado planejamento das paradas de ônibus (evitando locá-las próximas às interseções), compatibilizando-as com os estacionamentos regulamentados e proibidos, com a distância de caminhada entre os pontos e com a presença de estabelecimentos comerciais, residenciais e de serviços. Além disso, também possibilitaria a priorização do transporte coletivo em alguns trechos, execução de vias com raios de giro adequados à sobrelargura dos ônibus de transporte coletivo nas conversões, entre outros.

A falta de padronização da frota de ônibus de transporte coletivo, nos quais é permitido o embarque tanto pela porta traseira como pela porta dianteira, também se mostrou como uma provável causa da ocorrência dos acidentes de trânsito classificados como queda de passageiro. Especialmente nos casos de embarque/desembarque pela porta traseira, a dificuldade que o cobrador e o motorista apresentam para visualizar os usuários que se encontram nos degraus dos veículos, em muitos casos, pode ter levado à ocorrência de acidentes. Uma solução para esse problema seria a adoção de um *layout* único por meio da mudança do validador (dispositivo eletrônico acoplado à catraca do ônibus e utilizado para liberá-la somente a partir da aproximação do cartão eletrônico de embarque ou da inserção do bilhete magnético na ranhura do dispositivo) para uma posição fixa em todos os veículos, mais próximo da porta traseira, requerendo investimentos da empresa operadora com a consequente redução do tipo de acidente vinculado a esse problema.

Verificou-se um maior número de acidentes de trânsito envolvendo os ônibus de transporte coletivo em dias úteis. Isso se deve ao fato de que durante a semana a frota operacional é maior, em razão do maior volume de usuários, além de maior circulação de todos os tipos de veículos nas vias, em função das várias atividades comerciais, industriais e de serviços que produzem e atraem um grande número de viagens. Aos finais de semana, há uma redução no número da frota operacional diretamente relacionada ao menor número de atividades na cidade e, consequentemente, menor geração de viagens.

O aumento da ocorrência de acidentes que resultaram em vítimas no período noturno pode estar atribuído, sobretudo, às condições de visibilidade noturna aliadas à desatenção dos condutores envolvidos, desobediência à sinalização de parada obrigatória, falta de sinalização, ausência de fiscalização etc.

Acidentes envolvendo os ônibus de transporte coletivo ocorreram em maior número ao longo das vias em relação às interseções. Isso pode ser explicado pela ocorrência de maior número de operações de embarque e desembarque ao longo da via, uma vez que há mais pontos de parada localizados no meio da quadra. Além disso, cita-se também a provável falta de sinalização vertical e horizontal nesses pontos, o que requer atenção redobrada dos motoristas dos veículos que trafegam atrás de um veículo de transporte coletivo, como também o estacionamento de veículos próximo a esses pontos de parada.

Principalmente nas interseções entre uma via secundária com única faixa e uma via preferencial com dois sentidos de tráfego separados por canteiro central, em muitos casos o sinal de parada obrigatória PARE não foi respeitado, passando a operar como DÊ A PREFERÊNCIA, causando o acidente.

De forma geral, podem-se resumir as prováveis causas da ocorrência de acidentes de trânsito envolvendo os ônibus de transporte coletivo em: (1) má localização dos pontos de parada; (2) estacionamento de carros muito próximo aos pontos de parada; (3) desvio de atenção dos condutores envolvidos; (4) problemas de visibilidade na interseção; (5) desobediência à sinalização de parada obrigatória. Esse quadro demonstra a necessidade crescente de um conjunto de ações mitigadoras cujo participante não seja somente o Poder Público, responsável pela gestão do sistema, mas também o operador, de tal forma que as três áreas responsáveis pela redução da ocorrência e severidade dos acidentes – engenharia, educação e esforço legal – estejam integradas na junção dos dois atores responsáveis pelo sistema de transporte coletivo.

A partir da cooperação entre os dois atores e com base na redução dos acidentes calcada nas três áreas descritas anteriormente, será possível implementar ações mitigadoras de caráter geral. Essas ações compreendem desde a manutenção da sinalização viária, a melhoria na geometria, a adoção de gabarito vertical das árvores, bem como de campanhas educativas para a redução dos acidentes, treinamento da mão de obra operante, uso de novas tecnologias veiculares etc. Diante da necessidade de junção dos dois atores e, muitas vezes, de procedimentos burocráticos para tal, o resultado das ações pode ser obtido em períodos de médio a longo prazo, postergando em um pequeno intervalo de tempo os benefícios de sua implantação.

Junto ao Poder Público é possível realizar ações mitigadoras de caráter específico, por meio da identificação dos tipos de acidentes mais recorrentes, identificação das prováveis causas e medidas corretivas para sua redução, e também por meio do tratamento das vias e pontos críticos de acidentes, tal como o proposto para a interseção mais crítica de ocorrência de acidentes de trânsito verificada neste estudo: rua Maestro João Seppe × rua Serafim Vieira de Almeida.

À situação da época e de acordo com observações *in loco*, essa interseção apresentava como principais problemas, segundo as regulamentações do Conselho Nacional de Trânsito (Contran, 2007): (1) sinalização horizontal parcialmente apagada; (2) desrespeito à sinalização de proibição de estacionamento; (3) legenda PARE em desacordo com as normas oficiais; (4) inexistência de sinalização de velocidade máxima permitida, anterior ao redutor de velocidade; (5) inexistência de placa indicativa de redutor de velocidade à frente; (6) desalinhamento na geometria horizontal.

Como proposta de ação mitigadora de caráter específico, foram sugeridas as seguintes modificações: (1) implantação de um binário formado pelas ruas Maestro João Seppe (via de mão única) e Paulino Botelho de Abreu Sampaio (via de mão única), reduzindo o número de pontos de conflito para 10; (2) reforço da sinalização horizontal; (3) implantação de operação de fiscalização de trânsito mais ostensiva; (4) pintura de setas de direção no pavimento próximo à interseção; (5) correção da localização das sinalizações que estão em desacordo com as normas oficiais; (6) implantação de sinalização de velocidade máxima permitida e de placa indicativa de redutor de velocidade à frente, tal como pode ser verificado na Figura 4.5.

Figura 4.5 Croqui proposto para a interseção rua Maestro João Seppe × rua Serafim Vieira de Almeida.

Tal como apresentado, as medidas corretivas de caráter específico não requerem grandes investimentos, e seu resultado pode ser obtido em curto prazo, uma vez que há apenas um ator envolvido.

A partir da implantação de um sistema de transporte coletivo eficiente, que pode ser considerada uma ação mitigadora de caráter geral, muitos indivíduos que atualmente utilizam veículos particulares para efetuar seus deslocamentos na cidade poderiam ser atraídos para o transporte público, reduzindo a frota de veículos presente nas vias. Essa diminuição, além de potencialmente ocasionar a redução do número de acidentes, aumentando consideravelmente a segurança viária na cidade de São Carlos, traria diversos ganhos para toda a população, e não apenas àqueles usuários do sistema de transporte coletivo: (1) redução de diversos custos associados aos acidentes de trânsito (humanos, econômicos e sociais); (2) redução da poluição atmosférica; (3) redução de grandes investimentos de recursos públicos na infraestrutura viária; (4) ajuste da velocidade operacional dos ônibus de transporte coletivo, reduzindo os atrasos operacionais; (5) maior eficiência das cidades etc.

Ressalta-se, ainda, a possibilidade de desenvolver ações e estudos que contemplem as variáveis comportamentais associadas à ocorrência de acidentes no transporte coletivo. Investigar aspectos relacionados às condições de trabalho dos motoristas, tais como o nível de satisfação com o trabalho, fadiga e estresse, pode ser interessante. Além disso, é possível pensar no desenvolvimento de ações de capacitação voltadas aos motoristas de ônibus que envolvam não somente a legislação de trânsito, mas também a direção defensiva e o comportamento de prevenir a ocorrência do acidente, de acordo com os dados apresentados neste capítulo. Sabendo-se quais são os locais em que mais ocorrem acidentes na cidade de São Carlos, bem como suas características, torna-se mais viável e assertiva a realização de atividades de capacitação de condutores, bem como a realização de campanhas educativas eficientes na redução do índice de acidentes. Dessa maneira, o aumento da segurança viária, proveniente de um conjunto de ações de caráter geral e específico, resultaria em um grande ganho na sustentabilidade econômica da cidade, possibilitando a seus habitantes melhor qualidade de vida e a formação de uma cidade mais humana.

Referências

ABNT – Associação Brasileira de Normas Técnicas. (1989). *NBR 10.697: pesquisa de acidentes de trânsito: terminologia*. Rio de Janeiro.

ABNT – Associação Brasileira de Normas Técnicas. (1993). *NBR 12.898: relatório de acidente de trânsito (RAT)*. Rio de Janeiro.

Contran – Conselho Nacional de Trânsito. (2007). *Sinalização vertical de advertência* (Vol. 2). Brasília.

ECMT – European Conference of Ministers of Transport. (2000). Safety on Road Traffic for Vulnerable Users. Third Road Safety Week in the UN/ECE Region. In *European Conference of Ministers of Transport*. Paris, France.

Emdec – Empresa Municipal de Desenvolvimento de Campinas. (2003). *Sumário estatístico de acidentes de trânsito em Campinas 2002-2003*. Campinas.

Ferraz, A. C. P., & Raia Jr. A. A. (2005). *Segurança no trânsito* [Apostila da Escola de Engenharia de São Carlos – EESC, Universidade de São Paulo – USP]. São Carlos: Departamento de Engenharia de Transportes.

Gifford, R., & Steg, L. (2007). The impact of automobile traffic on quality of life. In T. Gärling & L. Steg (Eds.). *Threats from car traffic to the quality of urban life: problems, causes, and solutions* (pp. 33-51). Oxford: Elsevier.

Gold, P. A. (1998). *Segurança de trânsito: aplicações de engenharia para reduzir acidentes* (pp. 1-3). Washington, D. C.: Banco Interamericano de Desenvolvimento.

Ipea/ANTP – Instituto de Pesquisa Econômica Aplicada/Associação Nacional dos Transportes Públicos. (2003). *Impactos sociais e econômicos dos acidentes de trânsito nas aglomerações urbanas brasileiras: relatório executivo*. Brasília. Recuperado em 6 fevereiro, 2006, de http://www.ipea.gov.br/TemasEspeciais/acidentesdetransito/Portugues.pdf

OMS – Organização Mundial da Saúde (2004). *Informe mundial sobre prevención de los traumatismos causados por el tránsito: resumen*. Genebra.

Raia Jr., A. A. (2004). *Fundamentos de segurança no trânsito* [notas de aula]. São Carlos: UFSCar/Departamento de Engenharia Civil.

Transerp – Empresa de Trânsito e Transporte Urbano de Ribeirão Preto S/A. (2003). *Estatísticas de acidentes de trânsito*. Recuperado em 4 fevereiro, 2007, de http://www.coderp.com.br/transerp/i07PRINCIPAL.ASP?Pagina=/transerp/estatistica/2003/i07apresenta.htm

CAPÍTULO 5

COMPORTAMENTO DE RISCO DE MOTOTAXISTAS E ENVOLVIMENTO EM ACIDENTES

Samira Valentim Gama Lira, Luiza Jane Eyre de Souza Vieira
e Ana Paula Soares Gondim

Fonte: Beto Nociti / Cerrado Fotografia

A problemática do acidente de trânsito

Dentre os ambientes comuns da ocorrência de acidentes, o trânsito tem-se destacado e está entre os problemas passíveis de intervenção. A rápida urbanização e a motorização nos países em desenvolvimento contribuíram para esse crescimento, e isso não foi seguido pela engenharia apropriada de estradas e por programas de sensibilização, educação, prevenção de riscos e repressão das infrações (Souza, Minayo, & Malaquias, 2005).

A Organização Mundial de Saúde (OMS) ressalta a magnitude dos acidentes de trânsito (AT) e a incipiente atuação intersetorial na redução dessa casuística. Esse evento é considerado um sério problema de saúde pública, pois diariamente morrem mais de 3 mil pessoas por acidente de trânsito (OMS, 2004). Esse órgão destaca que nenhum país será poupado nas perdas de vidas e sofrimentos advindos desses acidentes e menciona que a segurança nas estradas deve se tornar uma prioridade pública em todo o mundo (OMS, 2004; Penden, 2004).

De acordo com a Organização Panamericana de Saúde e a OMS, as taxas de mortalidade por AT nos Estados Unidos e nos países com alta renda estão diminuindo, porém no Oriente Médio, na África, na América Latina e na Ásia os índices aumentam. Nos Estados Unidos, a cada 10 mil acidentes, ocorrem 66 mortes entre ocupantes de veículo; no Quênia, a cada 10 mil acidentes, acontecem 18 mil mortes e, no Vietnã, 3 mil mortes, com predomínio entre os pedestres, motociclistas e ciclistas (OPAS & OMS, 2005).

Avaliando a dimensão do problema, Waiselfisz (2008a), ao delinear o mapa da violência dos municípios brasileiros, identificou que, no período de 1994 a 2006, o número de óbitos acarretados pelos AT passou de 29.527 para 35.146, representando um aumento de 19% do número total de mortes.

O AT ocasiona impactos na sociedade e na economia, provocando um número significativo de sequelas em suas vítimas, além de originar elevados custos diretos e indiretos para os países (Bastos, Andrade, & Cordoni Jr., 1999; Brasil, 2005). Os custos diretos dizem respeito às despesas médicas e não médicas, e os indiretos atribuem-se à perda da produtividade (Mello-Jorge & Koizumi, 2004; Pordeus, 2004), repercutindo no indicador relativo aos anos potenciais de vida perdidos (Brasil, 2005).

No campo da economia, normalmente os países perdem cerca de um a dois por cento do Produto Interno Bruto, com gastos relacionados aos AT e, como classe mais vitimada, os jovens lideram o ranking, apresentando, muitas vezes, sequelas físicas e psicológicas irreversíveis (Brasil, 2007).

Entre as diversas variáveis que circundam o AT, temos o comportamento humano, a tecnologia e a engenharia de tráfego, as quais, com o passar do tempo, tornaram-se foco de preocupação social (Sousa Filho, Xavier, & Vieira, 2008). Souza *et al.* (2005) destacam que na atualidade a resposta dada aos problemas do trânsito está focalizada na mudança do comportamento, por isso é necessário compreender os fatores determinantes e de risco para o trânsito violento: motoristas cujo comportamento é inapropriado e inconveniente; pedestres desatentos ou que desobedecem aos sinais; fiscalização omissa, deficiente, complacente e sem objetivos definidos; estradas e ruas inadequadas, esburacadas, mal projetadas, mal sinalizadas e mal iluminadas; veículos inseguros e sem condições de trafegar.

Comportamentos associados à ocorrência de AT

Ao analisar os fatores que circundam a ocorrência do AT, o comportamento humano, em particular, vem sendo destacado em estudos na área da saúde coletiva (Sousa Filho *et al.*, 2008; Cotrim, Carvalho, & Gouveia, 2000; Panichi & Wagner, 2006) que abordam as diferentes modalidades de agravos externos à saúde humana. No tocante ao AT, este não pode ser analisado de modo reducionista, mas sim como fruto de tendências que encontram sua explicação em determinantes socioculturais, políticos e econômicos que evidenciam a situação de cada país (Waiselfisz, 2008b). Vale reforçar que a dimensão comportamental está fortemente presente nas principais transgressões do trânsito.

Os comportamentos inadequados no trânsito são considerados infrações, mas infelizmente as autoridades e os órgãos de trânsito têm dificuldades para compreender e descobrir a etiologia, e muitas vezes deixam de aplicar as abordagens jurídica, psicológica e pedagógica adequadas ao infrator para, assim, minimizar suas ocorrências e até mesmo evitar um acidente de trânsito (Rocha, 2005). Alguns desses comportamentos inadequados serão apresentados a seguir.

Uma prática comum no trânsito brasileiro após o surgimento do telefone celular foi utilizar o aparelho conduzindo veículos, constituindo-se em um fator de risco para a ocorrência de AT. Horberry, Bubnich, Hartley e Lamble (2001), ao pesquisarem a utilização de celulares durante a condução de veículos, na Austrália, identificaram que os usuários são predominantemente do sexo masculino (78%) e têm menos de 40 anos (64%). No Brasil, o art. 252 do Código de Trânsito Brasileiro (CTB) (Lei n. 9.503, 1997) penaliza o condutor que dirige o veículo utilizando-se de fones nos ouvidos conectados à aparelhagem sonora ou ao telefone celular. O Departamento de Trânsito do Estado do Pará informa que no primeiro semestre do ano de 2002 foram registradas 8.404 infrações de trânsito em decorrência do uso do celular (Departamento de Trânsito do Pará, 2008). O art. 28 do capítulo III do CTB ressalta que o condutor deverá, em todo momento, ter domínio de seu veículo, dirigindo-o com atenção e cuidados indispensáveis à segurança do trânsito (Lei n. 9.503, 1997). O Detran do Paraná (2008) ressalta que, para evitar qualquer acidente, nunca devemos desviar a atenção do que está acontecendo em volta e observar os sinais do condutor da frente, tais como luz de freio, seta, pisca-pisca, sinalização com os braços, entre outros, pois estes indicam o que ele pretende fazer.

Outro fator que potencializa o comportamento de risco é o consumo de bebidas alcoólicas, pois mesmo o consumo eventual expõe a pessoa ao AT, violência e ferimentos não intencionais (Vieira, Ribeiro, Romano, & Laranjeira, 2007). Campos, Salgado, Rocha, Duailibi e Laranjeira (2008) realizaram pesquisa em Belo Horizonte sobre os padrões de comportamento em relação a beber e dirigir e obtiveram como resultados que: 60,4% bebem de um a dois dias por semana, mantendo esse percentual na faixa etária de 18 a 30 anos; as bebidas mais consumidas foram cerveja (51,8%), vinho (11,2%) e destiladas (10,8%); 59,6% entregam o veículo a outro motorista ou pegam um ônibus ou uma carona, mas 22,9% admitem dirigir sob o efeito do álcool.

Para minimizar a associação de bebidas alcoólicas e direção, a Lei n. 11.705 (Lei n. 11.705, 2008), foi homologada e está sendo implementada com a finalidade de estabelecer alcoolemia zero e de impor penalidades mais severas para o condutor que dirigir sob a influência do álcool, favorecendo, assim, a adoção de comportamentos preventivos no trânsito. Com sua aplicação, de acordo com o Ministério da Saúde (Brasil, 2008), já houve uma redução de 24% das operações de resgate do Serviço de Atendimento Móvel de Urgência (Samu) no período de 20 de junho a 10 de julho de 2008, sendo a região de Niterói a que obteve a maior percentagem. Vale salientar que o Supremo Tribunal Federal considera crime dirigir com concentração de álcool por litro de sangue igual ou superior a seis decigramas, mesmo que não provoque danos a terceiros (Supremo Tribunal Federal, 2012).

Sharma, Grover e Chatuverdi (2007) realizaram um estudo com jovens adolescentes sobre comportamentos de risco no sul de Delhi e identificaram que, de um total de 155 indivíduos, 29,8% desobedeceram às regras de trânsito. Um em cada cinco indivíduos tinha sido passageiro em um veículo cujo motorista estava bêbado (havia ingerido álcool antes de conduzir). No mesmo estudo, 185 indivíduos haviam sido passageiros em um veículo cujo condutor não possuía a carteira de habilitação, isso uma ou mais vezes nos últimos trinta dias.

Quanto ao perfil do condutor que mais se envolve em AT, alguns estudos indicam que no Brasil os jovens constituem os principais infratores da legislação, por apresentarem conduta impulsiva, excesso de confiança, ousadia, independência, busca de atividades que aumentem a adrenalina (Sousa Filho *et al.*, 2008; Stocco, Leite, Labiak, & Virgens Filho, 2007). Em outros países essa tendência também é observada (Hirsch, 2003).

Marín-Léon e Vizzotto (2003), na pesquisa sobre os comportamentos no trânsito em estudantes universitários em Campinas, identificaram que ultrapassagens proibidas eram realizadas por 29,7% dos alunos que possuíam antecedentes de AT e por 19,9% dos que não sofreram AT anteriormente. Ao estudar separadamente os comportamentos de risco no trânsito em participantes do sexo masculino, os autores encontraram que os que sofreram mais de três AT apresentavam um comportamento mais arriscado, como a realização de ultrapassagem (46,8%).

No Brasil, observa-se um aumento do envolvimento de motociclistas nos AT, conforme exposto no tópico a seguir.

A motocicleta, os mototaxistas e os AT

Segundo dados do Departamento Nacional de Trânsito (2007), a frota de motocicleta em dezembro de 2006 era de 7.989.925; em dezembro de 2007, 7.483.141; e, em agosto de 2008, 10.530.768. Observa-se que houve um incremento da frota desse tipo de veículo, facilitando, também, o aumento de atividades remuneradas realizadas com o uso da motocicleta.

No Brasil, pesquisas evidenciam que os motociclistas se destacam nas ocorrências dos AT (Souza *et al.*, 2005; Sousa Filho, *et al.*, 2008). Estes são altamente vulneráveis em virtude de sua exposição direta ao choque com veículos ou com objetos fixos e, portanto, sujeitos aos traumas múltiplos de maior gravidade (Soares & Barros, 2006). Liberatti, Andrade, Soares e Matsuo (2003) acrescentam que o surgimento desse veículo despertou no homem uma sensação de liberdade, proporcionando altas velocidades e manobras perigosas e atraindo, muitas vezes, indivíduos com idade menor do que dezoito anos.

Assim, a utilização desse modo de transporte motiva comportamentos infratores, acarretando maior exposição dos condutores e passageiros aos acidentes. Sob essa ótica, os AT não atingem apenas o indivíduo com a incidência de sequelas, ocorrência de absenteísmo no trabalho e queda no setor produtivo, mas afetam também o seio familiar (Xavier, 2006), os âmbitos pré-hospitalar e hospitalar e as reabilitações (Marin-León & Vizzotto, 2003).

Entre as classes de motociclistas, existem os profissionais, ou seja, aqueles que utilizam a motocicleta como meio de trabalho, como o motoboy e o mototaxista (Diniz, Assunção, & Lima, 2005; Cavini & Souza, 2006). Essas profissões surgiram a partir da facilidade de aquisição da motocicleta, do trânsito congestionado por veículos a motor, do aumento de desemprego ou da diminuição da renda na população brasileira, favorecendo a regulamentação da profissão em alguns municípios brasileiros.

O profissional mototaxista, foco deste capítulo, tem a função de conduzir passageiros aos locais escolhidos por estes. Cavini e Souza (2006), ao estudar o impacto do setor de mototaxistas em Poços de Caldas (MG), identificaram o perfil desse profissional naquela região: predominantemente do sexo masculino, com ensino médio completo, casado, com renda média pessoal superior a R$ 700,00 e faixa etária entre 18 e 35 anos.

De acordo com a legislação que regulamentou a profissão de mototaxista na cidade de Fortaleza (CE), para se habilitar ao mercado de trabalho, esses profissionais devem atender a requisitos específicos, como possuir modelo de motocicleta compatível com a atividade desenvolvida, realizar cursos de direção defensiva, submeter-se à supervisão preventiva do órgão responsável, entre outros. Além disso, essa legislação também prevê que o passageiro deve obedecer a algumas exigências, como ser conduzido individualmente em motocicleta, usar obrigatoriamente o capacete e a touca de proteção higiênica individual e não conduzir crianças no colo (Prefeitura Municipal de Fortaleza, 1997).

A profissão de mototaxista, contudo, está regulamentada em apenas alguns municípios brasileiros. Esses profissionais, na maioria das localidades brasileiras, atuam na informalidade. No ano de 2009, contudo, o Senado Federal aprovou o projeto de lei que regulamenta a profissão de mototaxista. Justifica-se esse posicionamento porque a profissão é recente no Brasil, e veio juntar-se às modalidades tradicionais de transporte público urbano de passageiros, proporcionando modicidade das tarifas, flexibilidade e agilidade nos deslocamentos. Imperioso advertir que essa atividade deve zelar pela segurança do passageiro, pois a motocicleta é um dos veículos mais vulneráveis no trânsito (Cavini & Souza, 2006).

O indivíduo que utiliza a motocicleta para trabalhar e obter uma remuneração mensal torna-se um fator de risco para sofrer acidente de trânsito, e, em consequência disso, muitos acabam arriscando-se no trânsito. Alguns comportamentos de risco comumente realizados pelos mototaxistas são a ultrapassagem perigosa, o uso do celular e de fones de ouvido, o não uso do capacete e a ingestão de bebidas alcóolicas (Ferreira, 2009; Silva, Andrade, Soares, Nunes, & Melchior, 2008).

Por outro lado, esses condutores também apresentam alguns comportamentos preventivos, como o planejamento prévio da rota que será realizada. Em relação ao deslocamento no trânsito, os inúmeros procedimentos e estratégias adotados têm como finalidade encontrar percursos menores e/ou trânsito mais fluente, visando realizar a tarefa com menor tempo de deslocamento. Tal propósito é alcançado pelo conhecimento do trânsito e das vias, das redes sociais de cooperação e do planejamento baseado na experiência acumulada. Estudo realizado com motociclistas profissionais na cidade de Belo Horizonte identificou que eles trocam informações com seus pares, pessoalmente, pelo telefone ou rádio, procurando saber como chegar a determinado endereço. Quando não conhecem uma rua, consultam o mapa ou guia da cidade e consideram que, para elaborar a rota, é importante conhecer a localização do número desejado nas quadras. Antecipadamente, planejam o acesso às ruas que permitirão chegar o mais próximo possível ao ponto desejado, tendo como principais vantagens o ganho de tempo e de combustível e a redução do risco no trânsito (Diniz*et al.*, 2005).

Diante do exposto, o presente capítulo tem como objetivo investigar o comportamento de mototaxistas regulamentados na cidade de Fortaleza (CE), identificando comportamentos preventivos e de risco adotados por esses profissionais e associando-os à ocorrência de AT.

Método

Trata-se de um estudo de corte transversal desenvolvido com mototaxistas regulamentados, em Fortaleza (CE), no período de novembro de 2007 a janeiro de 2008. O estudo foi aprovado pelo Comitê de Ética e Pesquisa da Universidade de Fortaleza (Unifor) com o Parecer n. 338/2006.

Participantes

Neste estudo participaram 250 mototaxistas, os quais representam 11,5% dos profissionais regulamentados de Fortaleza[1].

O tamanho da amostra foi definido considerando-se a frequência estimada de 20% para sofrer acidente de trânsito, precisão de 5% e nível de confiança de 95%, indicando uma amostra necessária de 221 mototaxistas. Adotamos como critérios de inclusão mototaxistas regulamentados e cadastrados na Empresa de Transporte Urbano de Fortaleza (Etufor), órgão responsável por realizar cadastramento, fiscalização e capacitação dos mototaxistas para o exercício da função[2]. Não houve distinção de sexo e idade para a participação no estudo.

Entre as características sociodemográficas dos participantes, 100% eram do sexo masculino, com idade variando de 22 a 66 anos, média de 40 anos e desvio-padrão de ±9,5 anos; 51,6% tinham idade igual ou acima de 40 anos, caracterizando uma população adulta; 39,2% concluíram o ensino médio; 80,0% tinham união estável; 56%, renda familiar entre três a quatro salários mínimos; 68,4% eram católicos; 42,4%, naturais do estado do Ceará.

Instrumento

As informações foram coletadas por meio de um questionário previamente testado com cinquenta mototaxistas em um estudo-piloto. O instrumento continha questões de múltipla escolha, e o participante poderia

1 À época do estudo havia 2.209 mototaxistas regulamentados (Etufor, 2007) de um total de 94.467 motociclistas em Fortaleza (Denatran, 2007), representando, portanto, 2,34% da frota total de motociclistas.

2 O processo de regulamentação dos mototaxistas é orientado pela Lei n. 8.004, de 25 de março de 1997, e pelo Decreto n. 253, de 12 de novembro de 1998 (Prefeitura Municipal de Fortaleza, 1997).

marcar mais de uma opção, o que explica, em algumas variáveis, o fato de o total de respostas ultrapassar o número da amostra. As variáveis estudadas foram: sociodemográficas (sexo, idade, escolaridade, estado civil, renda familiar, religião, naturalidade); participação em atividades educativas e preventivas (curso de direção defensiva, participação em eventos, informações sobre equipamentos de proteção individual, revisão preventiva da motocicleta), comportamento de risco e preventivo no trânsito; comportamento relacionado ao consumo de bebidas alcoólicas (ingestão, periodicidade, frequência diária, se dirige após ingestão de álcool e tipos de bebida alcoólica).

Procedimentos

Os participantes foram contatados a partir do mapeamento dos pontos de mototáxi da cidade de Fortaleza, fornecido pela Etufor. Na época do estudo existiam 53 pontos de mototáxi distribuídos nos principais bairros de Fortaleza, conforme distribuição espacial da Etufor. Esse critério possibilitou uma amostra não probalística, por encontrarmos os mototaxistas fixos em algumas regiões da cidade, facilitando a operacionalização da pesquisa, já que a rotina de trabalho desses profissionais torna difícil encontrá-los.

Os participantes foram abordados nos pontos de mototáxi por três entrevistadoras previamente treinadas. Os questionários foram aplicados nos mototaxistas que concordassem em participar da pesquisa e que assinassem o termo de consentimento livre e esclarecido.

Análise de dados

Os dados foram digitados e organizados por meio da planilha eletrônica *Excel* versão XP e depois importados para o sistema *Statistical Package for the Social Sciences* (SPSS), versão 13.0. Estes sofreram aplicação do teste não paramétrico do Qui-quadrado de Pearson – χ^2 para associação, com um nível de confiabilidade de 95%. Na aplicação do teste e na análise bivariada, sofrer AT foi a variável dependente e comportamento no trânsito, em geral, foi a variável independente.

Caracterizou-se comportamento no trânsito como de risco ou preventivo utilizando como referência o CTB (Lei n. 9.503, 1997). Adotou-se como comportamento de risco a realização de qualquer conduta que fosse contrária ao CTB, e para ser enquadrado como comportamento preventivo, precisaria desempenhar atitudes conforme preconizado pelo CTB. Diante desses critérios, considerou-se comportamento de risco a execução de pelo menos algum item especificado e, comportamento preventivo, os participantes que atenderam aos pontos definidos anteriormente, conforme disposto na Tabela 5.1.

Tabela 5.1 Comportamentos de risco *versus* comportamentos preventivos.

Comportamento	Comportamentos de risco associados	Comportamentos preventivos associados
Ultrapassagem	Buzinar, ultrapassar pela direita e não sinalizar e ultrapassar	Realizar gesto convencional com o braço, ultrapassar pela esquerda, trocar luz alta e baixa de forma intermitente e olhar no retrovisor
Deslocamento no trânsito	Andar sobre a calçada, nas ciclovias, no canteiro central, em alta velocidade, na contramão, entre veículos motorizados e executar operação de retorno em locais proibido pela sinalização	Realizar caminho alternativo, andar em baixa velocidade entre veículos motorizados parados no trânsito
Uso do telefone celular	Atender conduzindo a motocicleta e utilizar fone de ouvido	Parar a motocicleta para atender o celular e não atender
Desvio da atenção/concentração no trânsito	Deslocar a atenção para veículos modernos, casas e prédios, mulheres, propagandas, árvores, praças e homens	Nada
Uso de bebidas alcoólicas	Ingerir bebida alcoólica, dirigir sob efeito do álcool	Não ingerir bebida alcoólica, não dirigir sob efeito do álcool, optar por ingerir bebida alcoólica somente nas folgas (quando não está dirigindo ou exercendo atividade profissional)

Resultados

Sobre a participação em atividades educativas, 70,8% realizaram o curso de direção defensiva em 2006 e/ou 2007. Em relação ao conhecimento da diversidade de equipamentos de proteção individual para os mototaxistas,

100% destacaram o capacete; 14,4%, calçados; 12,4%, luvas; 6%, vestimenta; 4%, óculos de proteção; 3,2%, outros dispositivos (touca, freios, joelheira, pneus, "mata-cachorro"). Dos 250 mototaxistas, 38,8% participaram de eventos educativos, predominando palestras (44,8%), cursos (32,4%) e campanhas (21,4%); 40,8% dos participantes relatam revisar a motocicleta, trimestralmente, de forma preventiva. Vale salientar que mesmo os mototaxistas participando de atividades educativas no trânsito, 25,2% foram multados.

A Tabela 5.2 evidencia os comportamentos dos mototaxistas regulamentados relacionados ao tipo de trabalho, bem como à condução de passageiro, bagagens ou compras, realizar serviços de entrega e elaborar o sequenciamento prévio da rota.

Tabela 5.2 Comportamentos dos mototaxistas relacionados ao tipo de trabalho.

Variável	N	%
Conduz mais de um passageiro		
Sim	05	2,0
Não	242	96,8
Não respondeu	03	1,2
Transporta passageiro com bagagens ou compra		
Sim	187	74,8
Não	63	25,2
Local da moto em que conduz bagagens ou compras		
Garupa	74	29,6
Bagageiro	37	14,8
A tiracolo	06	2,4
Outros	11	4,4
Não respondeu	122	48,8
Presta serviços de entrega de encomendas, mercadorias e documentos		
Sim	119	47,6
Não	131	52,4
Elaboração do sequenciamento prévio da rota*		
Conhecer a localização das ruas	226	90,4
Conhecer a sinalização do trânsito	77	30,8
Procurar trocar informações sobre o trânsito com seus companheiros	198	79,2
Consulta mapa ou guia da cidade	46	18,4
Conhecer a localização do número desejado nas quadras	55	22,0
Não respondeu	01	0,4

* Questão que admitia mais de uma resposta.

Sobre o processo de trabalho dos participantes, 74,8% referiram que transportam passageiros com bagagens ou compras, 2% transportam mais de um passageiro e 47,6% prestam serviços de entregas.

Em relação ao sequenciamento prévio da rota, ou seja, planejar com antecedência seu trajeto no trânsito, essa prática possibilita ao mototaxista obter algumas vantagens, como agilizar a corrida (80,4%), ganhar tempo (49,2%), propiciar trânsito mais livre (48,4%), economizar combustível (46,4%) e confiança do passageiro (25,2%).

A Tabela 5.3 evidencia os comportamentos preventivos e de risco adotados pelos mototaxistas.

Tabela 5.3 Comportamentos preventivo e de risco dos mototaxistas.

Variável	N	%
Atende o celular no trânsito		
Preventivo	244	97,6
Risco	05	2,0
Não respondeu	01	0,4
Execução do deslocamento no trânsito		
Preventivo	163	65,2
Risco	80	32,0
Não respondeu	07	2,8
Ultrapassagem		
Preventivo	155	62,0
Risco	92	36,8
Não respondeu	03	1,2
Algo desvia a atenção/concentração no trânsito		
Sim (Risco)	63	25,2
Não (Preventivo)	184	73,6
Não respondeu	03	1,2

Sobre o comportamento preventivo desse profissional no trânsito, 97,6% afirmaram que não atendem o celular quando estão se deslocando; 65,2% executavam corretamente esse deslocamento adotando as seguintes estratégias: caminho alternativo, andar entre os veículos motorizados e em baixa velocidade entre os veículos parados no trânsito; 62% realizavam corretamente a ultrapassagem: executavam gesto convencional com o braço, ultrapassavam pela direita, trocavam de luz alta e baixa de forma intermitente e olhavam no retrovisor; 73,6% relataram que nada desviava sua atenção no trânsito.

Já em relação ao comportamento de risco, 2% atendiam o celular; 32% deslocavam-se sobre a calçada, ciclovias, canteiro central e na contramão, realizavam retorno proibido e andavam em alta velocidade; 36,8% ultrapassavam pela direita, não sinalizavam e ultrapassavam e buzinavam; 25,2% relataram que mulheres, propagandas, veículos modernos, casas e/ou residências luxuosas, árvores e praças bem cuidadas desviavam sua atenção no trânsito.

A Tabela 5.4 apresenta a distribuição das variáveis sobre a ingestão, periodicidade, tipo de bebida e direção sob efeito do álcool entre os mototaxistas do estudo.

Tabela 5.4 Ingestão de álcool entre mototaxistas.

Variável	N	%
Ingere bebidas alcoólicas		
Sim	97	38,8
Não	150	60,0
Não respondeu	03	1,2
Periodicidade de uso e bebidas alcoólicas (n=97)		
Diária	02	2,1
Semanal	12	12,4
Final de semana	80	82,5
Folga	01	1,0
Não respondeu	02	2,1
Frequência ao dia de uso de bebidas alcoólicas (n=97)		
Uma vez	76	78,4
Duas a três	08	8,2
Mais de três	06	6,2
Não respondeu	07	7,2
Dirige sob efeito do álcool (n=97)		
Sim	23	23,7
Não	68	70,1
Não respondeu	06	6,2
Bebida alcoólica que normalmente ingere*		
Bebida destilada	20	20,6
Bebida não destilada	87	89,7
Não respondeu	03	3,1

* Opção com mais de uma resposta.

Finalmente, na Tabela 5.5 é apresentada a associação entre acidente de trânsito e comportamento preventivo e de risco dos mototaxistas regulamentados.

Tabela 5.5 Associação entre acidente de trânsito e comportamento preventivo e de risco dos mototaxistas regulamentados.

Variáveis	Sofreu acidente de trânsito				p*
	Sim		Não		
	n%		n%		
Comportamento no trânsito					0,020
Preventivo	13	25,5	86	43,4	
Risco	38	74,5	112	56,6	
Atende o celular no trânsito					1,000
Risco (Sim)	01	2,0	04	2,0	
Preventivo (Não)	49	96,1	194	98,0	
Executa deslocamento no trânsito					0,137
Preventivo	28	54,9	135	68,2	
Risco	20	39,2	59	29,8	
Ultrapassagem					0,008
Preventivo	24	47,1	131	66,2	
Risco	27	52,9	64	32,3	
Algo desvia a atenção no trânsito					0,010
Risco (Sim)	19	37,3	41	20,7	
Preventivo (Não)	32	62,7	154	77,8	
Ingere bebidas alcoólicas					0,415
Risco (Sim)	12	23,5	38	19,2	
Preventivo (Não)	28	54,9	122	61,6	
Presta serviços de entregas					0,007
Risco (Sim)	33	64,7	86	43,4	
Preventivo (Não)	18	35,3	112	56,6	
Possui carteira assinada					0,016
Risco (Sim)	04	7,8	12	6,1	
Preventivo (Não)	38	74,5	169	85,4	
Multado no ano de 2006 ou 2007					<0,001
Risco (Sim)	25	49,0	37	18,7	
Preventivo (Não)	26	51,0	157	79,3	

Variáveis	Sofreu acidente de trânsito				p*
	Sim		Não		
	n%		n%		
Realiza revisão preventiva na motocicleta					0,035
Diária	02	3,9	09	4,5	
Semanal	-	-	05	2,5	
Mensal	08	15,7	34	17,2	
Trimestral	14	27,5	88	44,4	
Semestral	22	43,1	60	30,3	
Curso de direção defensiva					0,176
Preventivo (Sim)	43	84,3	133	67,2	
Risco (Não)	08	15,7	63	31,8	

* Qui-Quadrado de Pearson (p < 0,05).

Ao se analisar a relação entre comportamento preventivo e de risco com a ocorrência de acidente de trânsito, identifica-se que algumas variáveis são fatores de risco para o mototaxista regulamentado sofrer acidente de trânsito, como prestar serviços de entregas (p = 0,007), desviar sua atenção no trânsito (p = 0,010), possuir carteira assinada (p = 0,016), realizar ultrapassagem de forma arriscada (p = 0,008) e ter sido multado no ano de 2006 ou 2007 (p < 0,001). Vale salientar que o mototaxista que realiza a revisão preventiva da motocicleta (p = 0,035) trimestral ou semestralmente tem maior risco de sofrer acidente de trânsito que aqueles que fazem esse procedimento diária ou mensalmente.

Discussão

O comportamento no trânsito determina a postura do condutor diante das leis e compromete ou não o tráfego nas vias públicas. Portanto, o indivíduo que apresenta comportamento transgressor favorece o envolvimento em acidentes e afeta a segurança no trânsito. Na concepção de Tebaldi e Ferreira (2004), o comportamento muda de acordo com as necessidades, com as condições apresentadas no dia. Às vezes, os condutores estão com pressa e, assim, o tipo de comportamento desenvolvido reflete em uma direção perigosa para o trânsito.

Em relação aos mototaxistas (ou condutores de um modo geral) que diariamente desenvolvem atividades pertinentes à profissão, estes podem criar hábitos com potencial para se tornar fatores de risco para um futuro acidente. Esse cenário é discutido na mídia escrita e televisiva de vários países.

O presente capítulo objetivou investigar o comportamento de mototaxistas regulamentados, identificando seus comportamentos preventivos e de risco, associando-os ao envolvimento em AT. Justifica-se a relevância deste capítulo, uma vez que poucos estudos foram realizados para investigar o comportamento desse tipo específico de condutor. Grande parte da literatura refere-se apenas à categoria dos motociclistas, sendo poucos os estudos realizados sobre os mototaxistas.

O perfil dos participantes do presente estudo corrobora o perfil do estudo realizado por Cavini e Souza (2006), com exceção da faixa etária, já que entre os mototaxistas de Fortaleza prevaleceu idade maior ou igual a 40 anos. Identifica-se, assim, outro ponto relevante do presente estudo, já que pesquisas realizadas em âmbito nacional e internacional geralmente estão relacionadas à população de adolescentes e jovens (Sousa Filho *et al.*, 2008; Cotrim *et al.*, 2000; Stocco *et al.*, 2007; Hirsch, 2003).

Vale ressaltar que as situações analisadas que resultaram em comportamentos preventivo ou de risco foram informadas pelos próprios mototaxistas, por meio de questionário autoaplicativo. Essa opção também pode originar uma limitação, apesar de tais dados estarem respaldados pela literatura pertinente ao tema (Panichi & Wagner, 2006; Stocco *et al.*, 2007; Tebaldi & Ferreira, 2004, pois seria necessário explorar outras fontes para uma compressão desse comportamento.

Importante referir que este estudo foi realizado com uma amostra proveniente de uma população de mototaxistas regulamentados de Fortaleza, sendo esta uma característica que pode limitar as generalizações dos resultados, por exemplo, para motociclistas em geral.

Entre os comportamentos de risco, observou-se associação significativa entre realizar ultrapassagem de forma incorreta e sofrer AT, corroborando o que foi indicado por Marín-Léon e Vizzotto (2003). Também foi identificada uma associação entre desatenção/desconcentração do mototaxista e a ocorrência de AT. Entre os comportamentos de risco relacionados à segurança pessoal identificados neste estudo, verificou-se maior incidência do sexo masculino, com exceção da categoria "não utilização do capacete".

Nesta pesquisa, 38,8% dos mototaxistas regulamentos ingerem bebidas alcoólicas, principalmente nos fins de semana (82,5%), e alguns ainda dirigem sob efeito do álcool (23,7%). Esse dado reflete o quanto a sociedade está vulnerável ao risco de morte, em seu direito de ir e vir, e indica a necessidade de coibir essa prática entre os condutores, visto que a ingestão de bebidas alcoólicas é uma das principais causas de óbito entre motociclistas (Villaveces *et al.*, 2003).

No que se refere aos comportamentos preventivos, encontramos no presente estudo que, apesar de os mototaxistas mencionarem situações que originam risco no trânsito, eles consideram que desempenham ações para minimizar a carga de trabalho e diminuir a probabilidade da ocorrência dos AT, como a elaboração do sequenciamento prévio da rota, corroborando o indicado por Diniz *et al.* (2005). Além disso, também indicaram a utilização de diferentes equipamentos de proteção, com destaque para o capacete, os calçados e as luvas, bem como a participação em atividades educativas.

Os comportamentos de risco no trânsito parecem constituir uma categoria difícil de ser mudada (Marin-León & Queiroz, 2000). Os condutores com maior comportamento de risco, como os motociclistas, tornar-se-iam o público-alvo para a educação, principalmente em razão das práticas de condução realizadas em seu dia a dia, pois as estatísticas revelam que os números de AT, tanto para as vítimas não fatais como para as fatais, vêm aumentando a cada ano, por isso é necessário identificar essas causas e intervir para que a incidência diminua (Denatran, 2006).

No combate a essa casuística, que ocasiona graves problemas sociais e econômicos, sugere-se que os órgãos de trânsito ampliem as estratégias educativas nas escolas, com a finalidade de transformar o indivíduo em futuro cidadão no trânsito, com a participação da família nessa construção de saberes.

Portanto, devem considerar a crença e a atitude do condutor, pois educar visa disseminar informação e estimular a participação da população no deslinde do problema, pois tende a conscientizar sobre o papel de cada pessoa no trânsito. Não se pode esquecer de que inclui o entendimento da realidade, bem como adaptar, assimilar e incorporar novos hábitos e atitudes em relação ao trânsito, na busca da segurança e bem-estar (Ministério da Justiça, 2004). Outra maneira eficaz seria utilizar meios de comunicação, profissionais, organizações não governamentais, polícia, indústria e sociedade para partilharem de uma cultura de segurança e prevenção de acidente de trânsito (OMS, 2004).

Vale ressaltar que os órgãos de trânsito são responsáveis pelo "controle" dos acidentes e têm um trabalho exaustivo, porque a prevenção em saúde engloba a conscientização da população em utilizar os equipamentos de proteção. Sendo assim, os órgãos responsáveis devem procurar maneiras fáceis e objetivas para que a população venha a aceitar e entender a importância de seu veículo possuir os equipamentos corretos, estar em condições seguras para poder circular, como também o condutor utilizar os equipamentos de proteção. Além disso, um dos grandes desafios da área é articular parcerias, atuações intersetoriais e participação popular, garantindo a aplicação em políticas que respondam mais efetiva e integralmente às necessidades da sociedade (Ministério da Saúde, 2002).

Diante das atitudes dos mototaxistas regulamentados observadas nesta pesquisa, ainda há muito a ser realizado na promoção de um ambiente de trânsito mais seguro. É preciso que os órgãos responsáveis planejem medidas focadas na mudança do comportamento, compreendendo a complexidade que perpetua um trânsito violento: motoristas cujo comportamento é inapropriado e inconveniente; pedestres desatentos ou que desobedecem aos sinais; fiscalização omissa, deficiente, complacente e sem objetivos definidos; estradas e ruas inadequadas, esburacadas, mal projetadas, mal sinalizadas e mal iluminadas; veículos inseguros e sem condições de se movimentar no tráfego (Souza *et al.*, 2005).

Uma vez que se entendem os diversos fatores que originam um trânsito violento, expondo a vida das pessoas a lesões graves até mesmo irreversíveis, é possível apresentar estratégias voltadas para sua prevenção.

Não se pode esquecer de que o comportamento no trânsito não depende apenas dos mototaxistas (ou dos condutores de veículos em geral), mas também dos transeuntes e demais veículos circulantes na via pública, que podem não desempenhar as medidas preventivas de acidentes nem proporcionar a possibilidade de que o mototaxista venha a se envolver em acidentes de trânsito. O comportamento do brasileiro no trânsito instiga a necessidade de efetivação das políticas que preservem a vida em detrimento do poderio econômico e questões partidárias.

Referências

Bastos, Y. G. L., Andrade, S. M., & Cordoni Jr., L. (1999, junho). Acidentes de trânsito e o novo código de trânsito brasileiro em cidade da região Sul do Brasil. *Informe Epidemiológico do SUS, 8*(2), 37-45.

Brasil (2005). Política Nacional de Redução da Morbimortalidade por Acidentes e Violências: Portaria MS/GM n. 737 de 16/5/01, Publicada no DOU, n. 96, Seção 1E – de 18/5/01. 2. ed. Brasília: Editora do Ministério da Saúde.

Brasil (2007). Semana Mundial das Nações Unidas de Segurança no Trânsito. Recuperado em 21 nov. 2007, de <http://portal.saude.gov.br/ portal/aplicacoes/ noticias/noticias_detalhe.cfm?co_seq_noticia=28856>

Brasil (2008). Lei seca reduz operações de resgate do Samu. Recuperado em 10 outubro, 2008, de http://189.28.128.100/portal/aplicacoes/noticias/noticias_ detalhe.cfm?
co_seq_noticia=51240

Campos, V. R., Salgado, R., Rocha, M. C. , Duailibi, S., & Laranjeira, R. R. (2008, abril). Prevalência do beber e dirigir em Belo Horizonte, Minas Gerais, Brasil. *Caderno de Saúde Pública, 24*(4), 829-834.

Cavini, A., & Souza, M. J. S. (2006, julho/novembro). O impacto do setor de mototáxi na cidade de Poços de Caldas-MG. *Gestão e Conhecimento, 3*(1), 1-21.

Cotrim, B. C., Carvalho, C. G., & Gouveia, N. (2000, dezembro). Comportamentos de saúde entre jovens estudantes das redes pública e privada da área metropolitana do Estado de São Paulo. *Revista de Saúde Pública, 34*(6), 636-646.

Departamento de Trânsito do Pará. (2008). *Uso do celular*. Recuperado em 10 outubro, 2008, de http://www.detran.pa.gov.br/index.php?pagina=menu/educacao/ campanha/celular.php

Departamento de Trânsito do Paraná. (2008). *Desviar a atenção no trânsito*. Recuperado em 10 outubro, 2008, de http://www.detran.pr.gov.br/modules/conteudo/conteudo.php?conteudo=107

Departamento Nacional de Trânsito. (2006). *Anuário estatístico de Acidentes de Trânsito – 2006*. Recuperado em 21 novembro, 2007, de http://www.infoseg.gov.br/renaest/detalheNoticia.do?noticia.codigo=245

Departamento Nacional de Trânsito. (2007). *Estatística da frota de motocicleta – 2007*. Recuperado em 20 março, 2008, de http://201.24.24.73..8080/renaest/detalhenoticia.bo?noticia.codigo=121

Diniz, E. P. H., Assunção, A. A., & Lima, F. P. A. (2005, outubro/dezembro). Prevenção de acidentes: o reconhecimento das estratégias operatórias dos motociclistas profissionais como base para a negociação de acordo coletivo. *Ciência e Saúde Coletiva, 10*(4), 905-916.

Empresa de Transporte Urbano de Fortaleza. (2007). *Transporte por mototáxi*. Recuperado em 21 novembro, 2007, de http://www.etufor.ce.gov.br/index.asp?pagina=mototaxi.asp

Ferreira, F. F. (2009). *Fatores de risco em acidentes envolvendo motocicletas em vias urbanas: a percepção dos condutores profissionais*. Dissertação de mestrado, Universidade Federal do Rio Grande do Sul, Porto Alegre, RS.

Hirsch, P. (2003). Adolescent driver risk taking and driver education: evidence of a mobility bias in public policy making. *Journal of Safety Research, 34*(3), 289-98.

Horberry, T., Bubnich, C., Hartley, L., & Lamble, D. (2001). Drivers' use of hand-held mobile phones in Western Australia. *Transportation Research Part F: Traffic Psychology and Behaviour, 4*(3), 213-18.

Lei n. 9.503, de 23 de setembro de 1997. (1997). Institui o Código de Trânsito Brasileiro. Brasília, DF. Recuperado em 24 setembro, 2014, de http://www.planalto.gov.br/ccivil_03/leis/l9503.htm

Lei n. 11.705, de 19 de junho de 2008. (2008). Recuperado em 10 outubro, 2008, de http://www.planalto.gov.br/ccivil_03/_Ato2007-2010/2008/Lei/L11705.htm

Liberatti, C. L. B., Andrade, S. M., Soares, D. A., & Matsuo, T. (2003, janeiro). Uso do capacete por vítimas de acidentes de motocicleta em Londrina, sul do Brasil. *Revista Panamericana de Salud Publica, 13*(1), 33-38.

Marin-León, L., & Queiroz, M. S. (2000). A atualidade dos acidentes de trânsito na era da velocidade: uma visão geral. *Cad. de Saúde Pública, 16*(1), 7-21.

Marin-León, L., & Vizzotto, M. M. (2003). Comportamento no trânsito: um estudo epidemiológico com estudantes universitários. *Cad. Saúde Pública, Rio de Janeiro, 19*(2), 515-23.

Mello-Jorge, M. H. P., & Koizumi, M. S. (2004, junho). Gastos governamentais do SUS com internações hospitalares por causas externas: análise no Estado de São Paulo, 2000. *Revista Brasileira de Epidemiologia, 7*(2), 228-238.

Ministério da Justiça. (2004). *Política Nacional de Trânsito*. Brasília, DF: Autor.

Ministério da Saúde. (2002). Secretaria de políticas de saúde. Projeto Promoção da Saúde. *As cartas da promoção da saúde*. Brasília, DF: Autor.

Ministério da Saúde. (2007) *Semana Mundial das Nações Unidas de Segurança no Trânsito*. Brasília, DF: Autor. Recuperado em 21 novembro, 2007, de http://portal.saude.gov.br/portal/aplicacoes/noticias/noticias_detalhe.cfm?co_seq_noticia=28856

Organização Panamericana de Saúde, Organização Mundial da Saúde. (2005). *Informe sobre a Conferência Pan-Americana sobre segurança no trânsito: respostas do setor saúde ao desafio para um trânsito seguro nas Américas*. Brasília, DF: Autor.

Organización Mundial de la Salud. (2004). *Informe mundial sobre prevención de los traumatismos causados por el tránsito: resumen*. Genebra.

Panichi, R. M. D., & Wagner, A. (2006, agosto). Comportamento de risco no trânsito: revisando a literatura sobre as variáveis preditoras da condução perigosa na população juvenil. *Revista Interamericana de Psicologia, 40*(2), 159-166.

Penden, M. (2004).*World report on road traffic injury prevention*. Genève: World Health Organization.

Pordeus, A. M. J. (2004). *Custo social das incapacidades por acidentes de trânsito em Fortaleza*. Tese de doutorado, Faculdade de Farmácia, Odontologia e Enfermagem, Universidade de Fortaleza, Fortaleza, CE.

Portaria MS/GM n. 737, de 16 de maio de 2001. (2001). Política Nacional de Redução da Morbimortalidade por Acidentes e Violências. Brasília, DF: Autor.

Prefeitura Municipal de Fortaleza. (1997). *Lei n. 8004: Sistema de Mototaxistas*. Fortaleza.

Rocha, J. B. A. (2005, janeiro/junho). Infrações no trânsito: uma necessária distinção entre erros e violações. *Interação em Psicologia, 9*(1), 177-184.

Sharma, R., Grover, L., & Chaturvedi, S. (2007). Health-risk behaviors related to road safety among adolescent students. *Indian Journal of Medical Sciences, 61*(12), 656-662.

Silva, D. W., Andrade, S. M., Soares, D. A., Nunes, E. F. P. A., & Melchior, R. (2008). Condições de trabalho e riscos no trânsito urbano na ótica de trabalhadores motociclistas. *Physis, 18*(2), 339-360.

Soares, D. F. P. P., & Barros, M. B. A. (2006, junho). Fatores associados ao risco de internação por acidentes de trânsito no município de Maringá-PR. *Revista Brasileira de Epidemiologia, 9*(2), 193-205.

Sousa Filho, O. A., Xavier, E. P., & Vieira, L. J. E. S. (2008). Hospitalização na óptica do acidentado de trânsito e de seu familiar/acompanhante. *Rev. Esc. Enferm. USP, 42*(3), 539-546.

Souza, E. R., Minayo, M. C. S., & Malaquias, J. V. (2005). Violência no trânsito: expressão da violência social. In Ministério da Saúde. Secretaria de Vigilância em Saúde. *Impacto da violência na saúde dos brasileiros*. Brasília, DF: Autor.

Stocco, C., Leite, M. L., Labiak, B., & Virgens Filho, J. S. (2007). Comportamentos de risco no trânsito entre estudantes universitários em Ponta Grossa-PR, 2005. *Cogitare Enfermagem, 12*(1), 20-29.

Supremo Tribunal Federal. (2012). *Lei seca: bibliografia, legislação e jurisprudência temática*. Brasília, DF: Autor.

Tebaldi, E., & Ferreira, V.R.T. (2004). Comportamentos no trânsito e causas da agressividade. *Revista de Psicologia da UnC*, Concórdia, v. 2, n. 1, p. 15-22, jun.

Vieira, D. L., Ribeiro, M., Romano, M., & Laranjeira, R. R. (2007, junho). Álcool e adolescentes: estudo para implementar políticas municipais. *Revista de Saúde Pública, 41*(3), 396-403.

Villaveces, A., Cummings, P., Koepsell, T. D., Rivara, F. P., Lumley, T., & Mofat, J. (2003). Association of Alcohol-related Laws with Deaths due to Motor Vehicle and Motorcycle Crashes in the United States, 1980-1997. *American Journal Epidemiology, 157*(2), 131-40.

Waiselfisz, J. J. (2008a). *Mapa da violência: os jovens da América Latina*. Brasília: Ritla; Instituto Sangari; Ministério da Saúde; Ministério da Justiça.

Waiselfisz, J. J. (2008b). *Mapa da violência dos municípios brasileiros – 2008*. Brasília: Ritla; Instituto Sangari; Ministério da Saúde; Ministério da Justiça, 2008b.

Xavier, E. P. (2006). *Orientações educativas ao acidentado no trânsito no contexto da hospitalização-reabilitação*. Dissertação de mestrado, Universidade de Fortaleza, Fortaleza, CE.

CAPÍTULO 6

UMA ANÁLISE DA PERCEPÇÃO DE RISCO DE PEDESTRES E DOS COMPORTAMENTOS DE RISCOS DE TRAVESSIA

Renata Jucksch Torquato e
Alessandra Sant'Anna Bianchi

Fonte: Beto Nociti / Cerrado Fotografia

Em todo o mundo, os acidentes de trânsito[1] matam anualmente cerca de 1,2 milhão de pessoas, sendo reconhecidos pela Organização Mundial da Saúde como um problema de saúde pública (Peden, Scurfield, Sleet, Mohan, Hyder, Jarawan & Mathers, 2004). A maioria dos mortos e feridos no trânsito é oriunda de nações em desenvolvimento (Zwi, Forjuoh, Murugusampillay, Odero, & Watts, 1996), entretanto, poucas pesquisas são realizadas nesses países sobre as causas e fatores de risco para esses acidentes. Consequentemente, as medidas implementadas são muitas vezes descontextualizadas, incapazes de reduzir significativamente o número de mortos no trânsito (Söderlund & Zwi, 1995).

A principal causa de acidentes de trânsito são os comportamentos dos usuários das vias, que não são compatíveis com a segurança (Rozestraten, 1988). Dada a alta implicação do fator humano nos acidentes de trânsito, são indispensáveis pesquisas que analisem esses comportamentos, bem como os fatores que os influenciam. Estudos que descrevam as motivações e a prevalência dos comportamentos de risco no trânsito são necessários para que medidas mais eficazes, que reduzam significativamente o número de mortos, possam ser realizadas (Elvik, 2011).

No Brasil, as estatísticas mostram que, para o ano de 2010, das 41.678 pessoas que morreram no trânsito, 22% eram pedestres (Ministério da Saúde, 2011). Apesar do alto número de mortos, os pedestres

[1] Neste trabalho, optou-se por usar o termo "acidente de trânsito", dado que é um termo comum em pesquisas e relatórios oficiais. Para uma análise mais detalhada sobre essa problemática, sugere-se a leitura de Torquato (2011).

são negligenciados como tópico de pesquisa, afirmativa evidenciada pela carência de estudos a respeito de seu comportamento e dos fatores contribuintes para os atropelamentos (Velloso, Jacques, & Lindau, 2008; Torquato, 2011).

Zegeer e Bushell (2012) descrevem várias medidas implementadas ao redor do mundo para aumentar a segurança de pedestres e sugerem que o desenvolvimento de um ambiente seguro e acessível para o pedestre é indispensável para diminuir o número de atropelamentos. Em uma meta-análise de pesquisas realizadas na Europa e nos Estados Unidos sobre os diferentes tipos de dispositivos de proteção para travessia de pedestres, Elvik, Høye, Vaa e Sørensen (2009) constataram que a implantação de faixas de pedestres reduziu em 8% o número de atropelamentos, os gradis, as passarelas e passagens subterrâneas e as faixas de pedestre elevadas diminuíram - em 24%, 82%, e 65%, respectivamente - o número de colisões com veículos. Em Brasília, depois da obrigatoriedade do respeito à faixa de pedestre, o número de atropelamentos fatais diminuiu 49% (Detran, 2009). Esses números apontam que o uso desses dispositivos é eficaz para diminuir o conflito entre pedestres e veículos.

Elvik (2011, p. 482) aponta que algumas das principais contribuições da Psicologia do Trânsito para a elaboração de políticas públicas são por meio de:

> a) pesquisas sobre prevalência dos comportamentos dos usuários das vias; b) análises de relacionamento entre tipos de comportamentos de risco e acidentalidade; e c) identificação de fatores que contribuem para a realização de comportamentos de risco visando a modelagem dos comportamentos dos usuários das vias.

Estudos apontam que os comportamentos de risco de travessia aumentam a probabilidade de ocorrência de um atropelamento (Ward, Cave, Morrison, Allsop, & Evans, 1994). Dessa maneira, o objetivo desta pesquisa foi investigar a percepção e os comportamentos de riscos de atravessar a rua entre pedestres.

O comportamento de atravessar a rua

Atravessar a rua é um comportamento complexo que envolve várias habilidades cognitivas, perceptuais e físicas (Hatfield & Murphy, 2007; Lobjois & Cavallo, 2007; Oxley, Lénne & Corben, 2006). Antes de atravessar a rua, o pedestre deve integrar todas as informações do ambiente, ou seja, deve interpretar os sinais de trânsito, detectar o tráfego, estimar o volume e a velocidade de veículos, avaliar a margem segura para realizar a travessia, tomar uma decisão de atravessar, adaptar sua ação às demandas do ambiente para, então, finalmente chegar ao outro ponto de calçada que deseja. Esse comportamento torna-se automatizado com o passar do tempo, de modo que pouca atenção consciente é dada à realização deste.

Pela complexidade do comportamento de travessia, fatores que causam limitações perceptivas e cognitivas têm um impacto direto no desempenho de comportamentos seguros dos pedestres, o que pode aumentar a probabilidade de um atropelamento. Alguns desses fatores apontados pela literatura são o consumo de álcool e o uso de aparelhos eletrônicos (Hatfield & Murphy, 2007; Nasar, Hecht, & Wener, 2008; Oxley *et al.*, 2006).

O álcool reduz a capacidade perceptual e cognitiva, influenciando a realização de comportamentos seguros no trânsito (Rozestraten, 1988). As reações e julgamentos tornam-se mais lentos e há uma dificuldade maior de integrar informações de velocidade e distância dos veículos, necessárias para a travessia segura. Estudos apontam que, quanto maior a intoxicação pelo pedestre, maior a tendência de realizar comportamentos de risco ao atravessar a rua (Oxley *et al.*, 2006). Nos Estados Unidos, mais da metade das mortes no trânsito em que o pedestre foi o responsável estava relacionada ao alto consumo de álcool por parte deste (Ulfarsson, Kim, & Booth, 2010). No Brasil, ao analisar o índice de mortes em pedestres e ocupantes de veículos no Estado de São Paulo, o estudo de Leyton, Ponce, Andreuccetti, Coelhos, Greve, Sinagawa & Muñoz (2009) revelou que os pedestres tinham uma alcoolemia, em média, 1,3 vez maior que os ocupantes de veículos. Esses dados evidenciam que o consumo de álcool não é somente um risco para os motoristas, mas também para os pedestres (Öström & Eriksson, 2001).

Outra potencial fonte de distração cognitiva capaz de impactar os comportamentos de travessia são os aparelhos eletrônicos. Estudos sobre o efeito do uso do celular nos comportamentos dos pedestres têm demonstrado que aqueles que conversavam ao celular prestavam menos atenção no tráfego e no ambiente, não olhavam para os lados antes de atravessar, eram menos propensos a aguardar o tráfego parar enquanto o sinal para pedestres mudava para o verde e atravessavam a rua mais devagar do que aqueles que não conversavam ao celular (Hatfield & Murphy, 2007; Nasar *et al.*, 2008; Zhuang & Wu, 2011).

Stavrinos, Byington e Schwebel (2011) constataram que todos os tipos de conversa ao celular, tanto as triviais quanto as mais complexas, eram distrativas e que aqueles que estavam conversando realizavam menos comportamentos seguros do que aqueles que não conversavam. Os resultados da pesquisa de Schwebel, Stravinos, Byington, Daves, O'Neal & Jong (2012) apontaram que não somente conversar ao celular é um fator de risco, mas também o ato de digitar mensagens.

Em relação aos aparelhos de som, as pesquisas não encontraram associação entre seu uso e comportamentos de risco. Os aparelhos de som não demonstraram impactar de forma significativa a realização de comportamentos inseguros entre pedestres (Nasar *et al.*, 2008; Walker, Lanthier, Risko, & Kingstone, 2012). Entretanto, Schwebel *et al.* (2012) sugeriram que, apesar de a distração causada por seu uso ser mínima, ela pode ter impacto significativo na segurança do pedestre.

Os estudos de Nasar *et al.* (2008) e de Stavrinos *et al.* (2011) não advogam pela proibição do uso de aparelhos celulares ou do consumo de álcool entre pedestres, mas acreditam que esses fatores devem ser levados em conta nas análises de atropelamentos e para a criação de campanhas sobre o comportamento seguro de caminhar e atravessar a rua e também na modificação do ambiente em áreas de risco (por exemplo, em ruas com alta concentração de bares), com a colocação de gradis ou semáforos que separem os pedestres do tráfego. As campanhas de trânsito devem contribuir para o aumento do risco percebido sobre os fatores que aumentam a probabilidade de um atropelamento, para que os pedestres possam ser mais cautelosos nessas situações.

Risco objetivo

Na Língua Portuguesa, risco é definido como "perigo ou possibilidade de perigo" (Ferreira, 2008). No trânsito, risco objetivo é definido como a probabilidade objetiva de um acidente. Ele é baseado no número de mortos e feridos no trânsito, calculado pelo número de acidentes por quilômetro viajado (Sørensen & Mosslemi, 2009). No Brasil, não existem informações disponíveis sobre o risco objetivo de um acidente de trânsito. As estatísticas mostram que morreram 9.078 pedestres no ano de 2010 (Ministério da Saúde, 2011), mas não apontam a probabilidade de ocorrência de acidente enquanto pedestre, provavelmente porque a estratégia de investigação de acidentes não está difundida no país.

Sørensen e Mosslemi (2009) indicam que o estudo do risco objetivo no trânsito é importante para a identificação dos grupos mais vulneráveis, para que, dessa maneira, medidas que visem à redução desse risco sejam mais dirigidas. Os pedestres são os usuários mais vulneráveis das vias, pois não contam com proteção que diminua a gravidade de seus ferimentos em caso de uma colisão (Peden *et al.*, 2004). Assim, os fatores que influem na mortalidade do pedestre devem ser conhecidos para a criação de estratégias que visem à redução da extensão desses ferimentos e, consequentemente, do número de mortos.

Fatores de risco para um atropelamento

Velocidade

O fator de risco mais importante e que influi diretamente na chance de sobrevivência do pedestre envolvido é a velocidade do veículo. Pedestres têm 90% de probabilidade de sobreviver a uma colisão com veículo que estiver com velocidade de até 30 km/h, mas menos de 50% quando o impacto é acima de 45 km/h (Peden *et al.*, 2004). Em caso de um atropelamento, os ferimentos dos pedestres são mais graves quanto maior a velocidade do veículo na hora do impacto (Erke & Elvik, 2007). Os autores concluem que, quanto maior a distância com que o motorista detecta um pedestre, maior o tempo que tem para frear, diminuindo a velocidade de impacto ou até mesmo conseguindo evitar a colisão. Outros estudos demonstram que, em vias com má iluminação, aumentar a visibilidade dos pedestres diminui a probabilidade de colisões em até 85% (Elvik *et al.*, 2009).

Desrespeito às regras

Para garantir a integridade dos usuários das vias, todos os deslocamentos são regulados por uma série de normas e regras (Rozestraten, 1988). Elvik *et al.* (2009) afirmam que as transgressões às regras são um dos principais contribuintes para o grande número de fatalidades no trânsito. Entre os pedestres, essas transgressões são relativas principalmente aos comportamentos de travessia fora dos lugares destinados a eles (Ulfarsson *et al.*, 2010). Os estudos sobre atropelamentos indicam que há um aumento do risco de colisões com veículos quando a travessia não ocorre no lugar adequado e que a maioria dos atropelamentos ocorre longe das faixas (King, Soole, & Ghafourian, 2009; Ward *et al.*, 1994). Em uma análise de 2.311 atropelamentos, nos Estados Unidos, em que o pedestre era apontado como responsável, Ulfarsson *et al.* (2010) constataram que 81,5% desses acidentes ocorreram em decorrência de comportamentos inadequados de travessia.

Os pedestres também fazem parte do sistema de trânsito, e por isso o Código de Trânsito Brasileiro – CTB (Lei n. 9.503, 1997) descreve as regras de circulação a que eles devem obedecer. O art. 69 dessa lei determina que, para atravessar a rua, o pedestre necessita tomar precauções de segurança, devendo utilizar sempre as faixas ou passagens a ele destinadas, sempre que estas existirem em uma distância de até cinquenta metros dele.

Os pedestres são proibidos de realizar comportamentos que possam comprometer sua segurança no trânsito ou atrapalhar o fluxo de veículos (art. 69, inc. III, *a*). No art. 254 estão descritas as proibições aos pedestres, sendo elas (p. 47):

I. permanecer ou andar nas pistas de rolamento, exceto para cruzá-las onde for permitido;

II. cruzar pistas de rolamento nos viadutos, pontes ou túneis, salvo onde exista permissão;

III. atravessar a via dentro das áreas de cruzamento, salvo quando houver sinalização para esse fim;

IV. utilizar-se da via em agrupamentos capazes de perturbar o trânsito ou para a prática de qualquer folguedo, esporte, desfiles e similares, salvo em casos especiais e com a devida licença da autoridade competente;

V. andar fora da faixa própria, passarela, passagem aérea ou subterrânea;

VI. desobedecer à sinalização de trânsito específica.

As pesquisas sobre comportamento dos pedestres demonstram que os homens cometem mais comportamentos de risco e transgressões às regras de trânsito que as mulheres (Evans & Norman, 1998; Holland & Hill, 2010; Moyano-Díaz, 2002; Torquato & Bianchi, 2010; Zhou & Horrey, 2010), enquanto as mulheres respeitam mais as regras de trânsito (Tom & Granié, 2011).

Quando a idade é considerada, os mais jovens reportam mais transgressões (Moyano-Díaz, 2002; Torquato, 2011), ao passo que os mais velhos reportam mais comportamentos seguros de atravessar a rua (Zhuang & Wu, 2011). Sabendo da relação entre comportamento de risco e acidentalidade, não é surpresa observar que os homens e os jovens são os que mais se envolvem em acidentes de trânsito (Ministério da Saúde, 2011; Peden *et al.*, 2004).

Risco subjetivo: percepção de risco

O risco subjetivo, ou percepção de risco, diz respeito à maneira como as pessoas percebem ou experienciam o risco objetivo. Segundo Sjöberg (1979; 2000), a percepção de risco é uma questão de probabilidade subjetiva, caracterizada como a crença que a pessoa tem sobre um evento negativo. Essa crença pode incluir avaliações de probabilidade de ocorrência, bem como avaliações das consequências desse evento (Sjöberg, Moen, & Rundmo, 2004).

De acordo com Sjöberg (1998), a investigação da percepção de risco pode abranger dois componentes: um cognitivo e um emocional.

O componente cognitivo inclui a percepção da probabilidade de se envolver em um acidente (*safety*), enquanto o componente emocional inclui sentimentos como insegurança, medo, ansiedade e preocupação (*security*) perante um evento. Os componentes emocionais estudados podem dizer respeito às experiências de preocupação (*worry*) (Sjöberg, 1998) ou à percepção de ser exposto a experiências desagradáveis (Backer-Grøndahl, Amundsen, Fyhri, & Ulleberg, 2007).

As metodologias mais utilizadas para pesquisar a percepção de risco são por meio de escalas de julgamentos, avaliação de probabilidade de ocorrência de um evento ou inferências a partir de intenções reportadas (Sjöberg, 1979). Outras metodologias também são utilizadas, por exemplo, a estimativa da probabilidade de algo acontecer à pessoa ou a um grupo específico (Backer-Grøndahl *et al.*, 2007; Elvik & Bjørnskau, 2005; Lund & Rundmo, 2009), avaliação de segurança de certo evento ou comportamento (Poudel-Tandukar, Nakahara, Ichikawa, Poudel, & Jimba, 2007) ou quando a pessoa vê como perigoso certo evento (Lam, 2001).

A percepção de risco influencia a intenção de realizar um comportamento e, consequentemente, sua performance. No estudo de Poudel-Tandukar *et al.* (2007), aqueles que, na condição de pedestres, percebiam comportamentos de risco como mais seguros os realizavam mais frequentemente. Resultado similar foi encontrado por Zhou e Horrey (2010): aqueles que percebiam a travessia como mais segura reportaram ter mais intenção de realizá-la.

Fatores que influenciam a percepção de risco

Variáveis individuais, sociais e ambientais influenciam no modo como as pessoas percebem os riscos. Os homens percebem menos riscos advindos do trânsito em comparação às mulheres (Underwood, Dillon, Farnsworth, & Twiner, 2007; Lam, 2001). Em relação à idade, os mais jovens têm mais dificuldades de perceber os riscos de forma acurada (Glendon, 2011) e integram menos informações do ambiente, o que pode acarretar uma leitura incompleta da situação (Underwood *et al.*, 2007). A falta de experiência é outro fator que influi para a incorreta percepção de potenciais riscos e geralmente está associada à idade (Glendon, 2011).

A percepção de risco pode variar conforme a hora do dia, características do ambiente e o modo de transporte costumeiramente utilizado. Os pedestres percebem maior risco de se envolver em um acidente durante o dia, ao passo que percebem maior risco de se envolver em situações desagradáveis durante a noite (por exemplo, encontrar pessoas indesejáveis ou enfrentar situações inadequadas de iluminação; Backer-Grøndahl *et al.*, 2007). Eles afirmam se sentir mais inseguros quanto maiores o volume do tráfego e a velocidade dos carros (Sørensen & Mosslemi, 2009). De acordo com a pesquisa de King, Wood, Lacherez e Marszalek (2012), os pedestres são mais otimistas quanto ao risco de envolvimento em acidentes, e acreditam ser menos propensos aos acidentes que os condutores em condições de baixa luminosidade. Eles também superestimam a própria visibilidade nessas condições, e creem que os motoristas os estão vendo.

Risco objetivo *versus* risco subjetivo

Os estudos sobre percepção de risco no trânsito apontam que as pessoas tendem a subestimar os riscos advindos do trânsito (Elvik & Bjørnskau, 2005). Os locais que as pessoas consideram mais perigosos não são necessariamente aqueles com maior frequência de acidentes. Pode-se dizer que existe uma discrepância entre o risco objetivo e o risco subjetivo (Sørensen & Mosslemi, 2009).

Exemplos da importância de pesquisar a discrepância entre esses riscos partem de pesquisas realizadas na Europa, as quais apontam que a maioria dos pedestres se sente segura quando atravessa em uma faixa de pedestres comum, mas que, na realidade, é um local com grande número de atropelamentos (Sørensen & Mosslemi, 2009; Elvik *et al.*, 2009). A explicação seria que os pedestres, por acreditar ser seguro, atravessam sem tomar precauções de segurança, por exemplo, certificar-se de que os motoristas os enxergaram, e sem prestar atenção, o que pode caracterizar uma situação perigosa.

Esses dados demonstram a importância de pesquisar a percepção de risco dos pedestres, tanto para a elaboração de projetos educativos que diminuam a discrepância entre os riscos objetivos e subjetivos como para a implementação de medidas que tenham efeitos sobre ambos os riscos (Amundsen & Bjørnskau, 2003), aumentando a frequência de comportamentos seguros entre os pedestres.

Diante da escassez de estudos sobre comportamento de pedestre com a população brasileira, esta pesquisa teve como objetivos investigar a percepção de risco sobre comportamentos de risco ao atravessar a rua, a frequência de realização desses comportamentos e a relação entre eles. Posteriormente, foram discutidas as aplicações práticas dos resultados encontrados.

Método

Participantes

A amostra constituiu-se de 303 estudantes de ensino superior matriculados em instituições de ensino superior em Curitiba, sendo 60% homens – 60% eram jovens (de 17 anos até 22 anos) e 40% adultos (mais de 23 anos), com idade média de 23,55 anos (DP= 6,19); 65% da amostra possuía Carteira Nacional de Habilitação (CNH), com a média de tempo de 3,54 anos (DP= 5,72).

Instrumentos

Para contemplar os objetivos desta pesquisa, foram utilizados itens da Escala de Comportamento do Pedestre (ECP-BR) e da Escala de Percepção de Risco (Torquato, 2011). A ECP-BR foi adaptada a partir da Escala de Comportamento de Pedestre (ECP) (Moyano-Díaz, 2002; Torquato & Bianchi, 2010) e contém trinta itens que descrevem comportamentos de risco de pedestres no cotidiano nos quais os participantes devem indicar o quão frequentemente eles realizam o comportamento descrito[2].

---

2 Análises estatísticas mais abrangentes da ECP-BR e Escala de Percepção de Risco encontram-se no trabalho de Torquato (2011).

Para essa pesquisa, dezesseis itens da ECP-BR foram analisados, por meio de uma escala de frequência variando de 1 a 6 (nunca – sempre). Esses itens descreviam comportamentos do pedestre de atravessar a rua em situações potencialmente perigosas ou sem executar os comportamentos de precaução necessária para realizá-la de forma segura. Somente os itens que descreviam um comportamento de risco de travessia foram utilizados, pois, como demonstrado pelas pesquisas anteriormente descritas, são esses comportamentos de risco do pedestre que aumentam a probabilidade de um atropelamento.

Para investigar a percepção de risco, os participantes eram solicitados a julgar o grau de segurança de cada comportamento de travessia descrito. Os dezesseis itens poderiam ser avaliados como: 1 (nenhuma segurança), 2 (quase nenhuma segurança), 3 (pouca segurança), 4 (alguma segurança), 5 (muita segurança) e 6 (segurança total). Dessa forma, a pontuação média da escala poderia variar de 1 a 6.

Para possibilitar a comparação entre a percepção de risco e os comportamentos de risco dos pedestres, os itens que compunham a Escala de Percepção de Risco e eram correspondentes aos comportamentos na ECP-BR foram retidos. Os dados sociodemográficos foram coletados por último no questionário, assim como sugerido por Günther (2003).

Procedimentos

Os dados da ECP-BR e da Escala de Percepção de Risco foram coletados nas salas de aula durante o período letivo. Em um primeiro momento, a pesquisadora entrou em contato com o professor responsável pela disciplina, solicitando um momento para a aplicação dos questionários. Quando autorizada pelo professor, a pesquisadora informou aos participantes que se tratava de uma pesquisa sobre comportamento no trânsito e, posteriormente, foi pedida a participação dos estudantes. Aqueles que concordaram em participar do estudo foram solicitados a ler e preencher o Termo de Consentimento Livre e Esclarecido e, na sequência, responder aos questionários. Para esta pesquisa, foram utilizados os dados provenientes dessa aplicação, entretanto somente foram analisados os dezesseis itens de ambas as escalas, conforme mencionado anteriormente.

Análise descritiva foi realizada para investigar as médias e os desvios-padrão de cada um dos itens. Para comparação das médias dos grupos entre sexo, idade e *status* do usuário (pedestre e motorista), foi utilizado o Teste *t* independente (*t* de Student). O grupo de idade foi dividido entre jovens (de 17 anos até 22 anos) e adultos (mais de 23 anos). Para o cálculo da correlação entre percepção de risco e comportamento de risco, foi utilizada a correlação de Pearson (*r*). Por fim, foi realizada uma análise de regressão, para investigar a contribuição das variáveis sexo, idade, *status* do usuário e percepção de risco para predição do comportamento de risco.

Resultados

As médias, os desvios-padrão para os itens de percepção de risco e dos comportamentos de risco, bem como a correlação ente eles (r), são apresentados na Tabela 6.1, em ordem decrescente às médias dos comportamentos.

Tabela 6.1 Média, desvio-padrão (DP) e correlação (*r*) dos itens de percepção e comportamento de risco.

	Percepção [a]	Comportamento [b]	*r*
Começar a atravessar a rua quando o semáforo para os veículos está mudando para vermelho	2,80 (1,06)	3,17 (1,19)	0,33*
Atravessar as ruas entre os veículos que estão estacionados ao longo do meio-fio	2,60 (1,06)	3,03 (1,08)	0,38*
Atravessar a rua entre os veículos parados em um engarrafamento	2,44 (1,13)	3,02 (1,35)	0,45*
Ser impaciente com o pedestre à frente e que não atravessa a rua quando ainda pode e, então, ultrapassá-lo	2,76 (1,31)	3 (1,43)	0,35*

	Percepção [a]	Comportamento [b]	*r*
Atravessar nos semáforos para pedestre quando ainda não estão com a luz verde	2,16 (1,15)	2,87 (1,23)	0,31*
Atravessar as ruas fora da faixa de pedestre	2,38 (1,03)	2,86 (1,15)	0,26*
Atravessar a rua falando ao celular	2,25 (1,13)	2,54 (1,21)	0,36*
Em vias com mão dupla, atravessar a rua até a metade e ficar parado esperando poder atravessar a outra metade	1,86 (1,00)	2,49 (1,27)	0,51*
Atravessar em semáforos quando ainda estão com a luz verde para os veículos	1,86 (1,09)	2,48 (1,22)	0,33*
Atravessar a rua quando a luz do semáforo para pedestre está indicando que vai mudar para o vermelho	2,19 (1,06)	2,45 (1,14)	0,43*
Esperar que o semáforo mude para luz verde, parado sobre a via, e não sobre a calçada	2,36 (1,49)	2,45 (1,48)	0,28*
Fazer o caminho mais curto, mesmo que isso signifique fazer algo arriscado	2,12 (0,99)	2,42 (1,11)	0,36*
Atravessar na frente do ônibus que está em uma parada	2,08 (1,02)	2,20 (1,23)	0,41*
Fazer o caminho mais curto, mesmo quando isso signifique pular alguma barreira colocada para impedir o fluxo de pedestres	1,93 (0,94)	2,09 (1,14)	0,31*
Errar a estimativa da velocidade de um veículo quando está atravessando a rua	1,64 (0,80)	1,92 (0,86)	0,25*
Não olhar para os dois lados antes de atravessar a rua	2,02 (0,97)	1,54 (1,06)	ns
Total	2,21 (0,60)	2,53 (0,67)	0,56*

Nota: a) 1 (nenhuma segurança), 2 (quase nenhuma segurança), 3 (pouca segurança), 4 (alguma segurança), 5 (muita segurança) e 6 (segurança total); b) 1 (nunca), 2 (quase nunca), 3 (às vezes), 4 (frequentemente), 5 (quase sempre) e 6 (sempre); **p* 0,001; ns = não significativo.

A média geral da percepção de risco foi de 2,21, ou seja, o grau de segurança dos comportamentos descritos foi avaliado, em média, como de quase nenhuma segurança. Os comportamentos avaliados como relativamente mais seguros foram "começar a atravessar a rua quando o semáforo para os veículos está mudando para vermelho" (M = 2,80); "ser impaciente com o pedestre à frente e que não atravessa a rua quando ainda pode e, então, ultrapassá-lo" (M = 2,76); "atravessar as ruas entre os veículos que estão estacionados ao longo do meio-fio" (M = 2,60); e "atravessar a rua entre os veículos parados em um engarrafamento" (M = 2,44).

A média geral da frequência de realização do comportamento foi 2,53, ou seja, os participantes reportaram realizar em média de quase nunca a às vezes os comportamentos descritos. Os comportamentos de risco realizados mais frequentemente foram (médias maiores que 3): "atravesso a rua quando a luz do semáforo para pedestre está indicando que vai mudar para o vermelho" (M = 3,17);"atravesso as ruas entre os veículos estacionados ao longo do meio-fio" (M = 3,03); e "atravesso a rua entre os veículos parados em um engarrafamento" (M = 3,02).

A avaliação e a frequência de realização de comportamentos de risco estavam positivamente correlacionadas ($r = 0{,}56$; $p < 0{,}001$), ou seja, aqueles que avaliaram o comportamento como menos seguro relataram que o realizam com menos frequência.

Considerados isoladamente, todos os itens apresentaram correlação positiva significativa ($r \geq 0{,}25$), à exceção do item "não olhar para os dois lados antes de atravessar a rua".

Os valores das médias e desvios-padrão para os grupos sexo, idade e *status* do usuário encontram-se na Tabela 6.2.

Tabela 6.2 Médias (DP) de percepção de risco e comportamento de risco por sexo, idade e *status* do usuário.

	Sexo		**Idade**		***Status* do usuário**	
	Homens	**Mulheres**	**Jovens**	**Adultos**	**Pedestres**	**Motoristas**
Percepção de risco [a]	2,29 (0,61)	2,10* (0,57)	2,27 (0,63)	2,03* (0,42)	2,20 (0,68)	2,21 (0,55)
Comportamento de risco [b]	2,55 (0,68)	2,51 (0,65)	2,59 (0,69)	2,31* (0,53)	2,55 (0,72)	2,53 (0,64)

Nota: a) 1 (nenhuma segurança), 2 (quase nenhuma segurança), 3 (pouca segurança), 4 (alguma segurança), 5 (muita segurança) e 6 (segurança total); b) 1 (nunca), 2 (quase nunca), 3 (às vezes), 4 (frequentemente), 5 (quase sempre) e 6 (sempre); $^*p < 0,05$.

Foi encontrada diferença significativa na média de percepção de risco entre sexos (t (2, 301) = 2,80, $p < 0,05$). Os homens avaliaram os comportamentos como mais seguros que as mulheres. Em relação à idade, foram encontradas diferenças significativas nas médias de percepção de risco (t (2, 278) = 2,25, $p < 0,05$) e nas médias dos comportamentos de risco (t (2, 278) = 2,35, $p < 0,05$). Os mais jovens (até 22 anos) avaliaram os comportamentos como mais seguros e reportaram realizá-los com maior frequência que os adultos (23 anos ou mais). Não foram encontradas diferenças significativas nas médias entre *status* do usuário.

Na análise de regressão, a variância total explicada pelo modelo foi de 33% (F (4,273) = 33,91, $p < 0,001$), conforme exposto na Tabela 6.3.

Tabela 6.3 Análise de regressão.

	Preditor	**R^2**	**ΔR^2**	**F**	**Δ**
Bloco 1	Sexo				ns
	Idade				ns
	Status do usuário	0,04	0,04	4,15	ns
Bloco 2	Percepção de risco	0,33	0,29	33,91	0,55*

Nota. $^*p < 0,001$; ns = não significativo.

Uma análise de regressão foi realizada para investigar a contribuição das variáveis independentes (sexo, idade, *status* do usuário e percepção de risco) para explicar a variável dependente (comportamento de risco). Sexo, idade e *status* do usuário foram adicionados no bloco 1 e explicaram 4% da variância. A percepção de risco foi adicionada no bloco 2 e explicou 29% da variância total. A única variável que contribuiu estatisticamente para explicar o comportamento de risco foi percepção de risco (beta = 0,55, $p < 0,001$).

Discussão

A travessia realizada fora do lugar destinado a pedestres é um fator implicado na maioria dos atropelamentos (Ward *et al.*, 1994). Segundo o CTB (Lei n. 9.503, 1997), os pedestres também devem tomar certas precauções para diminuir o conflito com os veículos, evitando possíveis acidentes. Apesar de os participantes da presente pesquisa reportarem, em média, realizar poucas vezes comportamentos de risco de travessia, é necessário uma análise mais profunda dos comportamentos, pois o ideal é que nunca acontecessem.

O comportamento realizado com mais frequência foi "atravessar a rua quando a luz do semáforo para pedestre está indicando que vai mudar para o vermelho". O piscar do sinal indica que a travessia para os motoristas será em breve liberada, e que aqueles que ainda não iniciaram a travessia devem esperar até que o sinal fique verde novamente antes de atravessar. Em ruas com várias faixas, os pedestres que não tiverem concluído a travessia prolongam sua exposição aos veículos, aumentando a probabilidade de um atropelamento. Segundo o art. 70 do CTB (Lei n. 9.503, 1997), onde houver sinalização semafórica, mesmo em caso de mudança do semáforo liberando a passagem dos veículos, a preferência é dos pedestres que não concluíram a travessia, no entanto essa lei não é respeitada pelos motoristas na maioria das cidades brasileiras. Por isso, sugere-se que os pedestres devam ser encorajados a iniciar a travessia somente quando o sinal está verde para eles. Também é necessária mais fiscalização nos semáforos para punir os motoristas que não respeitam a preferência do pedestre já que, de acordo com o art. 214 do CTB, isso constitui infração gravíssima (Lei n. 9.503, 1997).

Os comportamentos de atravessar a rua entre os veículos estacionados e entre os veículos parados em um engarrafamento também estavam entre os comportamentos realizados mais frequentemente pelos participantes. Supõe-se que, como na cidade de Curitiba, onde a pesquisa foi realizada, não há o respeito à faixa de pedestre por parte dos motoristas, os pedestres não veem a faixa como um lugar preferencial de travessia, atravessando a rua em qualquer lugar. Dessa forma, implementar a obrigatoriedade de preferência da faixa de pedestres e fiscalizar semáforos para que não haja violação dessa preferência por parte dos motoristas são fatores que podem contribuir para diminuir a frequência desse tipo de comportamentos de risco entre pedestres.

Nessa pesquisa, os participantes não avaliaram os comportamentos de risco de travessia como muito seguros de serem realizados, entretanto os homens e os jovens avaliaram-nos como mais seguros que a mulheres e os adultos. Os jovens (com até 22 anos) também reportaram realizar mais frequentemente comportamentos de risco de atravessar a rua que os adultos (com 23 anos ou mais). Esses dados são consistentes com estudos anteriores sobre comportamento transgressor de pedestres (Moyano-Díaz, 2002; Torquato & Bianchi, 2010).

Segundo Rozestraten (2004), apesar de a percepção de risco não ser um comportamento observável, é extremamente necessária para que a pessoa tome decisões corretas e se comporte de maneira segura no trânsito. Neste trabalho, a percepção de risco foi capaz de explicar 33% da variância total dos escores dos comportamentos de risco, demonstrando a utilidade dessa variável para entender esses comportamentos. Também foi encontrada uma correlação significativa entre a percepção de risco e o comportamento de risco de travessia. As pessoas que avaliaram como mais seguro o comportamento reportaram realizá-lo com maior frequência. Supõe-se que, focando a percepção de risco por meio da instrução sobre os comportamentos de risco e, principalmente, as consequências negativas, será possível alterar a frequência da realização desses comportamentos. Dessa maneira, as campanhas de trânsito devem contribuir para o aumento do risco percebido sobre os comportamentos de risco de travessia, principalmente entre os públicos jovem e masculino, que avaliaram esses comportamentos como mais seguros que os adultos e as mulheres.

Conhecer os comportamentos mais realizados pelos pedestres pode ser útil como diagnóstico comportamental para uma possível execução de estratégias de intervenções mais pontuais. Essa pesquisa contém material que pode ser utilizado em campanhas e projetos de educação voltados para a segurança do pedestre. Os dados apresentados podem ser utilizados para educação de trânsito tanto para pedestres quanto para motoristas.

Os comportamentos de risco ao atravessar a rua, principalmente em lugares não adequados, devem ser desencorajados entre pedestres. Para os motoristas, esses dados podem ser disseminados para que eles possam saber quais comportamentos os pedestres mais realizam de modo a redobrar a atenção e diminuir a velocidade nessas situações. Para as autoridades, esses dados podem servir como base para modificações ambientais que inibam a execução desses comportamentos ou que minimizem as consequências de um atropelamento.

Convém enfatizar que o comportamento de risco ocorre dentro de um contexto. Portanto, um ambiente planejado que leve em conta a segurança dos pedestres é necessário para diminuir o número de atropelamentos. Infelizmente, as cidades não são planejadas de modo a sempre propiciar uma travessia segura para o pedestre. Diminuir o limite de velocidade em vias de grande circulação de pedestres, como áreas escolares, hospitalares e residenciais, bem como a fiscalização e a punição para motoristas que não respeitam esse limite, é uma medida capaz de reduzir a fatalidade dos atropelamentos.

Dispositivos de proteção que propiciam a travessia em segurança devem ser usados para separar os pedestres dos veículos – como passarelas, passagens subterrâneas e faixa semaforizada – ou impedir que os transeuntes a realizem em locais inapropriados – como gradis e barreiras. Uma análise dos locais com grande número de atropelamentos poderia indicar quais são os que devem ser priorizados na implementação de dispositivos de segurança e o tipo de dispositivo utilizado (ver Elvik *et al.*, 2009).

Vale ressaltar que esta pesquisa apresenta algumas limitações que precisam ser consideradas. Os dados devem ser extrapolados com cautela, já que a amostra se ateve a estudantes de ensino superior. Um estudo com outras amostras é recomendado. Outra limitação é a impossibilidade de uma discussão mais detalhada sobre a discrepância entre os riscos objetivos e subjetivos em razão da falta de estatísticas sobre fatores antecedentes de atropelamentos. Análise de tipos de acidentes e fatores envolvidos em atropelamentos é essencial para a criação de campanhas que focalizem os comportamentos de risco, bem como a modificação ambiental necessária para preservar a segurança dos pedestres.

Essa pesquisa ateve-se a investigar a percepção de risco e os comportamentos de risco de travessia dos pedestres. Entretanto, outras características psicológicas, como personalidade, atitudes e busca de sensações, podem influenciar a intenção de realizar esses comportamentos de risco. Características ambientais, como a presença de calçadas, semáforos, *design* da faixa de pedestres e velocidade dos veículos, são fatores importantes e que também devem ser levados em conta na análise mais profunda sobre os tipos de comportamentos mais realizados pelos pedestres. Por essa razão, outros estudos que investiguem essas características do ambiente ou que foquem a contribuição de outras variáveis psicológicas para explicar os comportamentos de risco dos pedestres são necessários. O instrumento aqui apresentado pode ser utilizado como guia para pesquisas observacionais em estudos de caso, por exemplo, em ambientes em que existe um grande fluxo de pedestres e veículos, como centros de cidades ou perto de universidades e escolas.

A principal contribuição dessa pesquisa foi fornecer dados que possam ser utilizados como ponto de partida para discussões sobre os deslocamentos dos pedestres, para que os gestores possam realizar medidas que levem em conta a segurança desses usuários vulneráveis. A pesquisa científica é indispensável para a condução de medidas que precisam ser feitas em prol da segurança dos pedestres, diminuindo os fatores de risco e tornando o trânsito um lugar mais seguro para todos os seus usuários.

Referências

Amundsen, A. H., & Bjørnskau, T. (2003). Utrygghet o grisikokompensasjon i transportsystemet: En kunnskapsoversikt for RISIT- programmet [Perceived risk and risk compensation in the Transport System: A review for the program Risk and Safety in Transport (RISIT)]. *TØI Repport, 622*. Oslo, Noruega: Transportøkonomisk institutt.

Backer-Grøndahl, A., Amundsen, A., Fyhri, A., & Ulleberg, P. (2007). Trygt eller truende? Opplevelse av risiko på reisen [Safe or scary? Risk perception on different means of transport]. *TØI, Repport, 913*. Oslo, Noruega: Transportøkonomisk institutt.

Detran (2009). *Acidentes com morte na faixa de pedestre Distrito Federal, 1997-2006: informativo n. 4*. Recuperado em 20 novembro, 2008, de http://www.detran.df.gov.br/005/00502001.asp?ttCD_CHAVE=7235

Elvik, R. (2011). Public Policy. In B. E. Porter (Ed.). *Handbook of traffic psychology* (pp. 471-483). Philadelphia: Elsevier.

Elvik, R., & Bjørnskau, T. (2005). How accurately does the public perceive differences in transport risks? An exploratory analysis of scales representing perceived risk. *Accident Analysis and Prevention, 37*, 1005-1011.

Elvik, R., Høye, A., Vaa, T., & Sørensen, M. (2009). *The handbook of road safety measures* (2nd ed.) Bingley: Emerald.

Erke, A., & Elvik, R. (2007). Making Vision Zero real: preventing pedestrian accidents and making them less severe. *TØI report, 889*.

Evans, D., & Norman, P. (1998). Understanding pedestrians' road crossing decisions: an application of the theory of planned behaviour. *Health Education Research: Theory and Practice, 13*(4), 481-489.

Ferreira, A. B. H. (2008). *Miniaurélio: o minidicionário da língua portuguesa*. Curitiba: Positivo.

Glendon, A. I. (2011). Neuroscience and young drivers. In B. E. Porter (Ed.). *Handbook of traffic psychology* (pp. 109-125). Philadelphia: Elsevier.

Günther, H. (2003). *Como elaborar um questionário* (Série: Planejamento de Pesquisa nas Ciências Sociais, n. 01). Brasília, DF: UnB, Laboratório de Psicologia Ambiental.

Hatfield, J., & Murphy, S. (2007). The effects of mobile phone use on pedestrian crossing behavior at signalized and unsignalised intersections. *Accident Analysis and Prevention, 39*, 197-205.

Holland, C., & Hill, R. (2010). Gender differences in factors predicting unsafe crossing decisions in adult pedestrians across the lifespan: a simulation study. *Accident Analysis and Prevention, 42*, 1097-1106.

King, M. J., Soole, D., & Ghafourian, A. (2009). Illegal pedestrian crossing at signalized intersections: Incidence and relative risk. *Accident Analysis and Prevention, 41*, 485-490.

King, M. J., Wood, J. M., Lacherez, P. F., & Marszalek, R. P. (2012). Optimism about safety and group-serving interpretations of safety among pedestrians and cyclists in relation to road use in general and under low light conditions. *Accident Analysis and Prevention, 44*(1), 154-159.

Lam, L. T. (2001). Parental risk perceptions of childhood pedestrian road safety. *Journal of Safety Research, 32*, 465-478.

Lei n. 9.503, de 23 de setembro de 1997. (1997). Institui o Código de Trânsito Brasileiro. Brasília, DF. Recuperado em 2 abril, 2007, de http://www.planalto.gov.br/ccivil_03/leis/l9503.htm

Leyton, V., Ponce, J. C., Andreuccetti, G., Coelhos, C. A. de S., Greve, J. M. D., Sinagawa, D. M., & Muñoz, D. R. (2009). Mortes no trânsito relacionadas ao uso de álcool no Estado de São Paulo em 2006. *Associação Brasileira de Medicina de Tráfego, 27*(2), 26-31.

Lobjois, R., & Cavallo, V. (2007). Age-related differences in street-crossing decisions: the effects of vehicle speed and time constraints on gap selection in an estimation task. *Accident Analysis and Prevention, 39*, 934-943.

Lund, I. O., & Rundmo, T. (2009). Cross-cultural comparisons of traffic safety, risk perception, attitudes and behaviour. *Safety Science, 47*(4), 547-553.

Ministério da Saúde (2011). *Óbitos por causas externas: dados preliminares.* Recuperado em 10 outubro, 2011, de http://tabnet.datasus.gov.br/cgi/tabcgi.exe?sim/cnv/pext10uf.def

Moyano-Díaz, E. (2002). Theory of planned behavior and pedestrians' intentions to violate traffic regulations. *Transportation Research Part F, 5*, 169-175.

Nasar, J., Hecht, P., & Wener, R. (2008). Mobile telephones, distractected attention and pedestrian safety. *Accident Analysis and Prevention, 40*(1), 69-75.

Öström, M., & Eriksson, A. (2001). Pedestrian fatalities and alcohol. *Accident Analysis and Prevention, 33*, 173-180.

Oxley, J., Lénne, M., & Corben, B. (2006). The effect of alcohol impairment on road-crossing behaviour. *Transportation Research Part F, 9*, 258-268.

Peden, M., Scurfield, R., Sleet, D., Mohan, D., Hyder, A. A., Jarawan, E., & Mathers, C. (Eds.) (2004). *World report on road traffic injury prevention*. Genève: World Health Organization.

Poudel-Tandukar, K., Nakahara, S., Ichikawa, M., Poudel, C. K., & Jimba, M. (2007). Risk perception, road behavior, and pedestrian injury among adolescent students in Kathmandu, Nepal. *Injury Prevention, 13*, 258-263.

Rozestraten, R. J. A. (1988). *Psicologia do trânsito: conceitos e processos básicos*. São Paulo: EPU; Edusp.

Rozestraten, R. J. A. (2004). *Psicopedagogia do trânsito*. Campo Grande: UCDB.

Schwebel, D. C., Stavrinos, D., Byington, K. W. Davis, T., O'Neal, E. E., & Jong, D. (2012). Distraction and pedestrian safety: how talking on the phone, texting, and listening to music impact crossing the street. *Accident Analysis and Prevention, 45*, 266-271.

Sjöberg, L. (1979). Strength of belief and risk. *Policy Sciences, 11*, 39-57.

Sjöberg, L. (1998). Worry and risk perception. *Risk Analysis, 18*(1), 85-93.

Sjöberg, L. (2000). The methodology of risk perception Research. *Quality & Quantity, 34*, 407-418.

Sjöberg, L., Moen, B., & Rundmo, T. (2004). *Explaining risk perception: an evaluation of the psychometric paradigm in risk perception research*. Norwegian University of Science and Technology, Department of Psychology. Trondheim: Rotunde.

Söderlund, N., & Zwi, A. B. (1995). Traffic-related mortality in industrialized and less developed countries. *Bulletin World Health Organization, 73*(2), 175-182.

Sørensen, M., & Mosslemi, M. (2009). Subjective and objective safety: the effect of road safety measures on subjective safety among vulnerable road users. *TØI Repport, 1009*.

Stavrinos, D., Byington, K. W., & Schwebel, D. C. (2011). Distracted walking: cell phones increase injury risk for college pedestrians. *Journal of Safety Research, 42*, 101-107.

Tom, A., & Granié, M. (2011). Gender differences in pedestrian rule compliance and visual search at signalized and unsignalized crossroads. *Accident Analysis and Prevention, 43*, 1794-1801.

Torquato, R. J. (2011). *Percepção de risco e comportamento de pedestres*. Dissertação de mestrado, Universidade Federal do Paraná, Curitiba, PR.

Torquato, R. J., & Bianchi, A. S. (2010). Comportamento de risco do pedestre ao atravessar a rua: estudo com estudantes universitários. *Transporte: Teoria e Aplicação, 2*(1), 19-41.

Ulfarsson, G. F., Kim, S., & Booth, K. M. (2010). Analyzing fault in pedestrian–motor vehicle crashes in North Carolina. *Accident Analysis and Prevention, 42*, 1805-1813.

Underwood, J., Dillon, G., Farnsworth, B., & Twiner, A. (2007). Reading the road: the influence of age and sex on child pedestrians' perceptions of road risk. *British Psychological Society, 98*, 93-110.

Velloso, M. S., Jacques, M. A. P., & Lindau, L. A. (2008). Investigação dos fatores contribuintes de atropelamento de pedestres em rodovias inseridas em áreas urbanas. In *XXII Congresso de Pesquisa e Ensino em Transportes, Fortaleza: Vol. 1*. (pp. 1543-1554). Fortaleza.

Walker, E. J., Lanthier S. N., Risko, E. F., & Kingstone, A. (2012). The effects of personal music devices on pedestrian behaviour. *Safety Science, 50*, 123-128.

Ward, H., Cave, J., Morrison, A., Allsop, R., & Evans, A. (1994). *Pedestrian activity and accident risk*. London: Foundation for Road Safety Research.

Zegeer, C. V. & Bushell, M. (2012). Pedestrian crash trends and potential countermeasures from around the world. *Accident Analysis and Prevention, 44*(1), 3-11.

Zhou, R., & Horrey, W. J. (2010). Predicting adolescent pedestrians' behavioral intentions to follow the masses in risky crossing situations. *Transportation Research Part F, 13*, 153-163.

Zhuang, X., & Wu, W. (2011). Pedestrians' crossing behaviors and safety at unmarked roadway in China. *Accident Analysis and Prevention, 43*, 1927-1936.

Zwi, A. B., Forjuoh, S., Murugusampillay, S., Odero, W., & Watts, C. (1996). Injuries in developing countries: policy response needed now. *Transactions of the Royal Society of Tropical Medicine and Hygiene, 90*(6), 593-595.

CAPÍTULO 7

PADRÃO DE COMPORTAMENTO DE PEDESTRES EM TRAVESSIAS SEMAFORIZADAS: UM MODELO CONCEITUAL

PAULA ARIOTTI

Fonte: Beto Nociti / Cerrado Fotografia

Os pedestres são os usuários mais vulneráveis do sistema viário e, conforme pesquisas realizadas sobre acidentes de trânsito, os mais fatalmente vitimados nesse contexto (Prefeitura de Porto Alegre, 2012). Os danos advindos dos acidentes de trânsito, em especial os de natureza humana, e o incômodo gerado pela vivência cotidiana de situações de risco são aspectos relevantes que indicam a necessidade de se estimular um sistema de circulação viária eficiente e seguro. A provisão de infraestrutura adequada para pedestres e ciclistas estimula a utilização desses modais como alternativa ao uso do transporte motorizado.

Nesse contexto, a concepção de projetos de engenharia de tráfego com ênfase na circulação de pedestres deve considerar as preferências e as percepções dos usuários, visando a uma maior probabilidade de uso efetivo e correto das estruturas projetadas (Sisiopiku & Akin, 2003). A utilização adequada dos passeios para circulação e a realização das travessias em locais apropriados minimizam os conflitos entre veículos e pedestres e tendem a elevar o nível de segurança dos usuários.

Desse modo, este trabalho busca identificar o padrão de comportamento de pedestres em travessias semaforizadas a partir de um modelo conceitual de análise que classifica os pedestres de acordo com seus comportamentos ao transpor uma via. As preferências e os hábitos de pedestres são analisados a fim de determinar suas práticas de travessia e investigar as razões implícitas em suas escolhas, o que pode subsidiar um melhor planejamento da circulação de pedestres em áreas urbanas.

O estudo envolveu três etapas principais. A primeira compreendeu a construção da estrutura do modelo conceitual de comportamento de pedestres em travessias semaforizadas, por meio da associação de conceitos baseados na literatura. A segunda etapa considerou a aplicação dos conceitos propostos no modelo, no qual se buscou identificar os potenciais fatores que influenciam o comportamento de pedestres e definir, segundo critérios predeterminados, os locais para realização da pesquisa de campo. A terceira etapa do estudo abrangeu a compreensão, de acordo com o modelo proposto, do comportamento dos pedestres.

A circulação de pedestres em áreas urbanas

De acordo com o Código de Trânsito Brasileiro (Lei n. 9.503, 1997), a categoria de usuários do sistema viário denominada "pedestres" engloba crianças, adultos e idosos, com suas diferenças em agilidade e limitações. Em decorrência da maior exposição dos pedestres aos conflitos com os veículos motorizados, buscam-se desenvolver medidas que minimizem a probabilidade de ocorrência de acidentes e garantam uma melhor operação do sistema. Além dos acidentes, outras situações cotidianas têm impacto na qualidade dos deslocamentos de pedestres. Miranda e Cabral (2002) classificam essas situações em dois grupos: fatores influentes na segurança dos pedestres e na qualidade dos deslocamentos.

Os fatores que influenciam na segurança dos pedestres referem-se às condições que os expõem ao contato com o tráfego de veículos, como a inadequabilidade das calçadas, os ciclos semafóricos mal dimensionados, os abrigos de pontos de parada de ônibus de tamanho desproporcional em relação à calçada, os pisos inadequados e em mau estado de conservação, as travessias para pedestres em locais impróprios, os desníveis abruptos entre a calçada e as rampas de garagem, a entrada e saída de estabelecimentos comerciais mal sinalizadas, a ausência de estruturas adequadas para pessoas com necessidades especiais, os veículos estacionados indevidamente sobre as calçadas e, ainda, a presença de obras ocupando o espaço das calçadas.

Os fatores influentes na qualidade dos deslocamentos de pedestres constituem as condições que contribuem para a diminuição da qualidade da circulação de pedestres, como calçadas com largura insuficiente, inadequabilidade de uso das calçadas, por exemplo, a presença de vendedores ambulantes em excesso ou equipamentos comerciais além dos limites dos estabelecimentos, má instalação de equipamentos urbanos, travessias de pedestres mal sinalizadas ou mal projetadas e, ainda, escoamento das águas pluviais provenientes de marquises e calhas ou depósito de lixo nas imediações das calçadas.

Observa-se que, apesar da divisão em dois grupos, os fatores citados apresentam uma forte interface, isto é, um fator que afeta a segurança do pedestre também pode causar uma queda na qualidade do deslocamento, e um fator que acarreta a perda da qualidade também pode prejudicar sua segurança, por repeli-lo do passeio, forçando-o a transitar pela via.

Um ambiente viário agradável e seguro necessita, essencialmente, de cinco elementos (Sarkar, 2003): (1) separação física de pedestres e do tráfego motorizado; (2) controle do fluxo de pedestres e veículos; (3) boas condições de visibilidade; (4) comunicação adequada com o uso de sinalização; e (5) assistência aos pedestres com necessidades especiais. Com base nesses elementos, um projeto apropriado das estruturas para pedestres pode incentivar os deslocamentos a pé, favorecendo a segurança e a conveniência dos usuários (Handy, 1996; Shriver, 1997).

Comportamento, atitudes e percepções de pedestres

Os pedestres, em vista de suas características, apresentam maior maleabilidade para circular no ambiente viário do que qualquer outra modalidade de transporte, sobrepondo-se a todos os inconvenientes encontrados em seu trajeto, como o desvio de obstáculos (Carsten, Sherbone, Rothengatter, 1998; Yagil, 2000). Na literatura, ainda é limitado o número de pesquisas sobre as atitudes e percepções de pedestres em relação à infraestrutura viária, uma vez que a segurança é o motivo de maior preocupação, em razão do elevado número de vítimas.

Rouphail (1984) publicou um dos primeiros estudos sobre percepções de pedestres em relação ao ambiente viário. O autor investigou a percepção e a preferência dos usuários em travessias zebradas localizadas em meio de quadra e constatou que os pedestres perceberam esse tipo de travessia não semaforizada como insegura. Entretanto, as mesmas travessias apresentaram alto grau de conveniência para os usuários, pelo fato de apresentarem menores atrasos em seus percursos.

Tanaboriboon e Jing (1994) reportam as atitudes de pedestres na China com relação à adequação das travessias e à espontaneidade dos usuários em utilizá-las. O estudo comparou travessias semaforizadas e travessias elevadas e subterrâneas. Os autores concluíram que usuários preferem as travessias semaforizadas em nível às elevadas ou subterrâneas, embora as condições de exposição de risco nesse tipo de travessia sejam maiores.

Hakkert, Gitelman e Ben-Shabat (2002) estudaram os efeitos no comportamento de pedestres e de motoristas da presença de um sistema luminoso para a detecção de pedestres. Esse sistema foi instalado no pavimento da via, próximo às travessias não semaforizadas. As análises foram baseadas em observações do tipo antes e depois. Os resultados mostraram que o número de motoristas que oferece prioridade ao pedestre que está tentando atravessar a via aumentou em aproximadamente 40% na presença do equipamento. Os autores constataram, ainda, que, com a implementação dos dispositivos de detecção, o número de pedestres atravessando fora da área da travessia diminuiu em 10%.

Em outro estudo, na cidade de Michigan (Estados Unidos), Sisiopiku e Akin (2003) investigaram as percepções e as atitudes dos pedestres por meio de entrevistas e observação de imagens de vídeo. A análise contemplou tipos distintos de estruturas e dispositivos para pedestres, como barreiras físicas (vegetação, blocos de concreto), pavimento colorido e dispositivos com a mensagem "atravesse apenas quando o tráfego estiver livre", além de comportamentos de travessia em interseções (semaforizadas e não semaforizadas) e em meio de quadra (semaforizadas, zebradas e protegidas com coberturas). Os autores concluíram que travessias não semaforizadas localizadas em meio de quadra foram a preferência de 83% dos entrevistados. Ainda, a localização relativa dos pontos de origem e destino dos usuários é o fator que mais influencia a decisão de atravessar em local apropriado, alcançando 90% das respostas.

Keegan e O'Mahony (2003) avaliaram a mudança de comportamento de pedestres após a implementação de contadores de tempo em semáforos na

Irlanda. Os resultados obtidos revelaram que o número de pedestres que iniciavam a travessia após a indicação de luz verde aumentou de 65% para 76%.

No Brasil, ainda é limitado o número de pesquisas que abordam o comportamento de pedestres em relação à infraestrutura. Machado (2007) analisou o histórico da campanha de conscientização do uso correto das faixas de pedestres por usuários da capital nacional brasileira e atribuiu o respeito à faixa a um fenômeno social de sucesso alcançado pela parceria entre representantes do governo, da sociedade e de importantes agências sociais, apoiada pela mídia.

Conhecer as relações entre os pedestres e o ambiente viário é de vital importância para prover condições adequadas e seguras de circulação. Em vista disso, considera-se oportuno o desenvolvimento de técnicas que permitam avaliar como são utilizadas as estruturas projetadas para pedestres nas áreas urbanas e quais as intervenções capazes de aumentar a segurança e o bem-estar dos usuários.

Modelo conceitual do padrão de comportamento de pedestres em travessias semaforizadas

No ambiente viário, os pedestres contam com várias alternativas ao atravessar uma via. No entanto, a decisão de onde e em que momento realizar a travessia pode ser influenciada pelas condições de todo o ambiente viário. Do ponto de vista da engenharia de tráfego, de acordo com Rouphail (1984), os principais fatores que influenciam as perspectivas operacionais e de segurança dos usuários envolvem: (1) a localização de preferência dos pedestres para a travessia; (2) as condições sob as quais eles decidem atravessar a via; (3) as características do fluxo viário.

Além disso, a escolha do local para realização de uma travessia pelos pedestres pode estar relacionada a três fatores principais: (1) o desejo do pedestre de percorrer a menor distância; (2) o desejo de realizar a travessia no menor tempo; (3) a necessidade de reduzir sua exposição ao risco de acidentes.

A literatura sugere que o comportamento adotado pelos pedestres no processo que envolve a tarefa de atravessar uma via caracteriza a conformidade de travessia (Rouphail, 1984), que representa o uso adequado das estruturas pelos pedestres. No caso das travessias semaforizadas, podem ser classificadas em dois tipos: espacial e temporal.

O conceito de conformidade de travessia espacial (CTE) é baseado na hipótese de que cada travessia possui uma área de influência, para a qual os pedestres que atravessam em determinada via são atraídos. A área de influência da travessia (AIT) compreende a metade da distância entre duas travessias consecutivas, considerando uma linha imaginária a partir da linha central de cada uma, multiplicada pela largura da via. Na área de influência, a área da travessia (AT) propriamente dita abrange a porção da via localizada dentro de três metros para ambos os lados da travessia multiplicada pela largura da via (Sisiopiku & Akin, 2003).

A Figura 7.1 representa as definições de área de travessia (AT) e área de influência de travessia (AIT) para uma travessia genérica i. As distâncias entre travessias consecutivas i–1, i, e i+1 são L_{i-1} e L_{i+1}. Logo, a AIT para a travessia i é o produto da soma $L_{i-1}/2$ e $L_{i+1}/2$, pela largura da via L_{via}.

Figura 7.1 Área da travessia (AT) e Área de influência da travessia (AIT).

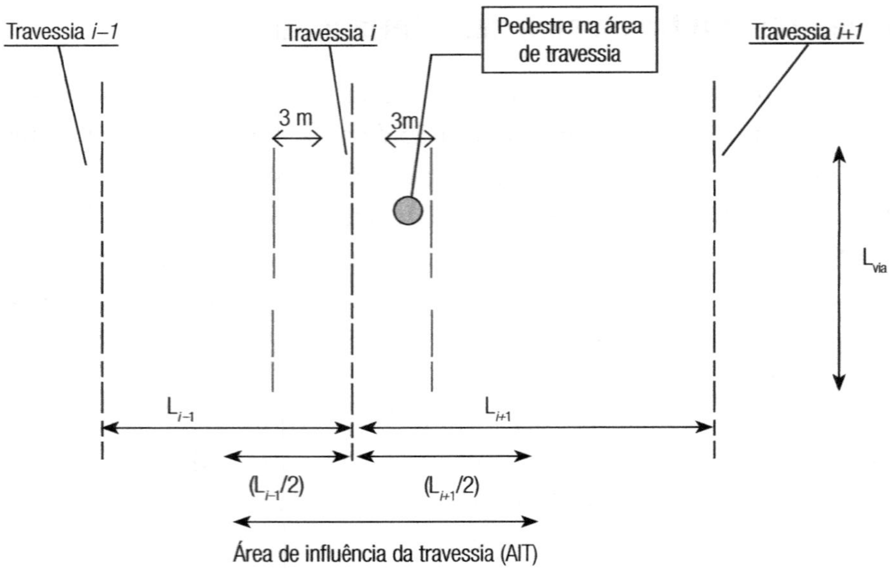

Fonte: adaptada de Sisiopiku e Akin (2003).

Assim, a conformidade de travessia espacial expressa a quantidade de pedestres que atravessa a via em local apropriado para a travessia. Com relação à conformidade espacial, os pedestres podem ser classificados como prudentes, que são aqueles que realizam a travessia na localização apropriada, ou seja, na área da travessia, e imprudentes, aqueles que atravessam fora da área da travessia (Sisiopiku & Akin, 2003).

O índice correspondente à conformidade de travessia espacial é apresentado na equação (1).

$$CTE_i = \frac{P_i^{AT}}{P_i^{AIT}} \times 100 \qquad (1)$$

onde:

P_i^{AT} : n. de pedestres atravessando na área da travessia (ped/intervalo de tempo);

P_i^{AT} : n. de pedestres na área de influência da travessia (ped/intervalo de tempo).

A conformidade de travessia temporal (CTT), por sua vez, é dada em relação à indicação de luz verde para os pedestres no semáforo. Essa medida proporciona informações sobre o grau de paciência dos pedestres perante o tempo semafórico. Assim, em relação à conformidade de travessia temporal, os pedestres podem ser classificados como obedientes, que são aqueles que aguardam a indicação de luz verde no semáforo para iniciar a trajetória da travessia, e oportunistas, que são os que atravessam a via durante o sinal vermelho, se houver uma brecha disponível na corrente de tráfego de veículos (Liu, Silva e Seco, 2000).

O índice que expressa a conformidade de travessia temporal é apresentado na equação (2).

$$CTT_i = \frac{P_i^{TV}}{P_i^{AT}} \times 100 \qquad (2)$$

onde:

P_i^{TV}: n. de pedestres atravessando na área da travessia com a indicação da luz verde para pedestres no semáforo (ped/intervalo de tempo);

P_i^{AT}: n. de pedestres na área da travessia (ped/intervalo de tempo).

É importante ressaltar que as equações (1) e (2) diferem em seu denominador pelo fato de não ser conveniente considerar a conformidade temporal quando pedestres desobedecem à localização das travessias, realizando a trajetória de caminhada fora da área indicada. Assim, a conformidade espacial é a condição necessária para a conformidade temporal.

A partir dessas considerações, o modelo conceitual desenvolvido neste trabalho agrega as duas abordagens do comportamento de pedestres e propõe uma estrutura para a compreensão de seus comportamentos ao realizar uma travessia, de acordo com o local e o momento escolhidos. O objetivo do modelo é analisar o padrão de comportamento de usuários e identificar os fatores que influenciam suas ações e percepções em relação às travessias semaforizadas.

Por meio da associação dos conceitos mencionados, a estrutura do modelo conceitual de análise do comportamento de pedestres em travessias semaforizadas, esquematizada na Figura 7.2, envolve quatro grupos de pedestres.

Figura 7.2 Estrutura do modelo conceitual de análise do comportamento de pedestres.

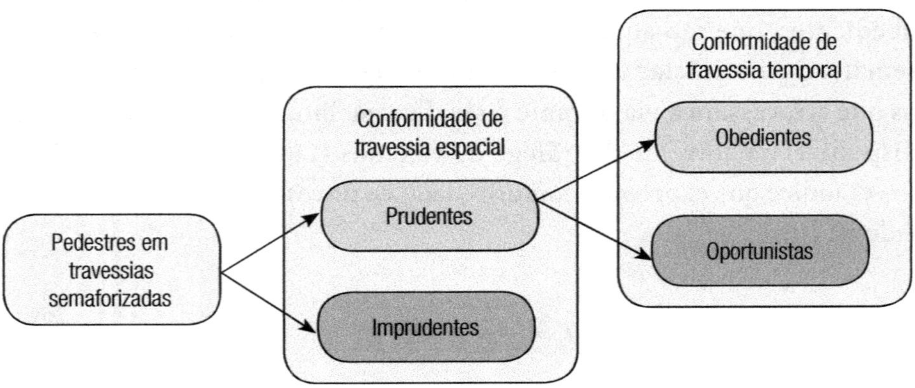

De forma geral, os pedestres em conformidade com a travessia são representados pelos prudentes e obedientes. Os pedestres imprudentes e oportunistas compõem o grupo de usuários que está potencialmente em risco. No entanto, deve-se considerar que a conformidade de travessia é diretamente relacionada às características locais, à composição, ao regime do fluxo de veículos e à natureza dos conflitos que ocorrem na travessia. Assim, pode haver situações em que o comportamento adotado por esses usuários não revele situações de risco iminente.

Método

Para avaliar a viabilidade de utilização do modelo conceitual proposto neste trabalho foi realizada uma pesquisa de aplicação na cidade de Porto Alegre (RS). A aplicação do modelo conceitual envolveu o levantamento de dados de campo e a modelagem com redes neurais artificiais (RNA). Os dados foram obtidos por meio de coleta de imagens e de entrevistas com pedestres. A partir dos resultados foram estimadas as conformidades espacial e temporal para os locais pesquisados. Após essa etapa, foi realizada a modelagem com RNA a fim de avaliar a influência dos fatores considerados nas conformidades espacial e temporal.

As técnicas de coleta utilizadas envolveram a realização de filmagens de travessias e a aplicação de entrevistas semiestruturadas aos pedestres nas áreas de estudo. O objetivo do levantamento de dados por meio de imagens foi permitir a observação de parâmetros do comportamento assumido pelos pedestres e quantificar as variáveis relacionadas com o tráfego veicular. A finalidade da realização de entrevistas foi investigar as percepções dos pedestres sobre seu comportamento e sobre os fatores que podem interferir em suas ações.

O estudo foi realizado em cinco travessias semaforizadas localizadas na região central da cidade. Os critérios utilizados para a escolha das travessias consideraram aspectos de sua localização, da circulação de pedestres e das condições do tráfego de veículos. Assim, os dados foram coletados em vias com alto volume de veículos, regiões com alto volume de pedestres e com distintas condições de uso do solo.

A Figura 7.3 ilustra a localização das travessias selecionadas. A escolha dos locais de estudo buscou a maior diversidade possível de características para permitir que a influência de cada parâmetro sobre o comportamento dos pedestres pudesse ser mais bem avaliada. Aspectos geométricos e de controle semafórico foram considerados.

Figura 7.3 Localização das travessias selecionadas para o estudo.

A Tabela 7.1 descreve as principais características das travessias estudadas, em que o volume de pedestres, o volume de veículos e sua velocidade correspondem aos valores observados na coleta de dados.

Tabela 7.1 Características dos locais de estudo.

	Ponto 1	Ponto 2	Ponto 3	Ponto 4	Ponto 5
Número de faixas	3	3	4	2	3
Largura da via	20 m	10 m	15 m	7 m	8 m
Largura da travessia de pedestres	6 m	5,5 m	3,6 m	4,5 m	3,5 m
Tempo de ciclo semafórico	70 s	100 s	95 s	40 s	80 s

	Ponto 1	Ponto 2	Ponto 3	Ponto 4	Ponto 5
Tempo de espera pelo verde no semáforo	53 s	84 s	53 s	15 s	55 s
Velocidade média coletada	26,5 km/h	23,8 km/h	44,5 km/h	30,5 km/h	40,2 km/h
Volume médio de pedestres observado	2.395 ped/h	939 ped/h	1.463 ped/h	1.606 ped/h	429 ped/h
Volume médio de veículos observado	1.795 veíc/h	1.707 veíc/h	2.631 veíc/h	523 veíc/h	865 veíc/h

A compreensão do comportamento de pedestres em travessias semaforizadas foi realizada a partir da análise de três elementos. O primeiro corresponde às conformidades observadas, verificadas com base nos dados das filmagens. O segundo envolve as conformidades informadas e as percepções dos pedestres, obtidas por meio das entrevistas com pedestres. O terceiro elemento contempla os efeitos dos fatores viário-ambientais considerados sobre as conformidades de travessia, a partir do desenvolvimento de modelos de RNA.

Levantamento dos dados por filmagens

As filmagens das travessias foram realizadas no período da tarde, por ser este o momento de maior fluxo de pedestres, e tiveram duração de uma hora e meia em cada local, exceto para a travessia do Ponto 1, onde foram realizadas duas horas e meia de coleta. A hora adicional desse local refere-se ao estudo-piloto cujos dados também foram utilizados neste trabalho. O estudo-piloto é apresentado em Ariotti e Cybis (2005). A observação das imagens subsidiou a determinação das conformidades de travessia por meio da contagem do número de pedestres nas áreas de travessia e nas áreas de influência das travessias. Devido à variabilidade do regime de fluxo de veículos e pedestres ao longo do tempo e dos diferentes comprimentos dos ciclos semafóricos de cada local, o período de coleta foi fracionado em intervalos de dois minutos. Assim, considerou-se a observação de pelo menos um ciclo semafórico completo em cada intervalo de análise.

A observação das filmagens permitiu a quantificação dos volumes de pedestres, de acordo com a classificação sugerida pelo modelo conceitual. A partir desses dados, as conformidades de travessia espacial e temporal foram determinadas. As demais variáveis extraídas das filmagens envolveram as características do tráfego veicular, como volumes de veículos, velocidades e distribuição de *gaps* (brechas) na corrente de tráfego, que correspondem ao tempo transcorrido entre a passagem do para-choque traseiro de um veículo e o para-choque dianteiro do veículo seguinte por um ponto determinado (Fricker & Whitfort, 2004). A análise de *gaps* descreve o comportamento dos usuários no que diz respeito à probabilidade de aceitar uma brecha na corrente de tráfego tendo em vista o desejo de atravessar uma via (Papacostas & Prevedouros, 2001).

O comportamento de aceitação de brechas é um processo que sofre influências de condições físicas e psicológicas do pedestre, da percepção de risco e das características do tráfego (Matson, Smith, & Hurd, 1995). Essa decisão também é influenciada, entre outros fatores, pela velocidade de aproximação dos veículos, pela largura da via, pela distribuição de frequência dos *gaps* na corrente de tráfego e o tempo de espera (Roess, Prassas & McShane, 2004).

Entrevistas com pedestres

As entrevistas com pedestres foram realizadas com o objetivo de obter informações sobre os hábitos e preferências dos pedestres em relação à sua escolha do local e do momento para realizar determinada travessia e, ainda, investigar se eles percebem a influência dos fatores intervenientes em seu comportamento. Ariotti, Cybis e Ribeiro (2006) apresentam os principais fatores viário-ambientais intervenientes no comportamento de pedestres em travessias semaforizadas. De forma simplificada, esses fatores podem ser classificados como fixos ou variáveis em função de sua natureza.

A realização das entrevistas ocorreu nas imediações das cinco travessias apontadas na Figura 7.3. Os pedestres entrevistados foram escolhidos aleatoriamente e abordados enquanto caminhavam pelas calçadas ou quando estavam em pontos de ônibus próximos da travessia. As entrevistas ocorreram em diferentes dias da semana e em diversos horários do dia, não coincidentes com a coleta de imagens. A amostra da pesquisa por entrevistas foi dimensionada utilizando-se a metodologia proposta por Ribeiro, Echeveste e Danilevicz (2000), totalizando cem participantes, sendo vinte em cada uma das travessias do estudo. A entrevista semiestruturada utilizada para a realização das entrevistas é detalhada em Ariotti (2006).

As características dos entrevistados são apresentadas na Tabela 7.2.

Tabela 7.2 Características dos respondentes das entrevistas

Variável	Níveis	Percentagem
Idade	Até 21 anos	23%
	De 22 a 55 anos	66%
	Mais de 55 anos	11%
Sexo	Masculino	53%
	Feminino	47%
Escolaridade	Até Ensino Fundamental	22%
	Até Ensino Médio	38%
	Superior ou mais	40%

Modelagem em RNA

O desenvolvimento de modelos em RNA objetiva estimar as conformidades de travessia espacial e temporal e avaliar os efeitos decorrentes de alterações das variáveis consideradas no estudo. O software utilizado na construção dos modelos, envolvendo o treinamento e o teste das redes, foi o *BrainMaker Professional* versão 3.7 (California Scientific Software, 1998). As RNA desenvolvidas nesta pesquisa são não recorrentes do tipo MLP (*Multilayer Perceptron*). A função de ativação neural utilizada é a sigmoide logística e o algoritmo de aprendizado é supervisionado do tipo retropropagação de erro. Todos os modelos apresentados neste trabalho apresentam somente uma camada intermediária de neurônios. Do conjunto de dados geral, 80% dos dados foram utilizados para treinamento, e 20%, para teste dos modelos de RNA.

A escolha das variáveis para o processo da modelagem com redes neurais artificiais não conta com uma metodologia consolidada, dependendo de testes estatísticos e do bom senso de cada pesquisador (Smith, 1993). Neste trabalho, para o modelo que estima a conformidade de travessia espacial, foram escolhidas as variáveis *gap* máximo, *gap* crítico, 85° percentil de *gaps*, volume de pedestres, volume de veículos, velocidade de veículos, largura da via, largura da travessia e tempo de espera pelo verde. Para o modelo que estima a conformidade de travessia temporal, foram escolhidas as variáveis *gap* máximo, *gap* crítico, 85° percentil de *gaps*, volume de pedestres, volume de veículos, velocidade de veículos, largura da via e tempo de espera pelo verde.

A largura da via considerada neste trabalho corresponde à largura útil para atravessar a via, ou seja, a distância que deve ser efetivamente vencida. Essa consideração foi feita pelo fato de que a maioria dos pedestres se posiciona ao lado de veículos estacionados na via, no caso desta permitir o estacionamento lateral. Nas vias em que não é permitido estacionamento, essa largura corresponde à própria largura da via.

O processo de modelagem com RNA gerou uma grande quantidade de modelos que estimam cada uma das variáveis de saída, ou seja, conformidades de travessia espacial e temporal. A escolha dos melhores modelos foi baseada em três critérios: o erro relativo absoluto médio (ERAM), a análise de gráficos de dispersão para comparação dos valores reais e estimados pelos modelos e o coeficiente de determinação. A partir da avaliação dessas três medidas de desempenho de cada modelo foi possível selecionar as RNA que melhor estimam os padrões dos dados de entrada. Os melhores modelos escolhidos foram replicados em planilha eletrônica, para possibilitar uma melhor avaliação dos dados de saída. O procedimento utilizado para a réplica das redes neurais é descrito em Ariotti (2006).

Resultados

Os dados observados nas filmagens indicaram que as diferentes características dos locais de estudo podem ter influência nas conformidades de travessia espacial e temporal, de acordo com a Tabela 7.3.

Tabela 7.3 Conformidades de travessia observadas.

Local de estudo	CTE	CTT
Ponto 1	0,73	0,88
Ponto 2	0,97	0,78
Ponto 3	0,87	0,96
Ponto 4	0,81	0,79
Ponto 5	0,87	0,89

Com relação à conformidade de travessia espacial (CTE), observa-se que nas travessias dos pontos 1 e 4, o tráfego de pedestres não ocorre de forma ordenada em direções definidas, os índices de conformidade foram os mais baixos. Por outro lado, na travessia do ponto 2, há a presença de blocos de concreto para concentrar o fluxo de pedestres próximo da travessia, a conformidade de travessia espacial aproxima-se do valor máximo. As demais travessias alcançaram índices de aproximadamente 90% de conformidade espacial.

Em relação à conformidade de travessia temporal (CTT), observa-se que nas travessias dos pontos 2 e 4 os valores encontrados foram os mais baixos. Uma possível razão pode estar relacionada ao fato de que o tempo de espera imposto aos pedestres até o início do tempo apropriado para suas travessias corresponde a 84% e 68% do ciclo semafórico, respectivamente. A grande proporção do tempo de verde para veículos e o de pedestres pode influenciar a impaciência e o risco assumido pelos usuários.

A travessia estudada no ponto 3 apresentou a taxa de conformidade de travessia temporal mais alta. Atribui-se esse fato a uma possível relação com as condições do tráfego nesse local. O alto volume de veículos e sua velocidade podem causar sensação de risco aos pedestres, inibindo sua tentativa de atravessar antes do tempo apropriado. As demais travessias apresentaram índices de conformidade temporal próximos a 90%.

De forma geral, de acordo com os dados obtidos por meio das imagens, o padrão de comportamento nas travessias semaforizadas estudadas na região central de Porto Alegre indicou que, durante o período observado, 81% dos pedestres foram prudentes, e 19%, imprudentes. Com relação à conformidade de travessia temporal, 89% comportaram-se como pedestres obedientes, e 11%, como oportunistas.

As entrevistas com pedestres buscaram identificar tendências e percepções a respeito dos fatores que influenciam suas decisões quanto ao uso adequado das travessias. A Tabela 7.4 apresenta os resultados das entrevistas referentes às questões que buscam indicativos da conformidade de travessia espacial e temporal.

Tabela 7.4 Conformidades de travessia informadas

Local de estudo	CTE	CTT
Ponto 1	0,78	0,52
Ponto 2	0,90	0,44
Ponto 3	0,86	0,71
Ponto 4	0,78	0,47
Ponto 5	0,74	0,39

De forma geral, observa-se que, com relação à CTE, houve pouca variação entre o comportamento dos usuários observado nas filmagens e informado nas entrevistas. No entanto, as CTT informadas foram notadamente menores que as observadas. Isso indica que, felizmente, os pedestres assumem comportamentos mais defensivos, provavelmente em decorrência das características de intensidade e continuidade do fluxo de veículos.

A Tabela 7.5 apresenta a hierarquização dos fatores percebidos pelos pedestres nas cinco travessias pesquisadas, conforme os quantitativos das respostas obtidas nas entrevistas.

Tabela 7.5 Hierarquização dos fatores viário-ambientais considerados

	Pedestres com necessidades especiais	Demais pedestres
1º	Volume de veículos	Distância até a travessia
2º	Distância até a travessia	Volume de veículos
3º	Velocidade dos veículos	Velocidade dos veículos
4º	Largura da via	*Gaps* na corrente de tráfego
5º	Outros pedestres tentando atravessar na travessia	Tempo de espera pelo verde
6º	Tempo disponível (sem pressa)	Largura da via
7º	*Gaps* na corrente de tráfego	Outros pedestres tentando atravessar na travessia
8º	Tempo de espera pelo verde	Tempo disponível (sem pressa)

Observa-se que os fatores mais percebidos pelos pedestres referem-se à distância entre seu ponto de origem e seu destino e às características de volume e velocidade dos veículos. Diferenças entre as percepções dos pedestres com necessidades especiais e os demais pedestres foram observadas.

A partir da escolha dos melhores modelos de previsão das conformidades espacial e temporal por meio dos critérios de desempenho, analisou-se a relevância das variáveis de entrada na modelagem com RNA em cada modelo selecionado. Essa análise foi realizada utilizando-se o método proposto por Garson (1991). A Figura 7.4 apresenta a distribuição da relevância das variáveis estudadas na conformidade de travessia espacial.

Figura 7.4 Importância relativa das variáveis na CTE.

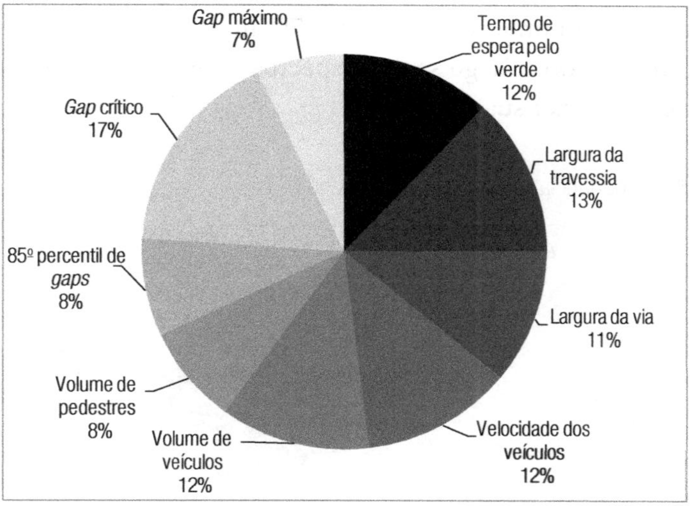

Observa-se que a variável *gap* crítico destaca-se das demais variáveis, exercendo a maior influência na determinação da conformidade de travessia espacial. Essa variável representa uma característica do local da travessia, uma vez que assume a média das características de um grupo de indivíduos. Sua relevância no modelo indica que a decisão dos pedestres em buscar o local adequado para realizar sua travessia depende, antes de tudo, do tempo necessário até encontrar uma brecha aceitável no fluxo de tráfego.

No entanto, deve-se considerar que existem correlações entre as variáveis, isto é, algumas delas são dependentes ou influenciam as outras.

Convém destacar, ainda, que as variáveis *gap* máximo, 85° percentil de *gaps*, volume de veículos, velocidade dos veículos e volume de pedestres representam 47% da importância no modelo. Assim, pode-se concluir que os fatores fixos, representados pelas características locais de cada travessia, como *gap* crítico, largura da via, largura da travessia e tempo de espera pelo verde, exercem a maior influência no modelo de previsão da conformidade de travessia espacial, que corresponde a 53%.

A Figura 7.5 apresenta a distribuição de relevância das variáveis na conformidade de travessia temporal. As variáveis que apresentam maior relevância correspondem à distribuição de *gaps*, caracterizada pelo 85° percentil, e a velocidade dos veículos na via. De forma geral, pode-se concluir que as variáveis têm uma relevância de 67% no modelo. Assim, as características do regime do tráfego são os aspectos mais importantes na decisão do pedestre em iniciar sua travessia.

Figura 7.5 Importância relativa das variáveis na CTT.

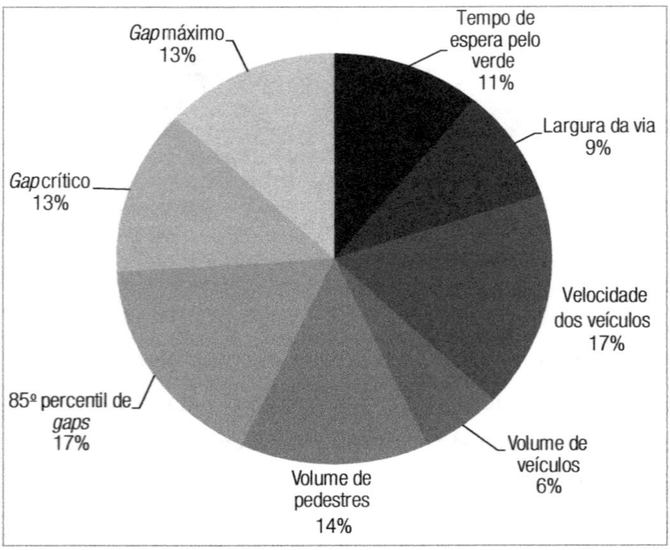

A modelagem com RNA permitiu a compreensão da influência dos fatores viário-ambientais fixos e variáveis nas conformidades de travessia. É importante considerar que os dados utilizados neste trabalho correspondem a observações de cinco locais. De maneira geral, os fatores viário-ambientais fixos estudados (largura da via, largura da travessia, tempo de espera pelo verde e *gap* crítico) apresentam pouca flutuação e, por isso, sua análise torna-se limitada. Os fatores variáveis (volume de pedestres, volume de veículos, velocidades de veículos, *gap* máximo, 85° percentil de *gaps*) apresentam maiores variações, admitindo análises mais confiáveis. É importante ressaltar que, embora a metodologia utilizada neste trabalho possa ser aplicada a outros contextos, os resultados obtidos são restritos ao ambiente e às condições modeladas.

Considerações finais

A implementação de políticas de transporte e de circulação deve proporcionar o acesso amplo e democrático ao espaço urbano, por meio da priorização dos modos não motorizados e coletivos de transportes, de uma maneira socialmente inclusiva e ecologicamente sustentável. Assim, a disponibilidade de um sistema adequado e seguro para pedestres pode otimizar o uso das estruturas e, consequentemente, a segurança de todos os usuários.

As travessias para pedestres representam pontos cruciais na operação de um sistema de transportes, uma vez que, se utilizadas adequadamente, contribuem para o aumento da segurança dos pedestres e diminuem os desvios de atenção dos motoristas que trafegam pelas vias. No entanto, a literatura ainda mostra a escassez de trabalhos que abrangem a influência que o ambiente viário exerce no comportamento de pedestres, principalmente em travessias semaforizadas. Destaca-se, porém, a importância desse tipo de travessia por apresentar a maior concentração de conflitos entre pedestres e veículos, resultando em pontos de grande risco para pedestres.

Este trabalho buscou o desenvolvimento de um modelo conceitual que auxilia a compreensão do padrão de comportamento de pedestres em travessias semaforizadas. A construção do modelo foi realizada a partir da agregação de diferentes abordagens sobre o comportamento dos usuários. A estrutura do modelo conceitual propõe a classificação dos pedestres de acordo com suas atitudes ao atravessar uma via. Com relação à CTE, os pedestres classificam-se em prudentes e imprudentes. Quanto à CTT, os pedestres classificam-se em obedientes e oportunistas.

O modelo conceitual proposto neste trabalho pode auxiliar na compreensão sobre o uso das travessias semaforizadas. A utilização do modelo fornece subsídios para a implementação de melhorias no espaço viário, seja sob a forma de intervenções físicas na via ou operacionais, como mudanças nos tempos semafóricos. Para fins de planejamento, os resultados provenientes da análise podem auxiliar profissionais de engenharia de tráfego no projeto de estruturas mais eficientes. Os resultados da aplicação do modelo demonstraram que, de forma geral, as ações no sentido de concentrar o fluxo de pedestres podem disciplinar suas atitudes e contribuir para o aumento da segurança.

Com relação às técnicas de coleta de dados utilizadas, as filmagens ofereceram a vantagem de observação das condições do ambiente viário em períodos distintos. No entanto, o uso dessa técnica depende da existência de condições adequadas para sua realização. A qualidade dos dados provenientes das entrevistas com pedestres depende da objetividade e clareza dos procedimentos adotados durante a coleta e a análise dos dados. O treinamento de pesquisadores é essencial para que as entrevistas sejam conduzidas adequadamente.

A principal contribuição desta pesquisa encontra-se no tipo de análise realizada e na utilização de uma técnica de inteligência artificial que subsidia a compreensão dos efeitos que influenciam as atitudes dos usuários. A utilização de RNA oferece um padrão de previsão diferenciado, uma vez que considera as relações não lineares existentes entre as variáveis. A metodologia de reprodução da modelagem de redes neurais em planilha eletrônica possibilitou um tratamento dos dados de saída mais rápido e fácil.

A consideração de outros locais com características distintas às estudadas nesta pesquisa poderia qualificar as análises. Da mesma forma, a investigação da influência de outros fatores diferentes daqueles utilizados neste trabalho poderia contribuir para uma melhor compreensão do problema. Supõe-se que medidas de tratamento, como elevação do nível da travessia, diferenciação do piso, melhores sinalização e iluminação das travessias de pedestres, possam contribuir para o aumento dos índices de conformidade.

Referências

Ariotti, P. (2006). *Análise do padrão de comportamento de pedestres em travessias semaforizadas*. Dissertação de mestrado, Universidade Federal do Rio Grande do Sul, Porto Alegre, RS.

Ariotti, P., & Cybis, H. B. B. (2005). Modelo de análise do comportamento de pedestres em travessias semaforizadas. *Anais do XIX Congresso de Pesquisa e Ensino em* Transportes, Anpet, Recife, v. 2, pp. 1142-1153.

Ariotti, P., Cybis, H. B., & Ribeiro, J. L. D. (2006). Fatores intervenientes no comportamento de pedestres em travessias semaforizadas: uma abordagem qualitativa. In CNT – Confederação Nacional do Transporte/Anpet – Associação Nacional de Pesquisa e Ensino em Transportes. (Orgs.). *Transporte em transformação* (pp. 59-75). Brasília, DF: Positiva.

California Scientific Software. (1998). *BrainMaker Professional: user's guide and reference manual* (5a ed). Nevada City.

Carsten, O. M. J., Sherborne, D. J., & Rothengatter, J. A. (1998). Intelligent traffic signals for pedestrians: evaluation of trials in three countries. *Transportation Research Part C*, (6), 213-229.

Fricker, J. D., & Whitfort, R. K. (2004). *Fundamentals of transportation engineering: a multimodal systems approach*. New Jersey: Prentice Hall.

Garson, D. G. (1991, april). Interpreting neural-network connection weights. *Artificial Intelligence Expert, 6*(4), 47-51.

Hakkert, A. S., Gitelman, V., & Ben-Shabat, E. (2002). An evaluation of crosswalk warning systems: effects on pedestrian and vehicle behaviour. *Transportation Research Part F, 5*(4), 275–292.

Handy, S. L. Urban form and pedestrian choices. (1996). *Transportation Research Record*, (1552), 135-144.

Keegan, O., & O'Mahony, M. (2003). Modifying pedestrian behaviour. *Transportation Research Part A*, 37(10), 890-901.

Lei n. 9.503, de 23 de setembro de 1997. (1997). Institui o Código de Trânsito Brasileiro. Brasília, DF.

Liu, R., Silva, J. P. C., & Seco, A. J. M. (2000). A bi-modal microsimulation tool for the assessment of pedestrian delays and traffic management. In *9th International Association of Travel Behaviour Research Conference*, Gold Coast.

Machado, V. L. S. (2007). *O comportamento do brasiliense na faixa de pedestre: exemplo de um intervenção cultural.* Dissertação de mestrado, Universidade de Brasília, Brasília, DF.

Matson, T., Smith, W. S., & Hurd, F. W. (1995). *Traffic Engineering.* New York: Mc Graw-Hill.

Miranda, V. A. A., & Cabral, S. D. (2002). Os conflitos pedestres: veículos no entorno de postos de gasolina. *Anais do VII Congresso Nacional do Trânsito*, São Paulo.

Papacostas, C. S., & Prevedouros, P. D. (2001). *Transportation engineering and planning.* New Jersey: Prentice Hall.

Prefeitura de Porto Alegre. (2012). *Empresa Pública de Transporte e Circulação – EPTC: Estatísticas.* Recuperado em 9 agosto, 2012, de http://www2.portoalegre.rs.gov.br/eptc/default.php?p_secao=203

Ribeiro, J. L., Echeveste, M. E. E., & Danilevicz, A. (2000). *QFD – Desdobramento da Função Qualidade.* Porto Alegre: UFRGS.

Roess, R. P., Prassas, E. S., & McShane, W. R. (2004). *Traffic engineering.* New Jersey: Prentice Hall.

Rouphail, N. M. (1984). Midblock crosswalks: a user compliance and preference study. *Transportation Research Record*, (959), 41-47.

Sarkar, S. (2003). Qualitative evaluation of comfort needs in urban walkways in major activity centers. *TRB Annual Meeting CD-ROM.*

Shriver, K. (1997). Influence of environmental design on pedestrian travel behavior in four Austin (TX, USA) neighborhoods. *Transportation Research Record*, (1578), 65-73.

Sisiopiku, V. P., & Akin, D. (2003). Pedestrian behaviors at and perceptions towards various pedestrian facilities: an examination based on observation and survey data. *Transportation Research Part F*, 6(4), 249-274.

Smith, M. (1993). *Neural networks for statistical modeling.* London: International Thomson Computer Press.

Tanaboriboon, Y., & Jing, Q. (1994). Chinese pedestrians and their walking characteristics: case study in Beijing. *Transportation Research Record* (1441), pp. 16-26.

Yagil, D. (2000). Beliefs, motives and situational factors related to pedestrians' self--reported behavior at signal-controlled crossings. *Transportation Research Part F, 3*(1), 1-13.

CAPÍTULO 8

ASPECTOS AMBIENTAIS E PSICOLÓGICOS QUE INFLUENCIAM O USO DA BICICLETA

Zenith Nara Costa Delabrida e
Hartmut Günther

Fonte: Beto Nociti / Cerrado Fotografia

A bicicleta é importante por ser um meio de transporte, de lazer e de esporte, impactando na qualidade de vida dos cidadãos. Além disso, deve ser considerada um instrumento de cidadania, por democratizar o uso do espaço. A literatura tem explorado mais sua característica como meio de transporte, principalmente por ser uma solução viável para a locomoção humana, uma vez que nos grandes centros urbanos a bicicleta traz menos impacto no uso do espaço, com a vantagem da não emissão de poluentes, e permite a locomoção da população de pequenas a médias distâncias, principalmente naqueles locais onde não há transporte público coletivo. No entanto, o uso da bicicleta está associado a acidentes de trânsito. Na competição com o carro pelo espaço na via, a bicicleta e o ciclista são o componente mais frágil e vulnerável. Este capítulo segue o fluxo de pesquisadores que têm se dedicado a solucionar essa difícil equação que é o uso do espaço das cidades em equidade para o trânsito, seja de pedestres, ciclistas ou motoristas e motociclistas (Vasconcelos, 2000).

A bicicleta como meio de lazer permite a exploração da cidade pelos mais jovens, mas também pelos mais velhos. Proporciona um contato único com a cidade, já que sua velocidade de deslocamento é coerente com a capacidade humana de experienciar o ambiente. Associada ao lazer está a prática desportiva. A bicicleta como um esporte traz benefícios para a saúde por ser uma atividade física aeróbica cada vez mais necessária em uma sociedade cada vez mais sedentária. Esses três aspectos – lazer, exploração do ambiente urbano e prática desportiva – se inter-relacionam e só podem ser viabilizados conjuntamente se as cidades estiverem minimamente estruturadas para o uso de outros meios de transporte que não apenas o individual motorizado.

O presente capítulo aborda empiricamente esses três aspectos, no intuito de mostrar como a bicicleta é percebida e utilizada por uma amostra de moradores que residem próximo ou distante de uma ciclovia. Alguns estudos têm focado a bicicleta como meio de transporte e utilizado suas características como lazer e como esporte para embasar o argumento da utilidade da bicicleta e de seus efeitos colaterais positivos (Câmara, Braga, & Santos, 2000; Gentil, 2009; Pessoa, 1997; Pezzuto, 2002; Zamberlan, 2006). No entanto, para investigar o uso da bicicleta, é necessário relacionar aspectos que podem influenciar a escolha por esse meio de transporte, tais como as características dos usuários e do ambiente investigado. Com base nos trabalhos de Gomes (1984), Providelo e Sanches (2010) e FHWA (2006), foram organizados na Tabela 8.1 aspectos subjetivos e objetivos que podem influenciar a utilização da bicicleta.

Tabela 8.1 Fatores que influenciam na escolha pela bicicleta nos deslocamentos.

Fatores subjetivos (indivíduo)	Percepção sobre a bicicleta	Possibilidade de utilização por diferentes idades Conveniência Aceitabilidade social
	Percepção sobre a utilidade da bicicleta	Como meio de transporte Como esporte Como atividade de lazer
	Atitudes e valores	Valor atribuído ao tempo Valorização de exercícios físicos Valorização de atividades de lazer Atitude positiva
	Mediadores	Custo da viagem Tempo da viagem Condições físicas Circunstâncias familiares Hábitos cotidianos Poder aquisitivo Saber andar de bicicleta

		Segurança no tráfego Distância da viagem Fatores socioeconômicos (renda, estado civil) Estágio no ciclo de vida
Fatores objetivos (ambiente)	Fatores ambientais	Clima Índice pluviométrico Topografia
	Características da infraestrutura	Infraestrutura de rotas para bicicleta (ciclovias e ciclofaixas) Acessibilidade e continuidade das rotas Bicicletários Alternativas de transporte disponíveis Sistema intermodal

Os aspectos subjetivos referem-se a percepção, atitudes, valores relacionados ao uso da bicicleta por parte dos indivíduos, bem como mediadores, que são variáveis individuais ou sociais que podem influenciar esse uso. Os aspectos objetivos dizem respeito aos fatores ambientais e à estrutura física que permite a utilização da bicicleta. Dessa forma, pode-se entender seu uso como um fenômeno complexo e multideterminado.

Para tanto, a psicologia parece ser uma área que pode auxiliar teórica e empiricamente na compreensão das variáveis psicológicas envolvidas na escolha por esse meio de transporte. Todas as pessoas participam, de uma maneira ou de outra, do trânsito, e pode-se ver o fenômeno do transporte como soma dos comportamentos dos indivíduos, de modo que deve ser considerada mais de uma perspectiva humana, indo além de uma visão exclusivamente tecnológica (Everett & Watson, 2002).

Dentro da psicologia, a principal área que tem produzido pesquisas sobre trânsito e transporte é a psicologia ambiental. Essa área investiga a inter-relação entre comportamento e ambiente físico, tanto construído quanto natural (Bell, Greene, Fisher, & Baum, 2001; Günther & Rozestraten, 1993). Mantém interface com outras áreas de estudo, tais como a sociologia e antropologia urbana, ergonomia, desenho industrial, paisagismo, engenharia, arquitetura, urbanismo e geografia, entre outras, já que compartilha o mesmo objeto de estudo – o ambiente físico.

A psicologia ambiental surgiu como uma forma de se aplicarem os conhecimentos da psicologia, em geral mais interessados em compreender variáveis individuais, aos eventos e ambientes físicos do cotidiano. Estuda, portanto, a transação entre indivíduos e seu ambiente físico, em que indivíduos modificam o ambiente e seu comportamento e experiência são modificados pelo ambiente (Gifford, 2002). A partir desse referencial, é possível compreender o impacto que o meio de transporte utilizado terá sobre a vida das pessoas e como estas modificarão o ambiente e modificar-se-ão a partir dessa relação.

Dentre os tópicos da psicologia ambiental frequentemente utilizados nos estudos de mobilidade urbana encontra-se o conceito de *affordance*[1]. Sendo *affordances* o que há no ambiente que demanda ou provoca determinados comportamentos, a forma de transporte escolhida mediará o contato que se terá com as *affordances* da cidade.

História da bicicleta

A época provável do surgimento da bicicleta data do século XV, e seu inventor seria Leonardo da Vinci. Porém, a mais antiga notícia que se tem de um veículo semelhante à bicicleta data de 1580. Na janela de uma igreja de Buckinghamshire, Inglaterra, construída naquele ano, há o desenho de uma pessoa sentada sobre um instrumento de rodas e usando os pés para impulsioná-lo. Há também o registro de que, em 1791, na França, um membro da corte daquele país passeava com o invento nos jardins do Palácio de Versalhes. O veículo consistia, basicamente, de uma estrutura com duas rodas e uma sela de montaria em que o impulso era garantido por meio dos pés do condutor (Gomes, 1984).

No entanto, foi por volta de 1880 que Starley idealizou outro modelo, este muito similar à bicicleta moderna, porque também utilizava uma corrente para transmitir o movimento à roda traseira. Com a morte de Starley,

---

1 Termo e conceito desenvolvido por Gibson (1979) e que pode ser definido como aquilo que o ambiente oferece ou proporciona para que as pessoas se comportem. Uma mesa, por exemplo, pode ser utilizada para fazer uma refeição, para empilhar objetos, para sentar ou subir em cima ou até mesmo para brincar embaixo dela.

seu neto aperfeiçoou o modelo, chamado Rover, redimensionando as rodas ao tamanho usado atualmente, fazendo o chassi (quadro) de tubos de aço em forma de trapézio, o guidom direto à roda dianteira, tração traseira por corrente e freio a tambor na roda dianteira. Mas as bicicletas ainda apresentavam um problema de difícil solução: suas rodas eram de madeira ou ferro. As rodas pneumáticas só foram desenvolvidas em 1888 por John Boyd Dunlop (Pessoa, 1997). Mas já em 1872, na Inglaterra, em escala artesanal é produzida e patenteada a primeira bicicleta (Gomes, 1984).

No final do século XIX e durante as duas Grandes Guerras, com a revolução tecnológica reinante, a bicicleta tornou-se um modo popular de transporte. Na Ásia e na Europa era crescente o uso do veículo leve de duas rodas, mas, após a Segunda Guerra Mundial, a produção em massa de veículos motorizados e a disponibilidade do petróleo encorajaram o cidadão a aspirar à mobilidade e ao conforto do automóvel. Esses fatos provocaram uma diminuição do uso da bicicleta no mundo, ainda que em alguns países o emprego da bicicleta permaneça intenso, como a Holanda, o Japão, a China e a Indonésia. No Brasil, a bicicleta surgiu com a chegada de imigrantes europeus que se instalaram na região sul do país no fim do século XIX (Gomes, 1984).

Desde sua chegada ao Brasil, a bicicleta foi muito popular entre os trabalhadores, especialmente os empregados de indústrias, de pequenos estabelecimentos comerciais e de serviços das grandes áreas urbanas. O emprego desse veículo como meio de transporte firmou-se no sul do país, em cidades como Joinville (SC), que apresentava a impressionante marca de 5 mil pessoas que utilizavam a bicicleta para ir ao trabalho. No interior brasileiro – cidades com população inferior a 20 mil habitantes – o burro e o cavalo eram os meios de transporte predominantes. Essa situação só veio a se modificar a partir do início da década de 1980, quando a população rural substituiu suas montarias pela bicicleta (Geipot, 2001a).

A bicicleta no Brasil tem um uso relativamente comum. O emprego da bicicleta como meio de transporte no país tem se dado principalmente onde prevalecem algumas características, quais sejam: distâncias relativamente curtas, pequeno número de automóveis, sistema de transporte coletivo precário e topografia favorável; acrescenta-se, ainda, a baixa renda de grandes camadas da população (Gomes, 1984).

Planejamentos para a bicicleta ocorreram principalmente na década de 1970, e dois eventos fortaleceram esse momento. O primeiro foi a vinda do Dr. Cooper ao Brasil e a divulgação de seu método de melhoria de condicionamento físico e saúde por meio de exercícios leves. Isso impulsionou vários passeios ciclísticos promovidos pelas prefeituras em parceria com fabricantes de bicicletas. O outro evento teve origem nos problemas ocasionados pelo primeiro choque do petróleo, em 1973, e pela divulgação da opção feita pelos países europeus, Holanda e Dinamarca, pela bicicleta.

Nos anos 1980, muitas cidades brasileiras realizaram planos diretores, estudos e projetos voltados à melhoria das condições de circulação e segurança de ciclistas e de suas bicicletas (Geipot, 2001a; Gomes, 1984). Taguatinga (DF), onde o presente estudo foi realizado, inclui-se na lista dessas cidades, sendo beneficiada com uma ciclovia de ligação entre bairros

Características da bicicleta

A bicicleta, além de ser acessível a todas as classes sociais e a todas as idades – com exceção de idosos e crianças muito pequenas, dadas as limitações biológicas que essas faixas etárias implicam (Vasconcelos, 2000) –, é um excelente instrumento que permite a realização de exercício físico, uma vez que sua prática sistemática aumenta a expectativa de vida (Wright, 1988). É um meio de transporte amigável, não poluente e espacialmente econômico (Sommer, 2000). Além de possibilitar a realização de atividades de lazer, a bicicleta é de fácil manuseio, de barata manutenção, de fácil integração com outros meios de transporte e ideal para pequenas e médias distâncias.

Para Vasconcelos (2000), as bicicletas são o meio mecanizado de transporte mais importante do mundo. Não produz impacto ambiental em sua utilização, concede elevada flexibilidade a seu usuário, pois não está presa a horários nem a rotas preestabelecidas, além de poder, eventualmente, circular em locais inacessíveis a outras modalidades. Para distâncias de até cinco quilômetros, a bicicleta é o meio de transporte mais rápido em deslocamentos porta a porta, nas áreas urbanas mais densas das cidades. Necessita de pouco espaço público tanto para seu trânsito como para estacionamento, e pode ser utilizada em integração com modalidades motorizadas, como o transporte público e transporte individual (Câmara, Braga, & Santos, 2000; Geipot, 2001b).

Andar de bicicleta traz vantagens também para a saúde. Câmara, Braga e Santos (2000) citam que diminui a propensão a determinadas doenças, em especial as cardiovasculares. Além disso, ir trabalhar de bicicleta pode deixar o funcionário mais desperto, já que a atividade física provoca a liberação de várias substâncias que despertam a pessoa e diminuem o estresse (Atividade física..., 2004).

Lowe (1989) fala que a solução para o transporte pode não estar no desenvolvimento tecnológico, mas na força humana. Illich (2004) vai além e diz que não se pode substituir indefinidamente a energia metabólica do ser humano pela potência da máquina. Além disso, segundo o autor, com a bicicleta, o ser humano ultrapassa o rendimento possível de qualquer máquina e de qualquer animal evoluído. Ele exemplifica:

> Para que 40 mil pessoas possam cruzar uma ponte em uma hora movendo-se a 25 km/h, é preciso que ela tenha 138 metros de largura se as pessoas viajam de carro, 38 metros se viajam de ônibus e 20 metros se viajam a pé. Por outro lado, se vão de bicicleta, a ponte necessita ter apenas 10 metros de largura. Somente um sistema hipermoderno de trens rápidos, a 100 km/h e com saídas a cada 30 segundos, poderia passar essa quantidade de gente por uma ponte semelhante em igual tempo (p. 63).

Não se pode deixar de observar que o carro exibe vantagens e compete com a bicicleta, já que grande parte das cidades são planejadas para ele. Entretanto, segundo Wright (1988), essa tendência não é uma lei da natureza, e sim uma consequência impensada do mau planejamento das cidades brasileiras. Além disso, apesar de o carro ser um transporte individualizado, o que é bastante sedutor, Lowe (1989) afirma que a bicicleta é o único veículo que pode competir como um transporte individualizado como o carro. Se, por um lado perde, em termos do conforto de sua aparelhagem, por outro, ganha em termos do contato que proporciona com a cidade e, consequentemente, torna a viagem mais agradável. A bicicleta é a única forma de transporte mecanizado para muitas pessoas, apesar de muitas vezes o ambiente urbano não facilitar seu uso (Vasconcelos, 2000).

Gardner (1998b) exemplifica como a bicicleta pode se adequar perfeitamente ao ambiente urbano. Quando da visita do presidente chinês a Vancouver, foi necessário um reforço em sua segurança, e para isso foi chamado o time de resposta rápida. Os 45 membros chegaram ao local rapidamente, apesar do trânsito congestionado. Essa equipe fazia parte do quadro das bicicletas do departamento. O autor afirma, a partir desse exemplo, como a bicicleta tem um lugar natural na cidade. Cita, ainda, que se estima que mais ou menos 2 mil departamentos nos Estados Unidos, Canadá, Austrália, Islândia e Rússia têm unidades de bicicleta e em torno de 10 mil policiais ciclistas.

A bicicleta também oferece algumas desvantagens. Apesar de muitas vezes seu uso ser superior a isso, as viagens urbanas de até cinco quilômetros seriam as mais recomendadas. O que parece ser um raio de ação limitado, o próprio motivo do deslocamento e o tamanho da cidade parecem influenciar a disposição do ciclista quanto à distância a percorrer. Segundo o manual do Geipot (2001b), teoricamente é aceitável um limite de 7,5 quilômetros, o qual, para uma velocidade média de quinze quilômetros por hora, corresponderia a uma duração de trinta minutos.

O percurso do ciclista é sensível a ondulações fortes do terreno e, obviamente, uma topografia acidentada desestimula o uso da bicicleta. A pavimentação pode auxiliar nessa questão, ou o ciclista pode simplesmente desmontar da bicicleta e vencer o trajeto andando ou por outro meio de transporte em regime de intermodal (Paiva, 2013). As intempéries climáticas também podem ser um problema para o ciclista, mas essa é uma questão que, embora seja importante, tende a ser supervalorizada, visto que há inúmeras formas de atenuá-la Geipot (2001b).

Uma das medidas mais utilizadas para facilitar o uso da bicicleta é a construção de vias para os ciclistas. A mais comum é a ciclovia, que é uma via para uso exclusivo de bicicletas, apresentando-se completamente separada de outras vias que lhe são adjacentes e que deve apresentar a menor quantidade possível de cruzamentos com outros modos. Isso porque as interseções nas vias são locais onde os acidentes de trânsito são mais prováveis, de maneira geral (Taga, Furuta, & Kanno, 2012). No entanto, a literatura mostra maior vulnerabilidade dos ciclistas em cruzamentos, principalmente naqueles em que o carro vai entrar à direita. O motorista dispensa toda sua atenção aos veículos que vêm da esquerda, e o ciclista normalmente está à direita (Chen *et al.*, 2012).

Existem também as ciclofaixas, que são porções de outras vias determinadas para uso exclusivo de bicicletas. Sua demarcação no Brasil é feita com a utilizaçãode tachões (Leal, 1999). Existem também as rotas para bicicletas, que são vias com pouco trânsito de veículos motorizados (com velocidades menores que 40 quilômetros por hora e menos de 3 mil veículos por dia) e são identificadas por sinalização apropriada como uma rota adequada para ciclistas (Pezzuto, 2002). Leal (1999) cita, ainda, as vias de uso misto, que são bastante comuns, onde o ciclista compartilha o uso de vias preexistentes para tráfego motorizado ou de pedestres, sem que seja atribuída prioridade ou espaço exclusivo para sua circulação. O Código de Trânsito Brasileiro (Senado Federal, 2002), em seu art. 59, cita: "Desde que autorizado e devidamente sinalizado pelo órgão ou entidade com circunscrição sobre a via, será permitida a circulação de bicicletas nos passeios" (p. 30). Ainda segundo a legislação:

> Art. 58. Nas vias urbanas e nas rurais de pista dupla, a circulação de bicicletas deverá ocorrer, quando não houver ciclovia, ciclofaixa, ou acostamento, ou quando não for possível a utilização destes, nos bordos da pista de rolamento, no mesmo sentido de circulação regulamentado para a via, com preferência sobre os veículos automotores (Senado Federal, 2002, p. 30).

Existe uma discussão sobre a construção de ciclovias como forma de promover a utilização da bicicleta, escapando do problema do tráfego motorizado, que é um dos maiores impeditivos à utilização da bicicleta. No entanto, Forester (1994) defende que as ciclovias, na verdade, são mais uma segregação feita à utilização da bicicleta em função do carro. O autor sinaliza também que a construção de ciclovias não diminui o número de acidentes com veículos automotores com a bicicleta, já que a maioria dos acidentes ocorre nas interseções com as vias de tráfego de carros e que, muitas vezes, a ciclovia é invadida por pedestres, dificultando o trânsito das bicicletas. O autor sugere que se privilegie que o ciclista permaneça na via, tanto para que o carro se habitue a ele quanto para que ele se habitue ao trânsito de carros. Uma sugestão seria a construção de ciclofaixas ou de vias de uso compartilhado.

Gardner (1998b) cita que a delimitação de um espaço para a bicicleta aumenta a percepção de segurança e pode efetivamente aumentar seu uso. Afirma, ainda, como para defender as ciclovias, que as principais cidades ocidentais que têm aumentado o uso da bicicleta têm investido em ciclovias. Câmara *et al.* (2000) sugerem que o projeto da ciclovia inclua um tratamento das interseções que o ciclista vai utilizar, de preferência com a instalação de semáforos específicos para esse usuário. Antonakos (1994), em seu estudo sobre preferências dos ciclistas, identificou que estes, quando estão utilizando a bicicleta como lazer, preferem a ciclovia, mas quando utilizam como transporte de casa ao trabalho preferem a ciclofaixa.

Outro aspecto é que qualquer promoção de novos hábitos, como a implementação de uma ciclovia, deve ser acompanhada de medidas educativas para que o usuário saiba utilizar esse novo recurso. Essas medidas podem ser de variadas formas, desde campanhas educativas até sinalização específica. Pessoa (1997) sugere que um sistema cicloviário seja composto não somente por uma rede de ciclovias, mas também por estacionamentos, sinalização adequada e educação da população. Investigar também se já ocorre o uso da bicicleta e como ele é feito é estratégico (Bell *et al.*, 2001; Gifford, 2002). Nesse caso, poderia se identificar como já está sendo feito tal uso, qual o trajeto utilizado pelos ciclistas, com qual finalidade e quem são esses ciclistas. A partir desse ponto, pode-se investigar, então, qual será a melhor intervenção.

O uso da bicicleta

Uma das questões que mais causa impacto no uso da bicicleta é a falta de segurança no tráfego e o conflito entre tal modo de transporte, que é não motorizado, e os modos motorizados, que acabam desestimulando as pessoas a utilizar a bicicleta (Câmara *et al.*, 2000). Tanto o fato de o carro ser um objeto de consumo bastante sedutor em nossa sociedade como os conflitos de modos não motorizados com qualquer outro modo motorizado podem acarretar sérias consequências para os primeiros. Não é objetivo deste capítulo discutir o uso do carro, mas sim as implicações desse comportamento para o uso da bicicleta. Portanto, alguns pontos devem ser enfatizados, como a poluição gerada pelo automóvel, tanto em relação à poluição do ar – Lowe (1989) cita que os carros e os outros veículos a motor criam mais poluição do ar que qualquer outra atividade humana – como à poluição sonora.

Gardner (1998b) ressalta que a aceitação do carro como o principal meio de deslocamento gera uma geografia urbana com cada vez mais distâncias a vencer para ir ao trabalho ou ao lazer. Este é outro ponto em que o uso do carro inviabiliza o uso da bicicleta. A bicicleta é um meio de transporte adequado para pequenas e médias distâncias, as quais são extrapoladas pelas distâncias a serem percorridas pelas pessoas em grande parte das cidades brasileiras.

As cidades ocidentais que tiveram sucesso na implementação da bicicleta focaram-se no desenvolvimento de um sistema de transporte eficiente, o que lhes deu a oportunidade de adequar cada meio de transporte, com vistas a garantir a qualidade de vida nas cidades, além de permitir que cada um tenha seu espaço (Lowe, 1989; Gardner, 1998a).

Segundo Lowe (1989), mais que substituir o automóvel, a Holanda procurou balancear o transporte automobilístico com a bicicleta, o transporte público e o andar a pé como um objetivo da política nacional. É interessante que todos os tipos de transporte são permitidos, mas ciclistas e pedestres têm prioridade e carros entram apenas como convidados. A acessibilidade ao centro para os carros é seletiva, existe uma grande estrutura viária para a bicicleta, reembolso dos gastos para pessoas que fazem as viagens de trabalho/escola de bicicleta, e há integração entre esses modos e o sistema de transporte público (Christiaans & Bremner, 1998).

Na Dinamarca, a Federação Ciclística Dinamarquesa teve um papel fundamental de pressionar as autoridades em acomodar os ciclistas, por meio de facilidades especiais e planejamento de tráfego. Para Lowe (1989), tudo que se deve fazer é tornar o andar de bicicleta mais fácil que o andar de carro e, assim, as pessoas farão a mudança. É inevitável que para o aumento do uso da bicicleta se reorganize a utilização de outros meios de transporte e, principalmente, a utilização do carro, que é tão disseminada em nossa sociedade e pouco se integra a outros meios de transporte.

Gardner (1998a) cita algumas cidades no mundo que promovem o uso da bicicleta por meio da implantação de mudanças baratas, mas efetivas no sistema de transporte: (1) Em Münster, na Alemanha, as faixas exclusivas para ônibus podem ser usadas por bicicletas. Além disso, os ciclistas param no semáforo em uma faixa à frente dos carros, para que, quando ficar verde, eles entrem no cruzamento antes destes; (2) No Japão, os governos locais incentivam o uso da bicicleta compartilhado com o uso do metrô por meio de extensos estacionamentos para a bicicleta; (3) Em Lima, capital do Peru, os habitantes de baixa renda contam com um microcrédito para comprar suas bicicletas e aumentar suas rendas, com a economia no gasto com transporte; (4) Em Copenhague, na Dinamarca, é desenvolvido o programa Cidade da Bicicleta, que disponibiliza 2.300 bicicletas para uso público em torno da cidade. Os usuários pagam 20 coroas dinamarquesas (cerca de R$ 8,30) para pegar a bicicleta e, quando retornam para devolvê-la, o dinheiro é devolvido. O uso é intenso, cada bicicleta espera apenas oito minutos por um novo usuário.

Estima-se que atualmente a frota brasileira de bicicletas esteja entre 60 e 75 milhões de veículos, atrás apenas da China, Índia, Estados Unidos e Japão (Xavier, 2011). A despeito desse dado, segundo diagnóstico nacional do Geipot (2001a), a malha total ciclo viária das 65 cidades brasileiras estudadas não ultrapassa 350 quilômetros. As cidades com maior malha cicloviária são Rio de Janeiro (RJ), Curitiba (PR), São Paulo (SP) – em parques –, Belém (PA), Governador Valadares (MG) e Campo Bom (RS), sendo o Rio de Janeiro a única cidade com orçamento anual para implantar infraestrutura, melhorias e manutenção da rede instalada. É uma malha viária pequena se comparada à Holanda, que tem o tamanho de um estado brasileiro, e que, em 1986, tinha uma malha viária de 13.500 quilômetros (Lowe, 1989).

O principal uso da bicicleta no Brasil é para a atividade industrial, seguido da comercial. Consequentemente, os principais polos atrativos das viagens de bicicleta são a indústria e os centros. Mas o uso para estudo e lazer também chama a atenção (Geipot, 2001a). Para esse propósito, chega-se a afirmar que a bicicleta é quase sempre utilizada como recreação na população em geral das grandes cidades (Pezzuto, 2002).

A bicicleta é o veículo individual mais utilizado nos pequenos centros urbanos do país – cidades com menos de 50 mil habitantes –, que representam, em número, mais de 90% do total de cidades brasileiras. Em função da concentração de renda que se verifica em todo o país, a bicicleta é o veículo mais utilizado, mesmo nas cidades grandes com acesso ao transporte coletivo. Entre seus usuários mais frequentes, encontram-se industriários, comerciários, trabalhadores da construção civil, estudantes, entregadores de mercadorias, carteiros, entre outros. A bicicleta é a única alternativa ao alcance de todas as pessoas, não importando a renda, a partir da infância até a idade avançada (Geipot, 2001b).

Segundo Pezzuto (2002), para que o ciclismo passe a ser efetivamente uma alternativa nas cidades brasileiras, é necessário que se identifiquem os fatores que estimulam e restringem o uso da bicicleta como meio de transporte. Wright (1988) complementa que não se pode ver o transporte isoladamente, afirmando que o conhecimento das características dos diversos modos de transporte e de seu inter-relacionamento com a vida urbana permite que formulemos uma ideia das mudanças que devem ser feitas nos atuais esquemas de circulação urbana. E, mais especificamente, como Gomes (1984) explicita, o conhecimento das características do uso da bicicleta no Brasil facilita a compreensão de que posição a bicicleta ocupa e poderá vir a ocupar no transporte urbano.

Para se ter uma ideia do uso da bicicleta no Brasil, apresentam-se dados de três trabalhos realizados no país, com o objetivo de sugerir melhorias para os ciclistas em cada uma dessas regiões. Gomes (1984) realizou um estudo na Baixada Fluminense (RJ), onde a bicicleta é bastante utilizada e é meio de transporte complementar do transporte ferroviário. Foi identificado como o fator mais prejudicial ao desempenho da bicicleta o estado da via, seguido da existência do trânsito. Os usuários que trafegavam pelos trechos não pavimentados relatavam a qualidade da via e a chuva como os problemas que mais afetavam o trânsito de bicicletas. Já os usuários que trafegavam por trechos asfaltados relatavam que o comportamento do motorista de automóvel e o comportamento do motorista de ônibus eram os problemas que mais afetavam o trânsito de bicicleta. Um percentual de 13,2% dos entrevistados sofreu acidentes de bicicleta entre colisão com veículo motorizado e queda.

Em um estudo realizado por Pessoa (1997) no Vale do Paraíba Paulista (SP), foram entrevistados os moradores que se deslocavam para o trabalho e que utilizavam duas rodovias intermunicipais. O principal motivo do uso da bicicleta era econômico, seguido por ser mais saudável e não haver outra opção de transporte. Dos entrevistados, 18,5% relataram ter tido a bicicleta roubada. O percentual dos usuários da bicicleta que se acidentaram com veículo motorizado foi de 16,5%. Os entrevistados percebem a falta de segurança, a falta de respeito dos motoristas de automóveis e ônibus e a falta de atenção das administrações locais como problemas enfrentados para o uso da bicicleta.

Pezzuto (2002) realizou uma pesquisa em Araçatuba (SP), onde a bicicleta é bastante utilizada. Os grupos de entrevistados foram divididos em ciclistas (usam frequentemente a bicicleta), ciclistas casuais (usam para lazer e exercício) e não ciclistas. A maioria dos ciclistas tinha idade entre 14 e 17 anos. A maioria dos ciclistas casuais tinha entre 32 e 45 anos. E a maioria dos não ciclistas tinha entre 26 e 35 anos. A escolaridade predominante foi o nível médio. Para os ciclistas e ciclistas casuais, a porcentagem de mulheres foi 51,5%, e para os não ciclistas, 64%. Os ciclistas utilizavam a bicicleta mais para ir ao trabalho e à escola, e os ciclistas casuais mais para lazer e exercício. As preocupações mais significativas dos ciclistas foram em relação a uma faixa reservada para bicicletas nas vias, ao comportamento dos motoristas e ao medo de atropelamento, além de a bicicleta não ser considerada segura contra assaltos e agressões por cachorros. Enquanto os ciclistas casuais percebiam a bicicleta como segura, os não ciclistas consideravam-na um modo de transporte inseguro.

Deve-se destacar que o trânsito de veículos motorizados é um fator presente em todos os estudos, sendo apontado como um empecilho ao trânsito da bicicleta. A bicicleta é excluída da via por onde trafega o veículo automotor, e seu uso está associado à insegurança (tanto no que tange à integridade física do ciclista quanto à posse da bicicleta), o que compete com o caráter de agradabilidade e de benefício para a saúde. Sendo assim, pode-se perguntar: como são o uso e a percepção da bicicleta em uma região com ciclovia?

O uso da bicicleta na presença de uma ciclovia

Para responder a essa pergunta, decidiu-se investigar o uso da bicicleta em uma cidade que é plana, com ruas largas, tem clima seco, além de ter uma breve estação chuvosa e de já contar com uma ciclovia. Fica a 30 quilômetros de Brasília e, na época da pesquisa, tinha menos de 250 mil habitantes. Não foge à regra das cidades brasileiras, que privilegiam o carro como meio de transporte. No entanto, é uma das poucas cidades no país que possui ciclovia em seu planejamento. A cidade é dividida nas porções norte e sul. A ciclovia se localiza na parte norte da cidade e tem extensão total de 9 quilômetros.

O objetivo central foi investigar a maneira como a bicicleta está presente para moradores de algumas quadras dessa cidade, a fim de identificar se estes a utilizam ou não e o porquê, como é sua percepção e se o fato de morar perto de uma ciclovia influencia em seu uso (Delabrida, 2004).

Método

Participantes

Participaram desse estudo 230 moradores de Taguatinga, DF, sendo 127 (55,2%) mulheres e 103 (44,8%) homens, com idade média de 31,77 (M = 26 anos; DP = 16,98; mínimo = 9; máximo = 76). Quanto ao nível de escolaridade, 52,6% tinham concluído até o ensino fundamental, 37% tinham concluído até o nível médio e 10,4% tinham concluído o nível superior. A ocupação dos participantes foi bastante variada, sendo estudante a mais frequente (27,6%). Além disso, 43% dos moradores possuíam carteira de motorista e dirigiam pelo menos uma vez ao dia, uma vez na semana.

Foram entrevistados 171 (74,3%) moradores de Taguatinga Norte, região da ciclovia, e 59 (25,7%) moradores de Taguatinga Sul.

Instrumento

Para ter acesso às informações, foi desenvolvido um questionário que consistia em três partes: (1) uso da bicicleta (não usuário, lazer, esporte e transporte), investigado por meio de uma escala de frequência; (2) imagem da bicicleta, mensurada por meio de perguntas abertas e uma escala de diferencial semântico; (3) dados sociodemográficos. O instrumento foi elaborado com base nos preceitos descritos por Pasquali (1999) e nos questionários desenvolvidos por Gomes (1984) e por Vencio e Günther (1993), que foram adaptados após a realização de um estudo-piloto e de observações assistemáticas de usuários da bicicleta na região escolhida, bem como das condições físicas desse ambiente.

Procedimentos

Inicialmente, foram selecionadas todas as ruas que continham residências adjacentes à ciclovia na parte norte da cidade e todas as ruas de uma quadra similar na porção sul da cidade que não possuía ciclovia. Em seguida, foram randomicamente selecionadas, por meio de sorteio, três casas por rua. Após a seleção das casas que participariam do estudo, a pesquisadora realizava uma visita domiciliar em que solicitava a participação de um dos moradores e, em caso de consentimento de participação no estudo, realizava uma entrevista para a aplicação do instrumento. O estudo contou, assim, com um total de 230 casas, em que pelo menos um morador aceitou participar da pesquisa, representando quase 10% da população da cidade na época da coleta (243.575 habitantes).

Os dados foram analisados por meio de estatísticas descritiva e inferencial, com a utilização do teste não paramétrico do qui-quadrado.

Resultados

Os resultados foram organizados a partir do tipo de uso que o participante faz da bicicleta. Os resultados em função dos dados demográficos relacionados ao uso da bicicleta podem ser visualizados na Tabela 8.2.

Tabela 8.2 Discriminação das frequências de todos os usos feitos da bicicleta por sexo e idade.

Grupo		Mulher		Homem		Total		Idade			
		N	%	N	%	N	%	Média	DP	Mínimo	Máximo
Não usuário		74	58,3	32	31,1	106	46,1	38,4	18,2	10	76
Lazer		38	29,9	33	32	71	30,9	25,8	13,3	9	71
Esporte		6	4,7	4	3,9	10	4,3	20,4	5,6	13	34
Transporte	No trabalho	-	-	2	1,9	2	0,9	-	-	34	52
	Pequenos trajetos	3	2,4	28	27,2	31	13,5	28,9	16	11	70
	Ir trabalho/escola	6	4,7	4	3,9	10	4,3	27,1	11,2	12	50
Total		127	55,2	103	44,8	230	100	31,8	17	9	76

Como se pode observar, dos moradores entrevistados, a maioria indicou que utiliza a bicicleta principalmente para a realização de atividades de lazer/esporte (35,2%) e, como meio de transporte, especialmente para o deslocamento em pequenos trajetos (13,5%). Deve-se acrescentar que 81,13% dos não usuários da bicicleta indicaram já ter andado de bicicleta. Os não usuários são em sua maioria mulheres (58,3%), na faixa etária adulta, com média de idade de 38,4 (DP = 18,2) anos. Os mais jovens encontram-se entre aqueles que usam a bicicleta como prática esportiva, com média de idade de 20,4 (DP = 5,6), tanto homens quanto mulheres.

Os entrevistados que revelaram não utilizar a bicicleta indicaram que deixaram de gostar, nunca gostaram ou não aprenderam a andar de bicicleta (47,2%), seguido do fato de estarem sem a bicicleta no momento (31,1%). Já os usuários que a utilizam como lazer/esporte apontaram como o principal motivo do uso o fato de gostar de andar de bicicleta (40,7%). Além disso, destacaram-na como um exercício físico com muitas vantagens para a saúde (28,4%) e, por si só, como lazer com os amigos e filhos (22,2%). Para os usuários da bicicleta como transporte, o principal motivo do uso era o fato de ser um transporte mais rápido que andar a pé e que cansa menos (46,5%). Para esse grupo, a bicicleta também foi considerada um exercício físico (16,3%) e que facilita a locomoção (16,3%), já que tem fácil manuseio.

Elaborada com base nos fatores de influência apresentados na Tabela 8.1, a Tabela 8.3 agrupa em fatores o que os moradores perceberam como empecilhos ao uso da bicicleta nos deslocamentos. Divide os fatores em subjetivos (ou individuais) e objetivos (ou ambientais), com suas respectivas subdivisões. Foram destacados os fatores socioeconômico e socioambiental, para melhor descrever as respostas dadas pelos participantes, que não foram contempladas nos fatores apresentados na Tabela 8.1.

Analisando especificamente cada categoria citada pelos respondentes, o principal empecilho foi o trânsito de carros, que é descrito como perigoso, violento, que gera medo e insegurança e é marcado pelo desrespeito dos motoristas aos ciclistas. Quem mais percebeu o trânsito de carros como empecilho foram os usuários da bicicleta como transporte. O segundo inconveniente mais citado foi a falta de via adequada, o qual é percebido principalmente por quem utiliza a bicicleta como lazer/esporte e como transporte. Ambos os empecilhos estão agrupados nos fatores ambientais.

O roubo também foi indicado como empecilho, principalmente pelos que utilizam a bicicleta como lazer/esporte, bem como o hábito de andar de carro, que foi apontado como empecilho pelos que a usam como transporte e como lazer/esporte. Quem não utiliza a bicicleta respondeu de maneira mais pulverizada, indicando com mais frequência como principais contratempos a condição financeira e o roubo, ambos agrupados nos fatores socioeconômicos.

Os fatores ambientais que compõem são aqueles que mais agrupam respostas, seguidos pelos mediadores e pelos socioeconômicos. Os dados sugerem que os usuários da bicicleta como transporte percebem mais os fatores ambientais como empecilho para seu uso. Para os usuários da bicicleta como lazer/esporte os empecilhos são relacionados aos fatores socioeconômicos, bem como aos fatores mediadores, mais relacionados a características individuais.

Tabela 8.3 Frequências dos empecilhos no uso da bicicleta em função dos fatores de influência.

Fatores ambientais	N	%	Fatores socio-econômicos	N	%	Fator socioambi-ental	N	%	Fatores mediadores	N	%	Nada	N	%
Trânsito de carros	91	39,6	Condição financeira	12	5,2	Acidente	14	6,1	Falta de tempo	12	5,2		3	1,3
Falta de via adequada	31	13,5	Roubo	21	9,1				Hábito do carro	10	4,3			
Chuva	3	1,3							Equilíbrio	6	2,6			
									Falta de interesse	6	2,6			
									Falta da bicicleta	4	1,7			
									Preparo físico	4	1,7			
									Problema de saúde	4	1,7			
									Aprender a andar	4	1,7			
									Uso inadequado da bicicleta	5	2,2			
Total	125	54,4		33	14,3		14	6,1		55	23,7			99,8

Para analisar as preferencias em relação à bicicleta e ao seu uso, foi realizado o teste de qui-quadrado, que compara as frequências observadas (f_{obs}) às frequências esperadas (f_{esp}). Pressupõe-se que, caso os dados inseridos em uma tabela tivessem uma distribuição totalmente uniforme, as frequências observadas seriam iguais às esperadas. Sendo assim, procura-se a diferença entre as duas frequências que for estatisticamente significativa.

Dentre o que os respondentes relataram mais gostar na bicicleta, o aspecto da praticidade parece ter uma tendência a ser significativo na diferenciação dos três grupos ($\chi^2 = 5,13$; gl = 20; $p < 0,10$), sendo que o usuário de lazer é o que mais percebe a praticidade da bicicleta. De maneira geral, o que foi mais relatado sobre o que se gosta na bicicleta foi o próprio andar de bicicleta, com 50 participantes (21,7%). A segunda categoria mais frequente foi a dos componentes/características da bicicleta com 45 participantes (19,6%), sendo os itens mais frequentes o conforto do selim (11,1%) e a marcha lenta (11,1%).

Dentre os aspectos que os respondentes relataram menos gostar na bicicleta, o medo do roubo da bicicleta tem uma tendência a ser significativo na diferenciação dos três grupos ($\chi^2 = 4,77$; gl = 22; $p < 0,10$). O usuário de lazer/esporte parece ter mais medo de ter sua bicicleta roubada que os demais. De maneira geral, o que os moradores relataram menos gostar na bicicleta foi em relação a seus componentes/características, apontado por 71 participantes (30,9%), sendo os itens mais frequentes o desconforto do selim (26,76%) e a corrente que sai do lugar ou suja o ciclista (14,1%).

Sobre a relação entre o uso da bicicleta e a proximidade com a ciclovia, os resultados do estudo mostraram que o maior uso da bicicleta foi observado nas quadras norte, onde 56,1% dos moradores entrevistados usam a bicicleta, seguido pelas quadras sul, onde 47,5% dos moradores a usam. Nas quadras norte, maior uso é observado onde a ciclovia é mal conservada (58,3%), e os principais usos são para lazer (59,4%) e em pequenos trajetos (22,9%). Nas quadras sul, onde não há ciclovia, a bicicleta é mais utilizada para lazer (50%) e deslocamento em pequenos trajetos (32,1%). Na quadra norte QND, onde a ciclovia é bem conservada, é onde ocorre o maior uso da bicicleta como lazer (65,4%). O uso da bicicleta também se diferenciou em função da proximidade da ciclovia. Dos familiares dos moradores das quadras norte, 63,7% andavam de bicicleta, para 52,5% dos familiares dos moradores da quadra sul.

Discussão

A partir da presente pesquisa, é possível inferir como se dá o uso da bicicleta em três perfis de moradores: aqueles que não a usam, aqueles que a usam como lazer e esporte e aqueles que a usam como transporte. A presença de uma ciclovia bem conservada parece aumentar o uso da bicicleta como lazer comparado ao uso feito na região onde a ciclovia é mal conservada ou onde não há ciclovia. O uso da bicicleta como transporte ocorre mais nas áreas com a ciclovia mal conservada ou sem ciclovia. A parte da ciclovia que ainda está preservada não faz conexão com qualquer outra via, o que favorece que ela seja utilizada apenas como lazer.

Os dados sugerem que, para o usuário da bicicleta como transporte, a falta de estrutura física (fatores ambientais) é um empecilho para seu uso. É necessário que haja uma ciclovia, a qual tem de estar interligada com a malha viária para a bicicleta (ciclofaixas ou outras ciclovias) e com os outros meios de transporte, ou que seja garantida a segurança do ciclista no uso conjunto da via com veículos automotores (Geipot, 2001b).

O principal uso da bicicleta pelos participantes é como lazer/esporte (53,9%). Esse usuário parece ser aquele que mais se diferencia dos outros dois grupos. Esse grupo relata maior preocupação com a perda da bicicleta por roubo, sendo o grupo que mais percebe sua praticidade. Portanto, dos três grupos, parece ser o mais promissor no engajamento de medidas de promoção do aumento do uso da bicicleta, por estar atento aos aspectos individuais (fatores socioeconômicos e fatores mediadores) que influenciam na escolha pela bicicleta (Tabela 8.3).

Deve-se, portanto, dar atenção aos recursos que a cidade pode oferecer para que se possa guardar a bicicleta com segurança, entre outras facilidades em seu uso, para que seja possível competir com o hábito de usar o carro. Os países que conseguiram aumentar o uso da bicicleta investiram na melhoria dos fatores ambientais que influenciam a escolha e desestimularam o uso do automóvel como forma de aumentar a equidade na escolha do meio de transporte (Gardner, 1998b; Lowe, 1989; Vasconcelos, 2000).

Entre os aspectos físicos que influenciam no uso da bicicleta, o trânsito de automóveis parece ser o grande impeditivo de seu uso, principalmente quando acompanhado da falta de vias adequadas, problemas financeiros e ameaça de roubo da bicicleta, como identificado nos estudos de Pessoa (1997) e Câmara *et al.* (2000).

Entre os aspectos psicológicos que influenciam na escolha pela bicicleta, o principal motivo para o não uso é não gostar de bicicleta. Essa percepção negativa pode estar relacionada ao desconforto que ocorre no uso da bicicleta, que não pode ser comparado ao conforto do carro. Os dados de Providelo e Sanches (2011) corroboram essa hipótese, pois, ao construir uma escala para avaliar a percepção sobre o uso da bicicleta, encontraram que o fato de não gostar da bicicleta está relacionado ao conforto. Como alternativa à falta de conforto, os dados sugerem que as principais vantagens da bicicleta percebidas são o prazer ao andar que ela proporciona e a facilidade na locomoção, principalmente comparando a andar a pé. É percebido também pelos moradores que ao andar de bicicleta se estreita a relação com o que está à sua volta, com quem está em seu convívio, o bem-estar pessoal, aliado ao bem proporcionado pelo próprio andar de bicicleta.

Concluindo, se tentarmos traçar um perfil para cada um dos grupos de usuários com todos os dados obtidos pela pesquisa, podemos dizer que o não usuário é uma mãe por volta dos quarenta anos, dona de casa, que não gosta ou não aprendeu a andar de bicicleta. O usuário lazer/esporte é uma filha de dezessete anos, estudante, que gosta de andar de bicicleta. E o usuário como modo de transporte é um filho de trinta anos, com nível técnico, que usa a bicicleta para pequenos trajetos, porque é mais rápido que andar a pé. Essas informações sobre o perfil podem auxiliar no desenvolvimento de medidas para o aumento do uso da bicicleta, permitindo dar especificidade às intervenções e contribuindo para maior efetividade de tais medidas.

À guisa de uma conclusão

"...Liberdade, essa palavra que o sonho humano alimenta
que não há ninguém que explique e ninguém que não entenda..."
(Cecília Meireles)

Durante muito tempo, a bicicleta alimentou o sonho humano da liberdade. Ela permitia ir aonde se quisesse chegar, com muito menos tempo que a pé, e com prazer, muito mais prazer. Ao analisar suas vantagens, percebe-se que elas são válidas ainda hoje, o que nos leva a questionar por que a bicicleta não é utilizada com uma frequência maior em nossa sociedade. Não é muito difícil convencer uma pessoa de suas vantagens. Já temos literatura produzida suficiente para estruturar qualquer cidade para seu uso. O que nos falta?

A escolha de um meio de transporte influencia não apenas a forma como as pessoas chegam aos lugares, mas toda a dinâmica de uma cidade e sua sociedade. Sendo assim, não é uma tarefa simples implementar um novo meio de transporte. Deve haver variáveis que fortemente favoreçam essa mudança. Até o momento, as variáveis que mantêm o uso de transportes automotores têm sido predominantes no Brasil. Não temos uma tradição de planejar e antecipar problemas. Ao contrário, resolvemos aqueles que são mais urgentes, e assim por diante. E não temos tradição em fazer escolhas pouco atraentes em curto prazo, mas extremamente funcionais em longo prazo.

No entanto, pode-se dizer que há uma luz no final do túnel. Melhor, há vários feixes tentando transpor a escuridão. Primeiro, as questões ambientais são pauta em qualquer administração, seja de uma empresa ou até de um país. Portanto, aquelas soluções que estiverem em acordo com o estabelecimento de uma nova relação com o uso do ambiente físico serão a próxima escolha. A bicicleta é tida como um dos símbolos da proposta de outra forma de uso do espaço urbano.

Em segundo lugar, percebe-se uma mudança nas políticas públicas do Estado Brasileiro focando a inclusão social. Esse foco pode ter dois impactos que beneficiarão o uso da bicicleta. Por um lado, inclusão social significa maior poder aquisitivo, o que pode proporcionar a aquisição da bicicleta. Por outro lado, inclusão social pode implicar maior participação nas decisões sociais. Essa nova classe média já usa a bicicleta como meio de transporte e sabe de suas vantagens.

Terceiro, o uso do carro é predatório dos outros meios de transporte. Em termos de conforto e velocidade, não há como competir dentro da cidade. No entanto, o uso do automóvel exige que se reservem grandes espaços nas cidades, além da poluição que causa. Algumas cidades já começaram a perceber sua inviabilidade.

Esses três aspectos, juntos, podem exercer um efeito simultâneo que favoreça o uso da bicicleta. Dessa forma, é preciso que haja a continuidade na produção de conhecimento a respeito dos meios de transporte e do papel da bicicleta como uma alternativa viável da liberdade de escolha.

Referências

Antonakos, C. (1994). Environmental and travel preferences of cyclists. *Transportation Research Record,* (1438), 25-33.

Atividade física faz funcionário chegar desperto. (2004, 29 de fevereiro). *Folha de S.Paulo*. Recuperado em 4 mar. 2004, de http://www1.folha.uol.com.br/fsp/empregos/ce2902200403.htm

Bell, P. A., Greene, T. C., Fisher, J. D., & Baum, A. (2001). *Environmental psychology* (5a ed). Belmont: Wadsworth/Thomson.

Câmara, P., Braga, M. G. C., & Santos, R. (2000). *Confederação Nacional dos Transportadores e Associação Nacional de Pesquisa e Ensino em Transportes, Transporte em Transformação V* (pp. 113-122). São Paulo: Makron Books.

Chen, L., Chen, C., Srinivasan, R., McKnigth, E., Ewing, R., & Roe, M. (2012). Evaluating the safety effects of bicycle lanes in New York City. *American Journal of Public Health, 102*(6), 1120-1127.

Christiaans, H. H. C. M., & Bremner, A. (1998). Comfort on bicycles and the validity of a commercial bicycle fitting system. *Applied Ergonomics, 29*(3), 201-211.

Delabrida, Z. N. C. (2004). *A imagem e o uso da bicicleta: um estudo entre moradores de Taguatinga.* Dissertação de mestrado, Programa de Pós-Graduação do Instituto de Psicologia, Universidade de Brasília, Brasília, DF, Brasil.

Everett, P. B., & Watson, B. G. (2002). Psychological contributions to transportation. In D. Stokols & I. Altman (Eds.). *Handbook of environmental psychology II* (pp. 987-1008). New York: John Wiley Sons.

Federal Highway Administration – FHWA. (2006). *Reasons why bicycling and walking are and are not being used more extensively as travel modes*. Federal Highway Administration, US Department of Transportation McLean, VA.

Forester, J. (1994). *Bicycle transportation: a handbook for cycling transportation engineers*. Cambridge: The MIT Press.

Gardner, G. (1998a). Cities turning to bicycles to cut costs, pollution, and crime. *Worldwatch Institute Press Releases*. Recuperado em 16 janeiro 2004, de http://www.worldwatch.org/press/news/1998/08/26/

Gardner, G. (1998b). When cities take bicycle seriously. *Worldwatch, 5*, 16-22.

Geipot (2001a). *Planejamento cicloviário*: diagnóstico nacional. Brasília: Empresa Brasileira de Planejamento de Transportes, Ministério dos Transportes.

Geipot (2001b). *Manual de planejamento cicloviário*. Brasília: Empresa Brasileira de Planejamento de Transportes, Ministério dos Transportes.

Gentil, C. D. A. (2009). *Segurança de circulação de pedestre e ciclista em vias urbanas: estudo de caso: Palmas,TO*. Dissertação de mestrado, Universidade de Brasília, Brasília, DF, Brasil.

Gibson, J. J. (1979). *The ecological approach to visual perception*. Boston: Houghton Mifflin.

Gifford, R. (2002). *Environmental psychology: principles and practice* (3a ed.). Canada: Optimal Books.

Gomes, L. W. B. (1984). *Uso de bicicleta em zona urbana densa com população de baixa renda*. Brasília, DF: EBTU – Empresa Brasileira dos Transportes Urbanos.

Günther, H., & Rozestraten, R. J. A. (1993). Psicologia ambiental: algumas considerações sobre sua área de pesquisa e ensino. *Psicologia: Teoria e Pesquisa, 9*(1), 107-122. Recuperado em 26 setembro, 2014, de http://beco-do-bosque.net/XTextos/10PsiAmbiental.pdf

Illich, I. (2004). Energia e equidade. In N. Ludd (Org.). *Apocalipse motorizado: a tirania do automóvel em um planeta poluído* (pp. 33-72). São Paulo: Conrad.

Leal, T. A. C. B. (1999). *Recomendações para o projeto geométrico de vias para bicicletas*. Dissertação de mestrado, Universidade de Brasília, Brasília, DF, Brasil.

Lowe, M. D. (1989). *The bicycle: vehicle for a small planet*. Washington, DC: Worldwatch Paper 90.

Paiva, M. (2013). *Fatores que influenciam no uso da bicicleta de forma integrada com o metrô*. Tese de doutorado, Universidade de Brasília, Brasília, DF, Brasil.

Pasquali, L. (1999). (Org.). *Instrumentos psicológicos: manual prático de elaboração*. Brasília, DF: LabPAM/IBAPP.

Pessoa, L. C. R. (1997). *A revalorização da bicicleta e a competição pelo sistema viário: alguns municípios do Vale do Paraíba Paulista*. Dissertação de mestrado, Universidade de São Paulo, São Paulo, SP, Brasil.

Pezzuto, C. C. (2002). *Fatores que influenciam o uso da bicicleta*. Dissertação de mestrado, Universidade Federal de São Carlos, São Carlos, SP, Brasil.

Providelo, J. K., & Sanches, S. P. (2010). Percepções de indivíduos acerca do uso da bicicleta como modo de transporte. *Transportes, 18*(2), 53-61.

Providelo, J. K., & Sanches, S. P. (2011). Análise fatorial da percepção sobre o uso da bicicleta. *Engenharia Civil, 40*, 121-130.

Senado Federal. (2002). *Código de Trânsito Brasileiro – CTB*. Brasília, DF: Autor.

Sommer, R. (2000). *Action research to build a community* (palestra proferida na UnB, agosto de 2000).

Taga, H., Furuta, K., & Kanno, T. (2012). Human reliability analysis of car drivers in urban intersections. *Cognition Technology and Work, 14*(4), 365-377.

Vasconcelos, E. A. (2000). *Transporte urbano nos países em desenvolvimento: reflexões e propostas* (3a ed). São Paulo: Annablume.

Vencio, J. C., & Günther, H. (1993). Uso de bicicleta como meio de lazer em Brasília. *Anais do 3º Seminário de Pesquisa da UnB graduação, pós-graduação e projetos gerais*, Brasília, 133.

Xavier, G. N. A. (2011). *O desenvolvimento e a inserção da bicicleta na política de mobilidade urbana brasileira*. Tese de doutorado, Programa de Pós-graduação Interdisciplinar em Ciências Humanas, Universidade Federal de Santa Catarina, Florianópolis, Santa Catarina, Brasil.

Wright, C. L. (1988). *O que é transporte urbano*. (Coleção Primeiros Passos). São Paulo: Brasiliense.

Zamberlan, R. (2006). Planos e valores no espaço urbano de Curitiba: setor estrutural norte-sul. Dissertação de mestrado, pós-graduação em Gestão Urbana, Pontíficia Universidade Católica do Paraná, Curitiba, PR, Brasil.

CAPÍTULO 9

FORMAS DE INCLUSÃO DA BICICLETA ENTRE A POPULAÇÃO UNIVERSITÁRIA

Cláudio Márcio Antunes Franco e
Alessandra Sant'Anna Bianchi

Fonte: Beto Nociti / Cerrado Fotografia

Desde o início da história da humanidade, o homem tem a necessidade de se locomover e de transportar o que produz. Com a aglomeração de pessoas nos grandes centros urbanos, a mobilidade passou a ser um ponto importante, tornando-se um desafio para o desenvolvimento da sociedade moderna pensar em soluções para o trânsito e o transporte. No final dos anos 1970, o planejamento urbano no Brasil se baseava, principalmente, no transporte rodoviário, priorizando o transporte privado em detrimento do transporte público, havendo poucos esforços para promover o uso de modos não motorizados de transporte (Silva, Costa, & Macedo, 2008).

O aperfeiçoamento da infraestrutura, com a construção de mais rodovias e aumento do número de pistas, era a estratégia para reduzir congestionamentos, aumentar a fluidez e diminuir o tempo no trânsito, tendo como foco melhorar a mobilidade dos transportes motorizados, principalmente o transporte individual (Hull, 2008; Iacono, Krizek, & El-Geneidy, 2010), ignorando as necessidades daqueles que andavam a pé ou de bicicleta (Coyle, Huws, Monaghan, Roddy, Seery, & Staats, 2009). Esse aumento do espaço para os automóveis em detrimento do espaço para as pessoas e para os meios de transporte sustentáveis pode ser observado nos grandes centros urbanos, nos quais os impactos negativos do transporte motorizado individual, como congestionamentos e poluição ambiental, recaem principalmente sobre os grupos mais vulneráveis, como pedestres e ciclistas (Hull, 2008).

Mesmo com a crise na economia mundial, ocorrida em 2008, houve um crescimento da frota brasileira na ordem de 11,4% (Veículos, 2010). Uma das justificativas para esse aumento foi o repasse ao consumidor final do incentivo dado, à época, às indústrias montadoras, por meio da redução do Imposto sobre Produtos Industrializados – IPI (Veículos, 2010). Atitudes como essa reduzem os custos dos automóveis, fazendo que a utilização da bicicleta e a caminhada se tornem cada vez menos atrativas (Banister, 2008). Não obstante o incentivo governamental para aquisição de veículos automotores, o próprio Ministério das Cidades (2010) reconhece existir uma crise de mobilidade urbana no Brasil, oriunda da falta de infraestrutura paras os meios de transportes nãomotorizados.

Scaringella (2001) defende que a inclusão da bicicleta nos deslocamentos urbanos deve ser considerada elemento fundamental para a construção de cidades sustentáveis, como forma de redução do custo da mobilidade para as pessoas e da degradação do meio ambiente, pois "a deterioração do trânsito na cidade contribui para a degradação urbana" (p. 55). Embora existam no Código de Trânsito Brasileiro – CTB (Lei n. 9.503, 1997) regras para assegurar a segurança e o direito do ciclista, as diferenças de opiniões entre os interesses políticos e as decisões técnicas dificultam a criação de políticas públicas para promover e incentivar o uso da bicicleta como meio de transporte (Lopes, 2010).

O Brasil é o terceiro maior produtor de bicicletas do mundo (Ministério das Cidades, 2010). A frota nacional de bicicleta em circulação é estimada em 60 milhões de unidades. Cerca de 44% estão concentradas na região Sudeste, e 26% na região Nordeste do Brasil. Segundo a ANTP (Associação Nacional de Transportes Públicos, 2008), mais de 15 milhões dos deslocamentos urbanos realizados no Brasil são feitos por bicicleta, o que corresponde a 7,4% do total de deslocamentos. Entretanto, poucas pesquisas têm sido realizadas no Brasil relacionando a bicicleta como meio de transporte ou mesmo como atividade de lazer (Bacchieri, Gigante, & Assunção, 2005; Franco, 2011; Franco & Bianchi, 2010).

Estudo realizado na Inglaterra para conhecer quais fatores influenciam no uso da bicicleta como meio de transporte para o trabalho, mostrou que incentivos financeiros aliados à infraestrutura dobraria o número de usuários da bicicleta e reduziria o uso do carro (Wardman, Tight, & Page, 2007). Dessa maneira, pode ser interessante desenvolver pesquisas sobre formas de inclusão da bicicleta nos deslocamentos dos usuários dos transportes motorizados, visando nortear as ações que viabilizem essa inclusão e promover o acesso justo e equitativo ao espaço público.

Benefícios do uso da bicicleta

Apesar da resistência cultural dos usuários dos veículos motorizados e da ausência de infraestrutura urbana para os ciclistas, a bicicleta começa a ser percebida como uma alternativa de transporte para substituir os veículos automotores nos grandes centros urbanos. Ela tem sido reconhecida como um meio de transporte de pouco consumo de energia, saudável para aqueles que a utilizam e para o meio ambiente (Delabrida, 2004; Franco & Bianchi, 2010; Pezzuto, 2002; Pires, 2008; Stangeby, 1997), relativamente rápido em curtas distâncias e acessível a todas as camadas da população (Wang, Feng, & Liang, 2008).

A bicicleta aparece como promotora de saúde para seus usuários na pesquisa realizada por Andersen, Schnohr, Schroll e Hein (2000), que demonstraram que o uso diário da bicicleta pode reduzir o risco de morte por doenças crônico-degenerativas. Em pesquisa realizada na cidade de Pelotas (RS), foi apontado que o ciclismo como opção de transporte pode reduzir o risco de muitas doenças (Bacchieri *et al.*, 2005).

Wen e Rissel (2008) mostram que o uso da bicicleta tem uma associação inversa com a incidência de sobrepeso e obesidade. Os resultados apontam que os homens que utilizam a bicicleta para ir ao trabalho ou utilizam o transporte público são menos propensos ao sobrepeso e a ser obesos quando comparados àqueles que utilizam o automóvel.

Um estudo realizado entre a população universitária nos Estados Unidos (Sisson & Tudor-Locke, 2008) demonstrou que o uso da bicicleta representou 47% do total das atividades físicas diárias dos universitários usuários da bicicleta. Os autores indicaram a necessidade de incentivar o uso do transporte por meio desse modal para aumentar o nível da atividade física em estudantes universitários.

Assim, a bicicleta deve ser promovida como o meio de transporte mais saudável, que reduz os congestionamentos, diminui a emissão de poluentes, aumenta a atividade física e, consequentemente, a saúde de seus usuários. No entanto, há algumas desvantagens, e estas também devem ser consideradas em uma equação para a promoção da bicicleta como modal de transporte.

Desvantagens do uso da bicicleta

A vulnerabilidade do ciclista perante os automóveis é uma das maiores desvantagens, se não a maior, do uso da bicicleta como meio de transporte (Delabrida, 2004; Pires, 2008). Dados preliminares indicam que, em 2010, no Brasil, entre as 40.989 vítimas fatais de acidentes de trânsito, 1.909 eram ciclistas (Waiselfisz, 2012). No entanto, apesar de o número de vítimas ser alarmante, poucas pesquisas foram realizadas para compreender as causas, sendo o conhecimento baseado principalmente em pesquisas realizadas fora do Brasil (Bacchieri *et al.*, 2005) ou com dados pós-acidente sobre a relação entre uso de álcool e os acidentes (Mello-Jorge & Koizumi, 2009).

Entre os fatores contribuintes para o alto número de acidentes envolvendo os ciclistas estão a infraestrutura insuficiente e a baixa conscientização de motoristas para a presença dos usuários da bicicleta nas vias públicas (Bacchieri *et al.*, 2005). Quanto mais o indivíduo percebe as dificuldades e desvantagens na infraestrutura para utilizar a bicicleta, maior será a possibilidade da escolha de outro meio de transporte em seus trajetos. Segundo Delabrida (2004), o desrespeito dos motoristas faz que o trânsito seja percebido como empecilho para o uso da bicicleta, já que os ciclistas são expulsos das vias pelos automóveis ou pedalam sobre a calçada como forma de fugir do trânsito motorizado.

No estudo realizado por Franco e Bianchi (2010), o medo de ser atropelado foi uma das razões para não utilizar a bicicleta como meio de transporte. Além disso, a falta de espaço, como vestiários apropriados para a higiene após os deslocamentos, a falta de bicicletários, de ciclovias e, principalmente, a falta de segurança aliada ao desrespeito dos condutores de veículos motorizados eram fatores para que a bicicleta não fosse escolhida como uma opção de transporte entre estudantes de uma universidade pública em Curitiba (Paraná). Na Grã-Bretanha, as mulheres alegam que andar de bicicleta não favorece o uso de um vestuário com visual atraente (Garrard,

Rose, & Lo, 2007). Entre os jovens do sexo masculino, andar de bicicleta é uma atitude considerada infantil, e comprar um automóvel serve ao mesmo tempo como um sinal da passagem para a fase adulta e para atrair mulheres (Unwin, 1995). Franco e Bianchi (2010) sugerem que esse fato pode estar relacionado com a questão de a bicicleta ser associada à infância e a um brinquedo a ser dado para as crianças em datas comemorativas como natal, aniversário e dia das crianças.

Outra desvantagem a ser considerada refere-se ao aspecto ambiental. O trânsito é a maior fonte de emissão de partículas ultrafinas, e a exposição aos poluentes afeta diretamente a saúde das pessoas, podendo causar problemas respiratórios e cardiovasculares (Berghmans *et al.*, 2009). No trabalho desses autores, os resultados indicaram que dois fatores externos influenciam a concentração de partículas finas: (1) a velocidade do vento (quanto maior a velocidade, menor a concentração de partículas); e (2) a estrutura do tráfego (locais onde os motoristas reduzem a velocidade ou locais de reaceleração, como semáforos, acumulam maior concentração de partículas). Nesse contexto, o ciclista encontra-se constantemente em contato com esses poluentes advindos do tráfego urbano. Thai, McKendry e Brauer (2008) advogam que análises sobre os locais com alta concentração de poluentes são importantes, pois com essa informação é possível saber em quais locais os ciclistas estarão menos expostos a estes para o planejamento de rotas que maximizem a distância entre ciclistas e veículos motorizados.

O uso da bicicleta como meio de transporte

A escolha da bicicleta como meio de transporte está relacionada a vários aspectos físicos, como topografia, tamanho das cidades, características da população, características demográficas e climáticas, trânsito perigoso, longas distâncias, bem como à segurança percebida e vias apropriadas (Franco & Bianchi, 2010; Rietveld & Daniel, 2004; Unwin, 1995).

Também têm sido encontradas diferenças entre sexos e escolha do uso da bicicleta. Os homens tendem a utilizar mais a bicicleta que as mulheres (Bernhoft & Carstensen, 2008; Delabrida, 2004; Winters, Friesen,

Koehoorn & Teschke, 2007), apesar de essa tendência se alterar em cidades onde o índice de utilização de bicicleta é mais alto (Dijkstra *et al.*, 1998).

No Brasil, as mulheres relatam que gostariam de utilizar mais vezes a bicicleta, mas aparecem como ciclistas casuais e a utilizam em maior número de vezes como lazer que os homens. Além disso, as mulheres apontam um maior número de ocorrências de quedas, e isso é um fator negativo para o uso da bicicleta (Delabrida, 2004).

Em pesquisa realizada na cidade brasileira de Taguatinga (Distrito Federal), Delabrida (2004) utilizou o diferencial semântico para estudar o uso e a imagem da bicicleta entre os moradores. A imagem da bicicleta foi definida por aspectos cognitivos dos moradores como mais ou menos potente, ativa e muito boa. O estudo mostrou que os usuários do sexo masculino escolhem a bicicleta pela facilidade de locomoção e pelo exercício físico que proporciona (para saber mais, veja o Capítulo 8 deste livro).

Segundo Rietveld e Daniel (2004), entre as variáveis que contribuem para a escolha da bicicleta como meio de transporte está o número de paradas que o ciclista precisa fazer durante o trajeto, os obstáculos nas vias e a segurança dos ciclistas.

Raquel (2006) aponta que a falta de espaço e de ciclovias é motivo para o não uso da bicicleta entre os usuários do transporte coletivo; 62,69% dos entrevistados indicaram a necessidade da construção de mais ciclovias, sendo que 91,43% afirmaram que utilizariam mais a bicicleta caso as ciclovias fossem construídas. O trabalho conclui que é necessário implementar infraestrutura ciclística, compatibilizando os tipos de via e os usos do solo, buscando o equilíbrio entre a demanda e a oferta dos meios de transportes não motorizados.

Pesquisa realizada nas cidades brasileiras de Belo Horizonte, Governador Valadares e Pedro Leopoldo buscou conhecer a percepção dos ciclistas acerca do espaço viário (Leiva, Sily & Barbosa, 2004). As conclusões indicam que há necessidade de intervenções na infraestrutura viária, com estudos para analisar os tipos de cruzamentos, visando amenizar os riscos de acidentes entre ciclistas, e propõem a diminuição das conversões de veículos como uma medida positiva para esse fim.

Para Unwin (1995), a escolha do meio de transporte pode ser interpretada como um hábito que, segundo Dijkstra *et al.* (1998), é o elemento mais importante na previsão dessa escolha. Segundo Davidov (2007), os hábitos constituem um importante componente do comportamento humano e são economicamente eficientes em muitos casos, como na escolha do automóvel, pois pessoas com um automóvel à sua disposição utilizam-no mais frequentemente, por uma questão de hábito. No entanto, o hábito, como quesito importante na estagnação do sujeito quanto ao meio de transporte utilizado, é contestado por Klöckner e Matthies (2004). Em uma pesquisa realizada na Alemanha, com uma amostra de 160 pessoas que documentaram sua escolha do meio de transporte utilizado no trajeto para o trabalho, os autores encontraram que não há efeito direto dos hábitos na escolha do meio de transporte, mas um efeito moderado das crenças individuais na escolha do meio de transporte.

O uso da bicicleta nos trajetos universitários

É de suma importância conhecer os fatores que influenciam a escolha do meio de transporte para o planejamento do trânsito nas cidades. Pesquisar a classe universitária pode trazer luz sobre como essa população se desloca em seus trajetos e planejar ações para a promoção de transporte sustentáveis nas cidades universitárias. Segundo dados da Associação Nacional dos Dirigentes das Instituições Federais de Ensino Superior (2011), somente nas universidades federais do Brasil existem 656.167 alunos. Destes, 43% são considerados de baixa renda, ou das classes C, D ou E. Incluir a bicicleta como meio de transporte principal ou complementar nos deslocamentos nos trajetos dos universitários, além de diminuir o volume de circulação de veículos motorizados, pode influenciar o estudante a ser um usuário da bicicleta, mesmo após o término de seus estudos, quando ingressar ou evoluir na carreira profissional. A qualificação para o trabalho também qualifica para o consumo. Segundo pesquisa realizada por Cardoso e Sampaio (1994), para conhecer a relação entre o trabalho e o estudo entre estudantes universitários, mais de 50% dos estudantes universitários pesquisados trabalham, sendo que a maioria trabalha para se autofinanciar. Ainda para os autores, ter acesso ao trabalho significa ter acesso ao consumo e, nas sociedades contemporâneas, ser jovem significa partilhar com outros membros dessa categoria de uma série de consumos de sociabilidade e apresentação.

Em outros termos, significa tomar parte de uma linguagem geracional comum, em que o consumo de bens, materiais e simbólicos é fundamental. Nesse sentido, promover a bicicleta entre essa população significa incluí-la como um item de consumo e uso para além da fase universitária.

Bonham e Koth (2010) desenvolveram trabalho na Austrália com o objetivo de entender a escolha do modal entre os estudantes e funcionários da universidade sobre os fatores motivadores e desmotivadores para utilizar a bicicleta como meio de transporte. Foi constatado que as facilidades para a bicicleta eram escassas, os bicicletários não eram adequados às bicicletas contemporâneas e ficavam muito longe dos prédios de aula, dispersos ao longo do *campus* e não sinalizados, ao passo que os estacionamentos para os automóveis ficavam mais próximos dos prédios de aulas. Outro fator negativo ao uso da bicicleta foi o baixo número de vagas de estacionamento de bicicletas (81) quando comparado ao número de vagas para estacionamento de automóveis (1.531). Os autores indicaram que volume, natureza e localização dos espaços dedicados aos usuários de veículos automotores agem como reforçadores positivos para a escolha do modal. A saúde era o principal motivador, além do custo acessível de aquisição e manutenção, preocupações com o meio ambiente, tempo e prazer no uso da bicicleta. Os problemas relatados no uso da bicicleta foram a logística no transporte de materiais como livros, computadores e roupas. Houve uma diferenciação na preocupação entre os funcionários e alunos para o uso da bicicleta. Os funcionários estavam preocupados com a ausência de armários para guardar seus pertences e com a ausência de vestiários com chuveiros. Os estudantes demonstraram preocupação com a possibilidade de roubo de acessórios de suas bicicletas e com o fato de não ser permitido guardar a bicicleta nos prédios da universidade. A falta de respeito dos motoristas que conduzem muito próximo dos ciclistas, a alta velocidade dos automóveis e a falta de respeito do poder público, que constrói ciclovias descontínuas, foram apontados como fatores desmotivadores ao uso da bicicleta (Bonham & Koth, 2010). Finalmente, a questão econômica para inclusão da bicicleta como alternativa de transporte também constitui aspecto favorável, uma vez que a bicicleta oferece um baixo custo de aquisição (Pires, 2008).

Dessa maneira, o objetivo deste capítulo foi averiguar os fatores motivadores da inclusão da bicicleta como modo de transporte entre estudantes universitários e pesquisar se houve diferenças entre grupos de sexo, idade e tipo de instituições de ensino superior (IES) quanto a esses fatores.

Método

Participantes

Responderam ao questionário 412 estudantes matriculados em IES, públicas (50%) e privadas (50%) da cidade de Curitiba. A maioria dos estudantes era do sexo feminino (59,5%), com média de idade de 28,76 anos (DP = 6,50 anos, mínimo = 17 anos e máximo = 56 anos); 71,1% possuíam Carteira Nacional de Habilitação (Média = 4,49 anos, DP = 5,58 anos). Quanto à posse de carro, 40,5% da amostra possuíam carro, 32,3% dispunham de carro e 27,1% não possuíam nem dispunham de um. Dos que possuíam ou dispunham de carro, 36,6% nunca utilizavam o carro para ir à IES, 6% utilizavam um dia por semana, 22,2% de dois a quatro dias e 35,2% cinco dias ou mais dias.

Instrumentos

Foi desenvolvido para esse estudo um instrumento de atitudes sobre os fatores motivadores para o uso da bicicleta, com base em revisão de literatura sobre o uso da bicicleta em deslocamentos urbanos e nos dados de pesquisa realizada anteriormente (Franco & Bianchi, 2010). O instrumento foi estruturado em três partes. A primeira parte buscou informações sobre a frequência do uso do carro e da bicicleta e a frequência dos deslocamentos. A segunda parte continha a escala de atitudes com 31 itens afirmativos sobre fatores motivadores para inclusão da bicicleta nos deslocamentos até a IES, em escala Likert de 5 pontos. Os participantes deveriam indicar seu grau de concordância para cada um dos itens (de 1 = discordo muito a 5 = concordo muito). A escala desenvolvida foi inspirada no trabalho de Stangeby (1997) sobre atitude em relação ao uso da bicicleta. A terceira parte caracterizou a amostra e a intenção de uso da bicicleta em escala Likert de 5 pontos (de 1 = muito improvável a 5 = muito provável).

Procedimentos

A coleta de dados foi realizada em salas de aula, com a presença dos professores, do pesquisador e dos alunos. Após a apresentação do pesquisador, os alunos eram convidados a participar do estudo e a assinar o Termo de Consentimento Livre e Esclarecido, sendo ressaltada a não obrigatoriedade da participação. O tempo médio de resposta foi de 10 minutos. Ao final, quando os instrumentos foram recolhidos, o pesquisador agradeceu a participação de todos, relembrando a forma de contato para eventuais esclarecimentos.

Foram realizadas análises descritivas dos dados sociodemográficos de deslocamentos e de intenção do uso da bicicleta. Também foram calculadas médias e desvios-padrão da escala de atitudes ante os motivadores para a inclusão da bicicleta nos deslocamentos até a IES. As diferenças entre os grupos foram calculadas com o uso do teste t de Student, dividindo a amostra em dois grupos de idades: de 17 a 22 anos (58,4%) e mais que 23 anos (41,6%). Os critérios para a divisão em grupos da população estudada foram decididos com base na metodologia dos artigos utilizados na revisão de literatura. Para medir a consistência interna da escala, foram calculados os coeficientes alfa de Cronbach e Spearman-Brown. Para analisar a fatorabilidade da escala utilizou-se o teste de adequação da amostra de Kayser-Meyer-Olkin (KMO). Posteriormente, foi realizada uma análise fatorial utilizando a Análise de Componentes Principais (*Principal Component Analysis*), com rotação Varimax.

Resultados

Dados sociodemográficos, de deslocamento e de intenção do uso da bicicleta

Dos participantes da amostra, 40,2% possuíam bicicleta, 13,4% dispunham de bicicleta e 46,5% não possuíam nem dispunham. Dos que possuíam ou dispunham de bicicleta, 92% nunca a utilizavam para ir ao local de estudo, somente 5,2% a utilizavam de um a três dias e 2,8% declararam utilizá-la de quatro a seis dias por semana para ir à IES.

Dos deslocamentos ao dia, realizados em bicicleta, 78,7% não realizavam tipo algum, 17,6% realizavam de um a três deslocamentos por dia e 2,9% de quatro a seis deslocamentos por dia. Somente 0,8% realizava sete ou mais deslocamentos por bicicleta ao dia.

Quanto à intenção de uso da bicicleta, 53,1% dos participantes declararam que não utilizariam a bicicleta combinando-a com outros meios de transporte nos próximos doze meses e somente 9,5% declararam como provável seu uso. A frequência para o uso combinado da bicicleta com outros meios de transporte no trajeto até a IES foi declarada da seguinte maneira: muito provável (26,4%), improvável (26,7%) e não sei (14,2%).

Não foram encontradas diferenças significativas entre sexo, idade e tipo de IES, bem como entre possuir ou dispor de um carro e bicicleta e intenção de uso da bicicleta.

Atitudes ante os motivadores para a inclusão da bicicleta nos deslocamentos até a IES

A média geral da amostra para a escala foi de 3,80 (DP = 0,71), isto é, os participantes declararam ter uma atitude moderadamente positiva diante dos motivadores do uso da bicicleta. Na Tabela 9.1 são apresentadas as médias e os desvios-padrão para cada item em ordem decrescente de médias.

Tabela 9.1 Médias e desvios-padrão dos itens da escala de atitudes

Item	Média	Desvios-padrão
Se houvesse uma rede de ciclovias bem conservadas	4,24	1,01
Se houvesse trânsito menos perigoso para o uso da bicicleta	4,21	1,08
Se houvesse menos risco de ser assaltado	4,19	1,12
Se houvesse respeito às leis de trânsito	4,17	1,00
Se houvesse melhora do comportamento dos motoristas em relação ao ciclista	4,13	1,16
Se pudesse contribuir para a redução da poluição	4,08	1,16
Se houvesse iluminação nas ciclovias para os deslocamentos à noite	4,04	1,19
Se houvesse maior mobilidade no trânsito de Curitiba	4,01	1,10

Item	Média	Desvios-padrão
Se houvesse ciclofaixa	3,97	1,11
Se houvesse policiamento ao longo das ciclovias	3,91	1,20
Se houvesse tempo disponível para o percurso	3,82	1,17
Se houvesse trajetos mais curtos a serem percorridos	3,74	1,16
Se houvesse bicicletários nos terminais de ônibus e universidade	3,73	1,16
Se houvesse vestiários com chuveiros e armários nas dependências da minha universidade	3,73	1,20
Se houvesse menos gasto com transporte	3,69	1,19
Se houvesse um trajeto com a topografia plana	3,68	1,19
Se houvesse espaço adequado na bicicleta para carregar materiais acadêmicos	3,63	1,19
Se houvesse uma rede de ciclovias interligando os terminais de ônibus aos bairros	3,61	1,19
Se houvesse desconto aos universitários no preço da bicicleta	3,59	1,24
Por ser mais saudável que os outros meios de transporte	3,53	1,32
A percepção de outras pessoas fosse positiva em relação à bicicleta	3,52	1,26
Se houvesse clima agradável	3,45	1,20
Se houvesse um sistema de locação de bicicleta pública	3,33	1,20
Se houvesse sinaleiros exclusivos para bicicletas	3,28	1,23
Se houvesse ônibus que permitissem transportar bicicleta	3,25	1,33
Se houvesse dinheiro para comprar uma bicicleta	3,22	1,18
Se houvesse menos cães soltos nos trajetos	3,18	1,23
Se houvesse local para guardar a bicicleta em casa	3,17	1,21
Se houvesse pagamento de um bônus em dinheiro para quem usa a bicicleta	3,16	1,36
Se houvesse outros colegas utilizando a bicicleta	3,10	1,15
Se houvesse professores utilizando a bicicleta	2,93	1,17

Nota: 1 – Discordo muito; 2 – Discordo; 3 – Não concordo nem discordo; 4 – Concordo; 5 – Concordo muito.

Para calcular as diferenças entre sexos, faixas etárias e tipo de IES na escala de atitudes, foi utilizado o teste t de Student. As médias por grupo são apresentadas na Tabela 9.2. As médias com asterisco são aquelas em que foram constatadas diferenças estatísticas significativas entre os grupos.

Tabela 9.2 Diferença das médias dos grupos na escala de atitudes.

	Sexo		Idade		IES	
Item	**Masculino**	**Feminino**	**Até 22 anos**	**Mais de 22 anos**	**Privada**	**Pública**
Rede de ciclovias	3,58	3,63	3,61	3,59	3,64	3,58
Bicicletários	3,61	3,81	3,75	3,71	3,77	3,69
Comportamento motoristas	4,04	4,19	4,15	4,11	4,21	4,04
Transportar no ônibus	3,27	3,24	3,41	3,03	3,38	3,14
Iluminação ciclovias	3,94	4,11	4,07	4,07	4,14	3,94
Vestiários, chuveiros e armários	3,73	3,73	3,73	3,74	3,80	3,67
Sinaleiros para bicicleta	2,98	3,48*	3,28	3,33	3,29	3,26
Policiamento ao longo das ciclovias	3,73	4,03*	3,93	3,88	3,98	3,84
Desconto no preço da bicicleta	3,66	3,55	3,67	3,50	3,71	3,48*
Mobilidade no trânsito	3,92	4,07	4,07	3,92	4,15	3,86
Topografia plana	3,57	3,75	3,74	3,55	3,72	3,64
Ciclofaixa	3,78	4,09*	4,00	3,91*	4,12	3,82*
Clima agradável	3,31	3,54	3,50	3,40	3,45	3,45
Bicicleta pública	3,17	3,43*	3,36	3,26	3,49	3,16*
Pagamento de bônus	3,19	3,13	3,25	3,01	3,26	3,05
Trajetos mais curtos	3,62	3,81	3,86	3,60*	3,87	3,60*
Rede de ciclovias conservadas	4,18	4,27	4,25	4,16	4,29	4,18
Trânsito menos perigoso	4,05	4,32*	4,26	4,21	4,26	4,17
Tempo disponível	3,60	3,97*	3,90	3,83	3,82	3,82
Dinheiro para comprar uma	3,10	3,31	3,22	3,17	3,17	3,28
Local para guardar em casa	3,01	3,28*	3,21	3,14	3,20	3,15
Menos risco de ser assaltado	4,12	4,24	4,19	4,18	4,24	4,15
Espaço para carregar materiais acadêmicos	3,43	3,77*	3,69	3,59	3,68	3,58
Professores utilizando a bicicleta	2,86	2,98	2,92	2,98	2,95	2,91
Outros colegas utilizando a bicicleta	3,02	3,16	3,07	3,18	3,12	3,09
Respeito às leis de trânsito	4,10	4,22	4,18	4,12	4,19	4,15
Menos gasto com transporte	3,54	3,80*	3,82	3,57*	3,72	3,67
Menos cães nas ruas	3,06	3,26	3,22	3,12	3,24	3,13

Item	Sexo		Idade		IES	
	Masculino	Feminino	Até 22 anos	Mais de 22 anos	Privada	Pública
Mais saudável	3,28	3,70*	3,63	3,46	3,57	3,49
Percepção positiva em relação à bicicleta	3,43	3,58	3,61	3,49	3,50	3,54
Redução da poluição	3,97	4,16	4,07	4,11	4,04	4,12
N	167	245	216	154	207	205

Nota: 1 = Discordo muito; 2 = Discordo; 3 = Não concordo nem discordo; 4 = Concordo; 5 = Concordo muito. *diferença entre grupos em $p < 0,05$.

Os procedimentos de análise realizados revelaram que a escala de atitudes apresenta consistência interna (alfa de Cronbach = 0,95; Spearman-Brown = 0,90) e que a matriz de correlações é fatorável (KMO = 0,95). Foram extraídos quatro fatores pelo método dos eixos principais com rotação Varimax, com Eigenvalues iniciais maiores que 1 e explicando 57,64% da variância. As cargas de cada item nos respectivos fatores são apresentadas na Tabela 9.3.

Tabela 9.3 Carga fatorial dos itens da escala de atitudes.

Fator	Item	Carga Fatorial			
		1	2	3	4
	Bicicletários nos terminais de ônibus e universidade	0,73			
	Rede ciclovias	0,72			
	Melhora do comportamento dos motoristas em relação ao ciclista	0,68			
	Vestiários com chuveiros e armários na universidade	0,62			
	Iluminação nas ciclovias para os deslocamentos à noite	0,62			
1	Ônibus que permita transportar bicicleta	0,60			
	Maior mobilidade no trânsito	0,56			
	Policiamento ao longo das ciclovias	0,53			
	Desconto aos universitários no preço da bicicleta	0,50			
	Sinaleiros exclusivos para bicicletas	0,46			
	Ciclofaixa	0,45			
	Sistema de locação de bicicleta pública	0,43			

		Carga Fatorial			
Fator	**Item**	**1**	**2**	**3**	**4**
	Outros colegas utilizando a bicicleta		0,76		
	Professores utilizando a bicicleta		0,75		
	Percepção positiva de outras pessoas em relação à bicicleta		0,71		
	Mais saudável que os outros meios de transporte		0,68		
2	Local para guardar a bicicleta em casa		0,64		
	Dinheiro para comprar uma bicicleta		0,60		
	Menos gasto com transporte		0,58		
	Espaço adequado para carregar materiais acadêmicos		0,49		
	Menos cães soltos nas ruas		0,42		
	Menos risco de ser assaltado			0,73	
	Respeito às leis de trânsito			0,64	
3	Trânsito menos perigoso para o uso da bicicleta			0,63	
	Tempo disponível para o percurso			0,60	
	Rede de ciclovias bem conservadas			0,56	
	Poder contribuir para a redução da poluição			0,54	
	Trajetos mais curtos a serem percorridos				0,73
4	Bônus em dinheiro para quem usa a bicicleta				0,66
	Trajeto com a topografia plana				0,57
	Clima agradável				0,51
	Variância explicada (%)	12,99	1,97	1,58	1,31

A descrição conceitual de cada fator ficou assim definida:

1. Ações desejadas: refere-se aos itens que expressam ações comportamentais dos motoristas e outros usuários da via em relação ao ciclista, ações do poder público em relação a investimentos na infraestrutura cicloviária e ações que promovam segurança pública para o uso da bicicleta.

2. Aspectos da percepção subjetiva geral: caracteriza os itens que abordam questões da percepção social, percepção econômica e percepção espacial.

3. Aspectos da percepção subjetiva individual: caracteriza os itens que abordam questões de percepção individual.
4. Aspectos independentes: engloba os itens que não dependem de investimentos em infraestrutura do poder público.

Discussão

A maioria dos participantes (92%) declarou não utilizar a bicicleta, embora 53,6% da amostra tivesse ou dispusesse de bicicleta. Mesmo assim, só 12,13% declararam utilizá-la no mínimo em um de seus deslocamentos semanais. Esses resultados foram similares àqueles da pesquisa de Stangeby (1997), em que os participantes da Áustria, Itália e Espanha declararam nunca ou raramente utilizar a bicicleta como meio de transporte, mesmo gostando de utilizá-la para lazer. Isso pode ser devido à alta taxa de motorização entre os universitários, dos quais 71,2% possuem ou dispõem de um carro.

O baixo uso da bicicleta também pode ser explicado por questões relacionadas à percepção de que o trânsito é perigoso. Wardman, Tight e Page (2007) consideram existir a possibilidade de a pessoa só substituir seu meio de transporte pela bicicleta quando se sentir segura, de maneira que seu trajeto inteiro possa ser realizado longe do tráfego motorizado. O trânsito perigoso e o medo de atropelamentos já haviam sido indicados como impedimentos para o uso da bicicleta por estudantes de Curitiba no estudo de Franco e Bianchi (2010). A falta de infraestrutura e a não percepção dos ciclistas pelos condutores de veículos motorizados contribuem para os acidentes envolvendo carros e bicicletas (Bacchieri *et al.*, 2005).

Nesta pesquisa, a maioria declarou não ter intenção de utilizar a bicicleta nos próximos doze meses como meio de transporte. Uma possibilidade é que os participantes não estejam interessados em utilizar a bicicleta por não considerar os trajetos atrativos e pela dificuldade de levar os materiais de estudos nas bicicletas, assim como apontado nas pesquisas de Stangeby (1997). O estudo de Bonham e Koth (2010) mostrou que a infraestrutura para o carro, por exemplo, facilidade para estacionamento, funciona como reforçador para a escolha desse modal em detrimento da bicicleta, que, por ter menos espaços de estacionamentos quando comparada ao carro, acaba sendo preterida nos deslocamentos. A mudança na ordem de importância para uso do espaço físico dentro das universidades pode fazer que a bicicleta seja mais atrativa aos estudantes. Dessa forma, a lógica é que deveriam ser destinados às bicicletas os lugares mais próximos das entradas dos blocos de sala de aula, e os carros ficariam estacionados nos lugares mais afastados.

A questão ambiental pode ter influência na atitude para usar a bicicleta, pois a possibilidade de contribuir para a redução da poluição é uma preocupação dos participantes. O fator amigável ao meio ambiente deveria ser mais explorado pelos administradores do sistema de transportes de Curitiba e, também, pelos responsáveis pela gestão ambiental da cidade.

Se houvesse uma rede de ciclovias bem conservadas, a posição da bicicleta perante o carro poderia ser mais aceitável. A existência de ciclovias oferece condições ao ciclista para se deslocar longe do alcance do trânsito motorizado, contribuindo para a sensação de segurança, uma vez que os estudantes percebem o trânsito da cidade de Curitiba como perigoso, fato registrado também por Franco e Bianchi (2010). A respeito desse aspecto, vale ressaltar a indicação de Leiva *et al.* (2004) de que se deve ter cuidado ao projetar uma ciclovia ou implantar outras medidas de incentivo ao uso da bicicleta. Por ser a bicicleta um veículo frágil e vulnerável diante dos outros veículos motorizados, se estudos não forem realizados para conhecer a demanda de uso, as características climáticas e a dinâmica do trânsito da região a ser implantada a ciclovia, corre-se o risco de construir algo que não atenderá aos anseios dos usuários, podendo até mesmo oferecer riscos aos ciclistas, por falta de planejamento. O investimento na construção de ciclovias é justificado, pois oferece segurança e aumenta a mobilidade para o condutor da bicicleta, por não precisar realizar tantas paradas durante o trajeto, tornando a bicicleta mais atrativa como meio de transporte.

Se houvesse melhora do comportamento dos motoristas em relação ao ciclista, a bicicleta poderia ser mais atrativa; possivelmente isso permitiria que, onde não houvesse ciclovias, o ciclista se sentisse mais confiante e dividisse, com tranquilidade, a via com os veículos motorizados, uma vez que isso é permitido pelo CTB (Lei n. 9.503, 1997). Investimentos em fiscalização das regras previstas no referido Código, no intuito de assegurar a segurança e o direito do ciclista, também são um incentivo para o uso da bicicleta. A fiscalização poderia causar uma mudança de comportamento dos motoristas para com os ciclistas.

A sensação de insegurança pode interferir no uso da bicicleta, conforme apontou o estudo de Franco e Bianchi (2010). Nessa pesquisa, os participantes concordaram com afirmativas de que usariam mais a bicicleta se houvesse menos risco de ser assaltados. Onde não há iluminação, o risco de assalto pode aumentar. Ciclovias e ciclofaixas mal iluminadas podem ser empecilhos para a escolha da bicicleta nos trajetos noturnos, sendo assim, o investimento do poder público em segurança e policiamento nas vias cicláveis deveria ser revisto. A iluminação nos espaços destinados aos ciclistas também pode diminuir o risco de quedas e colisões com obstáculos na pista.

Em relação à diferença entre grupos, as mulheres concordaram mais com questões relativas à segurança, como existência de ciclofaixas e trânsito menos perigoso, também encontrados em pesquisas anteriores. Os jovens concordaram com as opções de menos gastos com o transporte, e os estudantes de universidades privadas, com questões econômicas. Incentivos financeiros para que os estudantes universitários priorizassem a bicicleta em seus deslocamentos poderiam ser uma alternativa para incentivar esse tipo de modal e desestimular o uso do carro. Descontos em eventos culturais, cinemas e restaurantes poderiam funcionar como incentivos para que as pessoas se deslocassem utilizando a bicicleta, segundo o estudo de Wardman *et al.* (2007).

A análise fatorial da escala de atitudes sobre os fatores motivadores para uso da bicicleta apontou quatro fatores que podem ser utilizados para pensar em análises e investimentos para abranger esses fatores. O fator 1 apresentou os itens que expressam ações comportamentais dos motoristas e outros usuários da via em relação ao ciclista, ações do poder público em relação a investimentos na infraestrutura cicloviária e ações que promovam segurança pública para o uso da bicicleta. Dessa maneira, poder-se-ia pensar em campanhas focadas diretamente nos comportamentos que geram problemas de convívio entre o ciclista e outros motoristas. Entretanto, é muito difícil haver mudanças de comportamento de uma população, sem incentivos e investimentos para vencer os empecilhos que distanciam os usuários de transportes motorizados da bicicleta. As campanhas também devem enfatizar a prioridade das bicicletas sobre os carros e modos de condução seguros da bicicleta, bem como promover a ideia do uso dos equipamentos de segurança e o respeito às sinalizações de trânsito com ênfase na proteção dos ciclistas e pedestres. Os fatores 2 e 3 apresentaram os aspectos da percepção subjetiva e caracterizaram os itens que abordam questões da percepção social, pessoal, econômica e espacial. Cada usuário percebe a cidade de uma forma, locomove-se e comporta-se de acordo com suas necessidades, interesses e valores pessoais. É necessário que a imagem da bicicleta seja promovida a um *status* de meio de transporte, e não de um brinquedo para o lazer. Campanhas com enfoque que promovam os aspectos positivos da bicicleta ante outros meios de transporte são necessárias para mostrar que ela é rápida em pequenas distâncias, econômica, não poluente, fácil de estacionar, leve para transportar, entre outras facilidades. Finalmente, o fator 4 diz respeito aos itens que não dependem de investimentos em infraestrutura do poder público ou de terceiros e que são mais difíceis de ser modificados para promover o uso da bicicleta.

Implicações práticas

Este estudo encontrou uma baixa utilização da bicicleta como meio de transporte nos deslocamentos até a universidade, uma vez que 92% da amostra não utiliza a bicicleta em seus deslocamentos semanais. Essa realidade leva a considerar a conclusão de Wardman *et al.* (2007) de que o futuro para o uso da bicicleta será desolador caso não sejam adotadas medidas que a tornem mais atrativa em relação ao carro. Para reverter esse quadro, ações como a criação de planos cicloviários para os municípios são um passo importante.

Entre as ações indispensáveis para uma IES contribuir com um bom plano de gestão integrada de mobilidade urbana sustentável está a construção de ciclovias dentro dos domínios da instituição, interligando-as às ciclovias construídas pelo município. As ciclovias devem ser bem sinalizadas, ligar todos os blocos de ensino, proporcionando acesso aos diferentes setores do *campus*. Os bicicletários e paraciclos devem estar o mais próximo possível das entradas dos blocos de salas de aulas, bibliotecas e cantinas, além de ser bem iluminados, de preferência vigiados por câmeras de segurança, fechados e cobertos sempre que possível.

Vestiários munidos de chuveiros e armários com chave devem ser ofertados para a higiene, troca de roupas dos alunos e armazenamento de equipamentos e vestimentas. Campanhas e promoções de conscientização dos estudantes sobre a importância da desmotorização devem ser realizadas frequentemente (principalmente nos trotes para calouros, assim, os alunos veteranos propagariam a cultura da mobilidade sustentável entre os estudantes recém-chegados), pois a aceitabilidade individual mostra-se um elemento essencial para mudanças radicais na direção da mobilidade sustentável, e é por meio do envolvimento dos usuários do transporte que acontecem as mudanças (Banister, 2008).

Para isso, as ações e políticas públicas, no que se refere à mobilidade urbana sustentável, devem ser integradas entre o Ministério das Cidades, o Ministério da Educação e Cultura (MEC), a prefeitura da cidade que receberá a IES e a diretoria dessas instituições de ensino. O Ministério das Cidades deveria exigir dos municípios que lhe demandem financiamentos e projetos que contemplem um plano de mobilidade que integre a IES à rede de transporte da cidade universitária. O MEC deveria considerar tais aspectos para autorizar a abertura da IES ou de novos cursos. Antes da instalação de uma IES, ou ampliação de vagas, é imprescindível que a prefeitura, o MEC e a direção da IES discutam alternativas para amenizar os impactos na mobilidade que o município sofre com o aumento da demanda de deslocamentos para a região em que será instalada. Um bom plano de mobilidade sustentável deve fazer parte da avaliação da IES pelo MEC.

Lopes (2010) apontou que existem conflitos entre o parecer técnico e o parecer político para estabelecer políticas públicas para a mobilidade sustentável que priorizem os pedestres e ciclistas. A universidade, na qualidade de produtora de conhecimento e formadora de profissionais, entre eles políticos e técnicos, por ser implementadora de políticas públicas, mas também geradora de demandas, tem seu papel a cumprir nesse contexto.

Por fim, vale apontar que este estudo apresenta algumas limitações que poderão ser contempladas em trabalhos futuros. Não foi possível coletar dados em todas as IES de Curitiba. Como este trabalho não teve como finalidade principal pesquisar a disponibilidade de infraestrutura institucional para a bicicleta, em trabalhos futuros poderá ser possível comparar as respostas de alunos das IES que dispõem de facilidades para o ciclista com as respostas das IES que não oferecem facilidades a seus estudantes. Estudos sobre o uso da bicicleta são muito importantes para o desenvolvimento de projetos de mobilidade urbana que visem diminuir o uso dos meios de transporte motorizados e disseminar os meios de transporte ecologicamente sustentáveis.

Referências

Andersen, L. B., Schnohr, P., Schroll, M., & Hein H. O. (2000). All-cause mortality associated with physical activity during leisure time, work, sports, and cycling to work. *Archives of Internal Medicine, 160*, 1621-1628.

Associação Nacional de Transportes Públicos (2008). Recuperado em 1 de abril, 2008, de http:// www.antp.org.br/

Associação Nacional dos Dirigentes de Instituições Federais de Ensino Superior (2011). *Perfil socioeconômico e cultural dos estudantes de graduação das universidades federais brasileiras*. Recuperado em 1 de outubro, 2011, de http:// www.andifes.org.br/

Bacchieri, G., Gigante, D. P., & Assunção, M. C. (2005). Determinantes e padrões de utilização da bicicleta e acidentes de trânsito sofridos por ciclistas trabalhadores da cidade de Pelotas, Rio Grande do Sul, Brasil. *Caderno de Saúde Pública, 21*(5), 1499-1508.

Banister, D. (2008). The sustainable mobility paradigm. *Transport Policy, 15*, 73-80.

Berghmans P., Bleux N., Panis L. I., Mishra V. K., Torfs R., & Poppel M. V. (2009). Exposure assessment of a cyclist to PM10 and ultrafine particles. *Science of the Total Environment, 407*, 1286-1298.

Bernhoft, I. M., & Carstensen, G. (2008). Preferences and behaviour of pedestrians and cyclists by age and gender. *Transportation Research Part F: Traffic Psychology and Behaviour, 11*, 83-95.

Bonham, J., & Koth, B. (2010). Universities and the cycling culture. *Transportation Research Part D, 15*, 94-102.

Cardoso, R. C. L., & Sampaio, H. (1994). Estudantes universitários e o trabalho. *Revista de Ciências Sociais, 26*, 30-50.

Coyle, E., Huws, D., Monaghan, S., Roddy, G., Seery, B., & Staats, P. (2009). Transport and health – a five-country perspective. *Public Health, 123*, 21-23.

Davidov, E. (2007). Explaining Habits in a new context the case of travel-mode choice.*Rationality and Society, 19*(3), 315-334.

Delabrida, Z. N. C. (2004). *A imagem e o uso da bicicleta: um estudo entre moradores de Taguatinga*. Dissertação de mestrado, Universidade de Brasília, Brasília, DF, Brasil.

Dijkstra, A., Levelt, P., Thomsen, J., Thorson, O., Van Severen, J., Vansevenant, P., Nilsson, P. K., Jørgensen, E., Lund, B. C., & Laursen, J. G. (1998). *Best practice to promote cycling and walking*. Analysis and Development of New Insight into Substitution of short car trips by cycling and walking – ADONIS. Copenhagen: Danish Road Directorate.

Franco, C. M. A. (2011). *Incentivos e empecilhos para a inclusão da bicicleta entre universitários*. Dissertação de mestrado, Universidade Federal do Paraná, Curitiba, PR, Brasil.

Franco, C. M. A., & Bianchi, A. S. (2010). *Mobilidade sustentável: o uso da bicicleta entre estudantes da Universidade Federal do Paraná* (manuscrito submetido para publicação).

Garrard, J., Rose, G., & Lo, S. K. (2007). Promoting transportation cycling for women: the role of bicycle infrastructure. *Preventive Medicine, 46*(1), 55-9.

Hull, A. (2008). Policy integration: what will it take to achieve more sustainable transport solutions in cities? *Transport Policy, 15*, 94-103.

Iacono, M., Krizek, K. J., & El-Geneidy, A. (2010). Measuring non-motorized accessibility: issues, alternatives, and execution. *Journal of Transport Geography, 18*, 133-140.

Klöckner, C. A., & Matthies, E. (2004). How habits interfere with norm-directed behaviour: A normative decision-making model for travel mode choice. *Journal of Environmental Psychology, 24*(3), 319-327.

Lei n. 9.503, de 23 de setembro de 1997. (1997). Institui o Código de Trânsito Brasileiro. Brasília, DF.

Leiva, G. C., Sily, B. T. P., & Barbosa, H. M. (2004). Compreendendo os problemas de circulação de bicicletas pela ótica do ciclista. In *XVII Congresso de Ensino de Pesquisa em Transporte.*

Lopes, G. N. (2010). *Embaralhando as pernas: diferentes visões da bicicleta como forma de mobilidade urbana.* Dissertação de mestrado, Pontifícia Universidade Católica do Rio de Janeiro, Rio de Janeiro, RJ, Brasil.

Mello-Jorge, M. H. P., & Koizumi, M. S. (2009). Acidentes de trânsito causando vítimas: possível reflexo da Lei Seca nas internações hospitalares. *Associação Brasileira de Medicina de tráfego, 27*(2), 16-25.

Ministério das Cidades (2010). *Programa Brasileiro de Mobilidade por Bicicleta – Bicicleta Brasil.* Recuperado em 19 de setembro, 2010, de http://www.cidades.gov.br/secretarias-nacionais/transporte-emobilidade/programas-e-acoes/bicicleta-brasil/apresentacao/

Pezzuto, C. C. (2002). *Fatores que influenciam o uso da bicicleta.* Dissertação de mestrado, Universidade Federal de São Carlos, São Carlos, SP, Brasil.

Pires, C. C. (2008). *Potencialidades cicloviárias no Plano Piloto.* Dissertação de mestrado, Universidade de Brasília, Brasília, DF, Brasil.

Raquel, R. (2006). *Mobilidade ciclística: um modal de inclusão socioespacial.* Trabalho de conclusão de curso, Universidade Federal de Santa Catarina, Florianópolis, SC, Brasil.

Rietveld, P., & Daniel, V. (2004). Determinants of bicycle use: do municipal policies matter? *Transportation Research Part A: Policy and Practice, 38*(7), 531-550.

Scaringella, R. S. (2001). A crise da mobilidade urbana em São Paulo. *São Paulo em Perspectiva, 15*(1), 55-59.

Silva, A. N. R., Costa, M. S., & Macedo, M. H. (2008). Multiple views of sustainable urban mobility: the case of Brazil. *Transport Policy, 15*, 350-360.

Sisson, S. B., & Tudor-Locke, C. (2008). Comparison of cyclists' and motorists' utilitarian physical activity at an urban university. *Preventive Medicine, 46*, 77-79.

Stangeby, I. (1997). Attitudes towards walking and cycling instead of using a car. *TØI Report, 370*/1997.

Thai, A., McKendry, I., & Brauer, M. (2008). Particulate matter exposure along designated bicycle routes in Vancouver, British Columbia. *Science of the Total Environment, 405*, 26-35.

Unwin, N. C. (1995). Promoting the public health benefits of cycling. *Public Health, 109*(1), 41-46.

Veículos: produção diminuiu 1% em 2009. (2010, 8 de agosto). *Exportaminas.* Governo de Minas Gerais. Recuperado em 20 fevereiro, 2011, de http://www.exportaminas.mg.gov.br/2010/noticias/?area=12id=1680

Waiselfisz, J. J. (2012). *Mapa da violência 2012: os jovens do Brasil.* São Paulo, 2012. Recuperado em 3 setembro, 2012, de http://mapadaviolencia.org.br/pdf2012/mapa2012_transito.pdf

Wang, D., Feng, T., & Liang, C. (2008). Research on bicycle conversion factors. *Transportation Research Part A: Policy and Practice, 42*, 1129-1139.

Wardman, M., Tight, M., & Page, M. (2007). Factors influencing the propensity to cycle to work. *Transportation Research Part A: Policy and Practice, 41*(4), 339-350.

Wen, L. M., & Rissel, C. (2008). Inverse associations between cycling to work, public transport, and overweight and obesity: findings from a population based study in Australia. *Preventive Medicine, 46*, 29-32.

Winters, M., Friesen, M., Koehoorn, M., & Teschke, K. (2007). Utilitarian bicycling: a multilevel analysis of climate and personal influences. *American Journal of Preventive Medicine, 32*(1), 52-58.

CAPÍTULO 10

JUSTIFICATIVAS DE MOTORISTAS PARA INFRAÇÕES DE TRÂNSITO: UMA ANÁLISE A PARTIR DO DESENGAJAMENTO MORAL[1]

INGRID NETO E
HARTMUT GÜNTHER

Fonte: Beto Nociti / Cerrado Fotografia

[1] Agradecemos à bolsa de fomento à pesquisa concedida pela Capes à primeira autora e pelo CNPq ao segundo autor.

"Não há nada que não possamos inventar para elogiar ou condenar, sem encontrar justificação para assim proceder."
(Moliére, *O Misantropo*)

Cometer atos transgressivos no trânsito parece ser um comportamento recorrente entre os motoristas brasileiros. As estatísticas sugerem que inúmeras infrações são cometidas diariamente. Somente no ano de 2007, foi registrada a ocorrência de 1.855.437 infrações (Departamento de Polícia Rodoviária Federal, 2011), sem contar aquelas registradas por outros órgãos de fiscalização e de controle, bem como as que não são passíveis de observação pelas autoridades responsáveis.

No âmbito legal, o Código de Trânsito Brasileiro – CTB (Senado Federal, 1998), no art. 161, define infração de trânsito como a inobservância de qualquer preceito estabelecido no Código, na legislação complementar ou nas resoluções do Conselho Nacional de Trânsito. Do ponto de vista comportamental, a infração pode ser compreendida como transgressão ou desobediência de regras, sejam elas formalizadas ou socialmente convencionadas (Bicchieri, 2006).

A rigor, ao cometer infrações de trânsito, as pessoas assumem o risco de sofrer as consequências punitivas. Para minimizá-las, é comum as pessoas apresentarem argumentos e buscarem fatos para justificar seu comportamento, especialmente para convencer policiais ou agentes de trânsito a não multar ou aplicar outras penalidades (Johnson, 1938). As justificativas são apresentadas, portanto, para camuflar as informações que colocam o transgressor sob uma luz desfavorável e atribuir uma conotação diferente aos fatos (Neto, Iglesias & Günther, 2012).

Investigar as justificativas que motoristas atribuem às transgressões no trânsito pode ajudar a esclarecer suas motivações, bem como subsidiar o desenvolvimento de políticas para a redução do número de infrações (Neto, 2009). Nesse contexto, este capítulo tem como objetivo discutir a temática das justificativas de motoristas para as infrações de trânsito, apresentando um estudo em que foram analisados os recursos de multas encaminhados à Junta Administrativa de Recursos de Infrações (Jari) de um Departamento de Trânsito.

Para tanto, serão apresentados a problemática do comportamento infracional no trânsito e o conceito de desengajamento moral, por meio do qual buscaremos entender o processo de justificação dos atos infracionais.

Comportamento infracional no trânsito

As regras representam uma importante condição para a atividade humana organizada, pois, além de indicar como as pessoas devem se comportar individual e coletivamente, inibem o comportamento transgressor, que pode prejudicar e desestruturar a organização social (Ziégler, 1969). No contexto do trânsito, as regras formais e informais auxiliam na compreensão das situações que ocorrem nesse ambiente e na antecipação de situações perigosas (Rocha, 2005). A existência de regras, contudo, não garante que as pessoas se comportem conforme o esperado, e não impede que inúmeras infrações sejam cometidas diariamente de maneira deliberada (Lawton, 1997).

Por essa razão, a temática do comportamento infracional tem sido amplamente investigada sob diversos enfoques: distinção entre erros, lapsos e violações (Parker, Lajunen & Stradling, 1998; Reason, Manstead, Stradling, Baxter & Campbell, 1990; Rocha, 2005; Sullman, Meadows & Pajo, 2004), levantamento da percepção de motoristas e policiais sobre a infração e a legislação de trânsito (Clark & Engelmann, 2001a; 2001b), senso de obrigação de motoristas para obedecer às normas (Yagil, 1998) e relação entre motivação e práticas inseguras de direção (Forward, 2009; Parker, Manstead, Stradling, Reason & Baxter, 1992).

De maneira geral, esses estudos indicam que construtos psicológicos (isto é, conceitos definidos teoricamente, mas que não podem ser diretamente mensurados), tais como a intenção, a percepção ou os processos cognitivos que fundamentam a justificação, podem ajudar a compreender o que motiva as pessoas a cometer infrações e a subsidiar o desenvolvimento de intervenções com o objetivo de coibir a transgressão. Em alguns casos, por exemplo, a infração pode ocorrer a partir de justificativas que a pessoa constrói para si mesma, como uma espécie de permissão para transgredir, conforme será discutido a seguir.

O ato de justificar o comportamento infracional

Algumas teorias da psicologia social buscam explicar os mecanismos psicológicos subjacentes ao ato de justificar atos transgressivos. A teoria da dissonância cognitiva, por exemplo, proposta por Festinger (1957), considera que justificativas são atribuídas para reduzir o desconforto interno, especialmente quando percebemos que nos comportamos de maneira irracional ou imoral.

A teoria da atribuição da causalidade, por sua vez, sugere que as pessoas têm uma tendência de explicar e atribuir causas ao comportamento (Heider, 1958). Essas causas podem ser disposicionais (em que o indivíduo atribui a causa do comportamento a uma pessoa) ou situacionais (em que o indivíduo atribui a causa do comportamento a um evento ou situação). No contexto do trânsito, estudos indicam que, em geral, costumam-se apresentar causas e determinantes situacionais para os próprios comportamentos, que nem sempre condizem com a realidade (Beil, 2007; Dela Coleta, 1982; Olivato, 2002).

Por fim, a teoria social cognitiva desenvolvida por Bandura (1977) propõe que as pessoas costumam adotar padrões de moralidade, isto é, comportam-se de acordo com o que consideram certo ou errado. Esse referencial considera que há uma tendência de as pessoas se comportarem de maneira que lhes traga satisfação pessoal, evitando violar seus padrões morais, pois isso faria que desaprovassem a si mesmas.

Sabe-se, contudo, que nem sempre os comportamentos são regulados apenas por padrões morais. No trânsito, por exemplo, uma pessoa que costuma obedecer às leis pode facilmente não fazê-lo, caso considere que há uma situação de maior relevância (por exemplo, ter de chegar a uma reunião). Em casos como este, as pessoas tentam tornar pessoal e socialmente aceitáveis práticas prejudiciais, representando-as como algo que tem propósitos válidos ("ultrapassei os limites de velocidade, mas esse comportamento é aceitável, pois precisava chegar a uma reunião muito importante"). Na teoria social cognitiva, esse ato de tentar tornar a conduta transgressora em algo aceitável é denominado desengajamento moral (Bandura, 1995).

Para explicar o conceito de desengajamento moral, Bandura (1995) propôs um modelo teórico (Figura 10.1) que considera a existência de quatro esquemas psicológicos que podem ser utilizados para justificar e amenizar os atos antissociais cometidos: reconstrução da conduta, distorção do agente da ação, distorção das consequências e distorção da visão real da vítima. Esses esquemas, por sua vez, podem ser expressos por meio de oito mecanismos psicológicos distintos.

Figura 10.1 Ação dos esquemas e mecanismos de desengajamento moral na conduta transgressora.

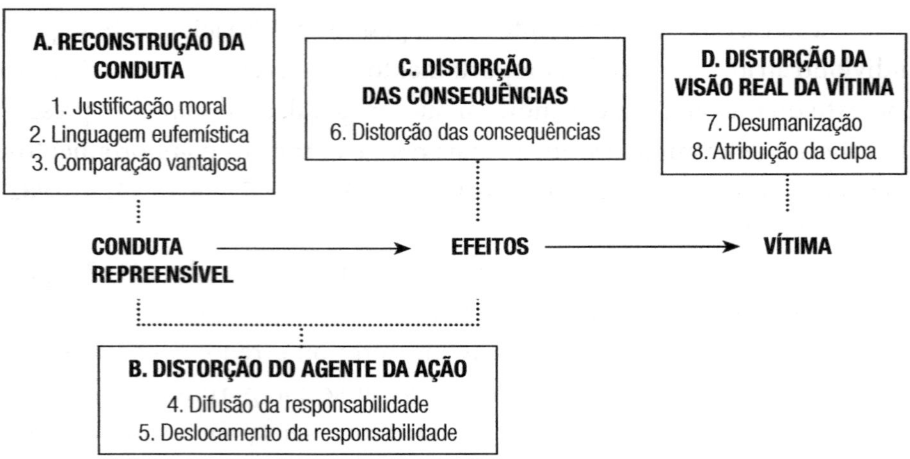

Fonte: adaptada de Iglesias (2008).

Conforme a teoria, uma conduta repreensível produz efeitos que, por sua vez, podem gerar vítimas. Ao praticar uma conduta repreensível, o indivíduo pode, então, produzir justificativas para cada um desses "passos" (por exemplo, transformando-a em uma conduta aceitável). Os efeitos dessa conduta, por sua vez, podem ser minimizados pelo sujeito, que distorce as consequências de seu ato. A relação causal entre conduta repreensível e seus efeitos pode ser modificada pelo transgressor por meio do deslocamento ou da difusão de sua responsabilidade para outras pessoas. Por fim, o transgressor pode minimizar os efeitos gerados nas vítimas de sua conduta, transformando-as em culpadas. A descrição detalhada dos esquemas e dos respectivos mecanismos pode ser visualizada na Tabela 10.1.

Tabela 10.1 Esquemas e mecanismos de desengajamento moral.

Esquema	Mecanismo	Descrição	Exemplo
A. Reconstrução da conduta (o transgressor tenta transformar seu ato prejudicial em uma boa conduta)	1. Justificação moral	O transgressor reconstrói cognitivamente o ato antissocial cometido, transformando-o em uma conduta aceitável que ocorre a serviço de propostas moral ou socialmente valorizadas	"Não há nada de mais em não usar o cinto de segurança"
	2. Linguagem eufemística	O transgressor minimiza a gravidade do ato antissocial cometido, utilizando recursos da linguagem	"Foram só cinco minutinhos estacionado em local proibido"
	3. Comparação vantajosa	O transgressor compara o comportamento antissocial cometido a outros comportamentos que seriam mais repreensíveis	"É melhor exceder a velocidade do que matar"
B. Distorção do agente da ação (o praticante da conduta repreensível modifica a relação causal entre a conduta e seus efeitos)	4. Difusão da responsabilidade	O transgressor explica que cometeu o ato antissocial porque outras pessoas agem da mesma maneira	"Eu não fui o único a estacionar aqui, todo mundo estaciona em local proibido"
	5. Deslocamento da responsabilidade	O transgressor explica que cometeu o ato antissocial por pressões sociais ou por imposição dos outros	"Se o governo não investe em segurança, por que eu tenho de parar no semáforo à noite?"
C. Distorção das consequências (o transgressor busca minimizar os efeitos da ação antissocial)	6. Distorção das consequências	O transgressor minimiza o mal causado pela sua ação	"Eu fechei o motociclista, mas não aconteceu nada demais com ele"

Esquema	Mecanismo	Descrição	Exemplo
D. Distorção da visão real da vítima (o transgressor altera a situação que realmente ocorreu, transformando a vítima em culpada e o agente em vítima)	7. Desumanização	O transgressor retira da vítima sua qualidade humana	"Os motociclistas deveriam ser tratados como animais"
	8. Atribuição de culpa	O transgressor inverte os papéis. Ele transfere sua culpa pelo ato antissocial à vítima, e adota a postura de vítima na situação	"Eu fechei o motociclista porque ele mereceu"

O desengajamento moral pode ser visualizado em forma de justificativas e arranjos apresentados pelo indivíduo para minimizar diferentes práticas sociais nocivas. Serve para explicar os atos mais cotidianos, e não apenas os atos condenáveis (Iglesias, 2008). Pressupõe-se que o desengajamento moral influencia diretamente a conduta transgressiva, pois considera que um dos maiores determinantes do comportamento humano é a necessidade de preservar uma autoimagem positiva (Iglesias, 2008). Além disso, exerce influência indireta sobre o comportamento, uma vez que a manipulação de reações antecipadas de culpa, de orientações pró-sociais e de reações cognitivas e afetivas podem indiretamente conduzir à agressão (Bandura, Barbaranelli, Caprara & Pastorelli, 1996). Por exemplo, o indivíduo prevê que poderá sentir-se culpado caso venha a cometer uma infração, eliciando a elaboração de uma argumentação para o caso de essa infração ocorrer. Esse processo cognitivo, por sua vez, pode induzir o cometimento da infração, já que agora o infrator já tem um argumento para justificá-la.

Alguns estudos sobre o uso de justificativas para infrações de trânsito

Algumas pesquisas brasileiras investigaram como o desengajamento moral se manifesta no contexto do trânsito. Os estudos de Clark, Iglesias e Silva (2000, como citado por Iglesias, 2002) e Iglesias (2002) encontraram correlações positivas e estatisticamente significativas entre o uso dos mecanismos de desengajamento moral e a frequência autorrelatada com que se cometem infrações no trânsito.

Neto (2009) e Neto *et al.* (2012) indicaram possíveis alterações no modelo de desengajamento moral proposto por Bandura (1977, 1995) e sugeriram a inclusão de novos esquemas de justificação, enfatizando que características culturais podem influenciar na forma como o indivíduo argumenta a favor de seu comportamento.

Neto (2009) identificou o esquema que denominou "jeitinho", o qual reflete uma maneira tipicamente brasileira para resolver problemas em benefício próprio e evitar a penalidade. Esse esquema pode ser expresso pela tentativa de sensibilização ("por favor, não me multe, tenho filhos para criar"), ameaça ("você vai perder a sua farda se me multar") ou evocação do prestígio ("você sabe com quem está falando?"). Também foi sugerida a inclusão do esquema negação da culpa, em que o transgressor afirma que não cometeu a conduta transgressora, sem apresentar indícios convincentes. Resultados semelhantes foram encontrados por Abreu (1979), que revelou que, ao ser flagrado pelo policial, o infrator pode assumir a culpa, negá-la ou utilizar mecanismos que expliquem o porquê de seu comportamento transgressivo.

No estudo de Neto *et al.* (2012), por sua vez, foi identificado o esquema denominado minimização da culpa, que abrange a reconstrução da conduta por meio da distorção do agente da ação, utilizando mecanismos desses dois esquemas de desengajamento moral.

Com exceção dos trabalhos de Abreu (1979) e Neto (2009), identifica-se que os estudos sobre justificativas para infrações de trânsito, em geral, fazem uso de medidas de autorrelato do motorista para identificar as estratégias de desengajamento moral que eles poderiam utilizar caso viessem a cometer atos transgressivos. Assim, investiga-se apenas como o motorista "imagina" que justificaria uma infração ou como ele "diz" que justificou essa infração ao cometê-la. Nesse contexto, pode ser mais eficiente a investigação acerca dos esquemas de desengajamento moral mais utilizados pelos motoristas que realmente cometeram um ato infracional. Por essa razão, optou-se por analisar os recursos de multas encaminhados à Jari, com o objetivo de investigar as justificativas apresentadas pelos infratores ou seus representantes legais nesse instrumento, como tentativa de esquivar-se da penalização.

Método

Material

Foram analisados 128 recursos, sendo que 73% foram apresentados por condutores do sexo masculino, 23% do sexo feminino e 4% por pessoa jurídica (isto é, empresas de ônibus ou sindicato de motoristas profissionais). A idade variou entre 20 a 76 anos (M = 39,23 e DP = 11,45) e o tempo de Carteira Nacional de Habilitação variou de 1 a 50 anos (M = 16,57 e DP = 11,03). A maioria dos infratores é o próprio redator do recurso (67%), e o restante foi redigido por advogados.

Procedimentos

Foram disponibilizados pela Jari todos os processos recebidos nos dois meses imediatamente anteriores à visita de um dos pesquisadores ao Detran. Os recursos foram explorados inicialmente nas dependências do órgão, sendo posteriormente disponibilizados os processos para análise sob a condição de que os dados dos infratores fossem mantidos em sigilo. Para analisar os dados, foi utilizada a técnica de análise de conteúdo (Bardin, 2010). A codificação e a categorização dos elementos constitutivos dos recursos foram realizadas pelos pesquisadores, utilizando o critério semântico, que reúne as categorias conforme a semelhança temática e o significado das expressões.

Resultados

As infrações cometidas pelos infratores estão descritas na Tabela 10.2.

Tabela 10.2 Infrações cometidas pelos motoristas.

Infração	n	%
Avançar o sinal vermelho no semáforo	45	35,2
Exceder a velocidade permitida	21	16,4
Estacionar de maneira indevida (em local proibido ou impedindo a movimentação de outro veículo)	15	11,7
Dirigir sem o cinto de segurança	11	8,6
Transitar em local proibido (acostamento, calçadas, passeios, divisor de pista e marcas de canalização)	10	7,8

Infração	n	%
Dirigir sobre a influência de álcool ou substâncias entorpecentes	7	5,5
Parar sobre faixa de pedestres na mudança de sinal luminoso	6	4,7
Dirigir veículo utilizando-se de telefone celular	3	2,3
Dirigir com calçado não firme nos pés, comprometendo o uso dos pedais	1	0,8
Deixar de dar preferência ao pedestre	1	0,8
Deixar de indicar antecipadamente (gesto, braço ou luz) a mudança de direção	1	0,8
Conduzir veículo com equipamento obrigatório ineficiente ou inoperante	1	0,8
Desobedecer à ordem do agente de trânsito	1	0,8
Não registrar veículo no prazo máximo de 30 dias	1	0,8
Ultrapassar pelo acostamento	1	0,8
Dirigir usando uma das mãos	1	0,8
Deixar de sinalizar na troca de faixa ou manobra	1	0,8
Deixar de dar passagem a veículos em serviço de urgência	1	0,8
Total	128	100

As justificativas apresentadas pelos infratores nos recursos foram transcritas na íntegra e devidamente categorizadas, conforme exposto na Tabela 10.3.

Tabela 10.3 Justificativas apresentadas pelos infratores nos recursos de multa.

Esquema de justificação	N	Definição	n	Exemplo de justificativas
	126	Deslocamento da responsabilidade para a fiscalização eletrônica ou para a sinalização	63	"O laudo de verificação do aparelho medidor estava vencido" "O aparelho eletrônico que registrou a infração está desregulado" "A sinalização estava apagada, precária ou invisível" "No local não tem indicação de pardal"

Esquema de justificação	N	Definição	n	Exemplo de justificativas
Distorção do agente da ação		Deslocamento da responsabilidade para o órgão responsável pela emissão da notificação	24	"A identificação do aparelho eletrônico no auto de infração está deficiente" "A infração não foi tipificada de forma clara no auto" "A remessa da notificação foi feita com prazo superior a 60 dias"
		Deslocamento da responsabilidade para o policial ou agente de trânsito	22	"O agente pode ter se equivocado ao anotar a placa" "Como tenho baixa estatura, utilizo o cinto por baixo do braço, o que deve ter feito que o agente pensasse que eu estava sem cinto" "O autuador pode ser portador de alguma patologia ocular que pode ter afetado sua percepção visual no momento da aplicação da multa"
		Deslocamento da responsabilidade para outras pessoas	8	"Não era eu quem conduzia o veículo, meu colega o pegou sem que eu soubesse" "O veículo foi transferido de proprietário" "Quem cometeu a infração foi o carro do lado/de trás"
		Deslocamento da responsabilidade para fraudadores que clonaram a placa do veículo	6	"Placa clonada, pois o autuado mora em outra cidade" "Inconsistência entre a placa capturada pelo aparelho eletrônico e o veículo de minha propriedade" "Meu carro tem um adesivo, suspeito de clonagem"
		Difusão da responsabilidade	3	"Estava conduzindo por uma estrada de chão que dezenas de outros condutores utilizam" "Estava estacionada em uma calçada onde havia vários veículos, pensei que podia estacionar" "Naquele local é comum as pessoas estacionarem em fila dupla"
Negação da culpa	17	Negação da realização da conduta transgressora	17	"Não há provas" "Sou honesta e pagaria a multa se a tivesse cometido, mas não cometi"

Esquema de justificação	N	Definição	n	Exemplo de justificativas
Reconstrução da conduta	14	Transformação da transgressão em uma boa conduta, por meio de justificação moral	8	"Eu nunca levei perigo a ninguém" "Nunca ando sem o cinto"
		Transformação da transgressão em uma boa conduta, por meio de comparação vantajosa	4	"Preferi avançar o sinal vermelho a bloquear o cruzamento" "Continuei no sinal vermelho para evitar uma colisão"
		Transformação da transgressão em uma boa conduta, por meio de linguagem eufemística	2	"Eu apenas dei uma ré" "Estava parado no acostamento apenas esperando o momento de entrar no trânsito"
Tentativa de sensibilização	14	Utilização de argumentos que sensibilizem o órgão autuador para se esquivar da penalização	14	"Se for multado, o motorista ficará incapacitado de exercer o direito de conduzir seu único instrumento de trabalho" "Sou idoso" "Prometo nunca mais tomar uma multa" "Preciso muito dirigir, minha mulher está grávida, minha mãe doente"
TOTAL	171*			-

* O total de justificativas apresentadas é superior ao número de recursos analisados, pois alguns recursos eram compostos por mais de uma justificativa.

A análise do conteúdo dos recursos indicou predominância de argumentos relacionados ao esquema de distorção do agente da ação (N = 126), em que o infrator atribui a responsabilidade pela transgressão a algo ou alguém, sem assumir sua participação no ato infracional. Também foi possível observar a utilização do mecanismo de negação da culpa, em que o transgressor afirma que não cometeu o ato pelo qual está sendo acusado (N = 17). Verificou-se, ainda, a utilização do esquema de reconstrução da conduta para justificar as infrações, via justificação moral, comparação vantajosa e utilização da linguagem eufemística (N = 14), e do esquema de tentativa de sensibilização da Jari, como forma de livrar-se da pena (N = 14).

Discussão

As justificativas para as infrações de trânsito são frequentemente utilizadas pelos condutores como uma estratégia para se livrar da obrigação pecuniária (Abreu, 1979) e/ou da culpa pelo ato cometido. Em geral, observa-se que os argumentos desenvolvidos pelos transgressores servem como uma forma de tornar a infração algo aceitável ou que tem propósitos pessoal e socialmente válidos (Bandura, 1977; 1995; Bandura *et al.*, 1996; Iglesias, 2008). O estudo descrito neste capítulo indicou que os infratores costumam apresentar vários argumentos em seu favor. Esses argumentos podem ser utilizados para compreender fatores intervenientes na motivação das pessoas para cometer infrações e subsidiar o desenvolvimento de políticas públicas e de campanhas educativas que promovam maior engajamento moral no trânsito (Iglesias, 2002).

Os resultados desse estudo sugerem que, para justificar as infrações cometidas, os motoristas utilizam predominantemente o esquema de distorção do agente da ação, atribuindo a responsabilidade à fiscalização eletrônica, à sinalização, ao órgão responsável pela emissão da notificação, ao policial, aos fraudadores que clonam placas de veículos ou ao fato de outras pessoas agirem na mesma intenção. Trata-se de uma forma de minimizar ou até eliminar a participação do infrator no ato transgressivo, por meio da modificação da relação causal entre a conduta antissocial e seus efeitos (Bandura *et al.*, 1996).

Esse resultado pode indicar que, ao justificar o ato transgressivo, os condutores fazem uma espécie de distinção entre cometer a infração e ser responsável por ela, reconstruindo o fato ocorrido ou transferindo para outro agente (por exemplo, pessoa, equipamento) a responsabilidade que lhe cabe. Tal distinção entre cometimento da infração e responsabilização do infrator deve ser desmistificada, uma vez que as pessoas precisam ser responsabilizadas e punidas pelos atos inadequados que cometeram.

O esquema de reconstrução da conduta foi utilizado em menor escala, indicando que, possivelmente, as explicações racionais sejam percebidas como estratégia pouco eficiente para convencer a autoridade de trânsito de que o motorista não cometeu a infração mencionada.

Esses resultados indicam que o modelo proposto por Bandura (1977; 1995) revelou-se parcialmente adequado ao estudo das justificativas de motoristas para infrações de trânsito, principalmente no que se refere aos esquemas de distorção do agente da ação e de reconstrução da conduta. Os esquemas de distorção das consequências e da visão real da vítima não foram encontrados neste estudo, corroborando as conclusões de Neto (2009) e de Neto *et al.* (2012), que também não identificaram a utilização desses dois esquemas no ato de justificar transgressões. Nesse contexto, pode-se inferir que o infrator, ao elaborar a justificativa, parece enfatizar o agente da ação e a conduta transgressora em si, em detrimento das consequências ou das vítimas dessa conduta. Essa inferência pode ter relação com o tipo de infrações mais encontradas nesse estudo, por exemplo, avançar sinal vermelho, excesso de velocidade, estacionamento inadequado e não usar cinto de segurança.

Convém indicar que o fato de os resultados do presente estudo não evidenciarem os mesmos esquemas propostos no estudo original de Bandura (1995) pode ter relação com o fato de que este, originalmente, detinha-se à investigação de um único comportamento (agressão infantil), ao passo que o estudo aqui exposto investigou vários comportamentos infracionais no trânsito. Além disso, essa diferença pode estar relacionada ao fato de os estudos de Bandura terem sido desenvolvidos em outros países, revelando que o processo de justificação pode sofrer influência de aspectos culturais, que devem ser explorados de maneira mais aprofundada em estudos futuros. Nesse contexto, foi possível identificar na amostra brasileira a utilização de outros esquemas de justificação. Na negação da culpa, o transgressor diz que não cometeu o ato pelo qual está sendo acusado e julgado. Já na tentativa de sensibilização, ele apresenta argumentos que possam sensibilizar o receptor da mensagem, nesse caso, o órgão autuador, com a finalidade de fazê-lo mudar de ideia e não aplicar a penalidade. Ambos os esquemas foram encontrados nos estudos de Abreu (1979) e de Neto (2009), que consideram tratar-se de uma manifestação cultural tipicamente brasileira, que deve ser coibida pelas autoridades.

Finalmente, há de se considerar que algumas das justificativas apresentadas pelos infratores podem realmente representar o fato ocorrido. Clonagem de placas, falhas no aparato eletrônico ou no processo de envio da notificação ao infrator podem ocorrer com qualquer motorista. Nesses casos, o motorista utiliza a justificativa apenas para revelar que não houve sua participação no fato. Esse tipo de justificativa, que é utilizada quando a pessoa realmente não cometeu o ato transgressivo, não é considerada no modelo conceitual utilizado neste estudo. Essa limitação pode ser investigada em estudos futuros, levando em consideração que nem todo indivíduo que justifica agiu de maneira transgressiva.

Implicações práticas

Do ponto de vista teórico, a principal implicação desta pesquisa é que a abordagem desengajamento moral pode ser utilizada na compreensão das justificativas para as infrações de trânsito, desde que respeitadas as especificidades da cultura brasileira. Essas especificidades vêm sendo apontadas e gradativamente aprimoradas pelas pesquisas brasileiras, buscando apresentar com maior clareza como o fenômeno das justificativas acontece em nossa cultura, especialmente no contexto do trânsito. Do ponto de vista social, indica-se a possibilidade de utilizar os preceitos do desengajamento moral no processo de educação de motoristas e na elaboração de campanhas de trânsito, reduzindo a utilização de estratégias cognitivas que nos deixam menos autocensurados para cometer infrações (Iglesias, 2002; Neto *et al.*, 2012). Assim, podem-se desenvolver ações que atuem diretamente no processo de tomada de decisão do indivíduo, em que ele rapidamente reflita sobre a adequação do comportamento que pretende realizar, levando em consideração que o trânsito é um espaço de convivência social. Essas ações poderiam ser chamadas de pré-desengajamento, e teriam como objetivo a prevenção ou a redução da probabilidade de ocorrência do desengajamento. O simples ato de refletir antes de agir, pensando nos interesses da coletividade, já pode contribuir com a redução do desengajamento. Por exemplo, suponha-se que alguém precise urgentemente comprar um produto ou realizar alguma atividade em uma área de difícil acesso e estacionamento. Caso a pessoa pense somente em si e aja impulsivamente, é provável que estacione em qualquer local, mesmo que saiba que é proibido ou que seu comportamento poderá atrapalhar alguém. Possivelmente, ela utilizará algum dos esquemas de desengajamento moral para evitar o desconforto consigo mesma: "serão apenas cinco minutinhos, não farei mal a ninguém". No entanto, se ela pensar na coletividade, que outras pessoas podem estar vivenciando a mesma situação ou que ela não gostaria que outro condutor parasse atrás de seu veículo por estar com pressa, o desengajamento pode ser reduzido.

Trata-se, portanto, de desenvolver ações de educação e orientação que enfatizem o trânsito como espaço de convivência, considerando: (1) a necessidade de refletir antes de agir; (2) a importância de respeitar a legislação; (3) a necessidade de respeitar os direitos de todos os participantes, e não somente os interesses pessoais. Podem-se, assim, capacitar instrutores, psicólogos e demais educadores para que, em suas intervenções, enfatizem esses preceitos com os motoristas. Também é possível desenvolver ações publicitárias e educativas que enfoquem as justificativas comumente utilizadas pelos condutores, apresentando os argumentos capazes de "desqualificar" essa justificativa, enfatizando prioritariamente a responsabilização do condutor.

Além disso, é necessário promover ações pós-desengajamento, isto é, depois que a ação inadequada já ocorreu e que o indivíduo utilizou um argumento para se livrar da penalidade. Nesses casos, podem-se orientar policiais quanto a seu papel punitivo e, principalmente, moralizante. Cabe ao policial aproveitar a situação em que o desengajamento ocorreu para educar o motorista, esclarecer que ele deve pensar na coletividade, e não somente em si, e que a justificativa em si não exime sua responsabilidade pela transgressão. Para tanto, é necessário ampliar o processo de formação dos policiais e demais agentes que atuam na fiscalização de trânsito, para que possam assumir esse papel de educadores. Dessa maneira, será possível fortalecer as ações de esforço legal que venham a coibir as transgressões, bem como desenvolver contra-argumentos que confrontem as justificativas dos motoristas.

Por fim, indica-se que, para que haja a redução do desengajamento moral é necessário um trabalho conjunto entre motoristas, gestores, policiais e demais profissionais da área de trânsito, como instrutores e psicólogos. É necessário reduzir ao máximo as situações que podem propiciar a utilização de estratégias cognitivas que sirvam como uma autorização pessoal para transgredir, pois qualquer um de nós, e não somente os indivíduos potencialmente transgressores, está sujeito a desengajar moralmente.

Referências

Abreu, W. (1979). *Trânsito: como policiar e ser policiado sem infrações*. Rio de Janeiro: José Olympio.

Bandura, A. (1977). *Social learning theory*. New Jersey: Prentice-Hall.

Bandura, A. (1995). *Multifaceted scale of mechanisms of moral disengagement* (manuscrito não publicado). Stanford: Stanford University.

Bandura, A., Barbaranelli, C., Caprara, G. V., & Pastorelli, C. (1996). Mechanisms of moral disengagement in the exercise of moral agency. *Journal of Personality and Social Psychology, 71*(2), 364-374.

Bardin, L. (2010). *Análise de conteúdo*. Lisboa: Edições 70.

Beil, S. L. (2007). *Percepção de fatores e situações de risco em motoristas infratores*. Dissertação de mestrado, Universidade Metodista de São Paulo, São Bernardo do Campo, SP, Brasil.

Bicchieri, C. (2006). *The grammar of society: the nature and dynamics of social norms*. New York: Cambridge University Press.

Clark, C., & Engelmann A. (2001a). Avaliação da gravidade e outros parâmetros de infrações de trânsito por motoristas e policiais: I. Escalonamento a partir da estimativa direta de magnitude. *Arquivos Brasileiros de Psicologia, 53*(3), 77-93.

Clark, C., & Engelmann A. (2001b). Avaliação da gravidade e outros parâmetros de infrações de trânsito por motoristas e policiais: II. O papel de algumas variáveis. *Arquivos Brasileiros de Psicologia, 53*(3), 94-111.

Dela Coleta, J. A. (1982). *Atribuição de causalidade: teoria e pesquisa.* Rio de Janeiro: Fundação Getúlio Vargas.

Departamento de Polícia Rodoviária Federal (2011). *Estatísticas de infrações de trânsito.* Recuperado em 16 março, 2011, de http://www.dprf.gov.br/PortalInternet/estatistica.faces

Festinger, L. (1957). *Teoria da dissonância cognitiva.* Rio de Janeiro: Zahar.

Forward, S. E. (2009). An assessment of what motivates road violations. *Transportation Research, Part F, 12*(3), 225-234.

Heider, F. (1958). Social perception and phenomenal causality. *Psychological Review, 51*, 358-374.

Iglesias, F. (2002). *Desengajamento moral: um estudo com infrações de trânsito.* Dissertação de mestrado, Universidade Federal do Rio de Janeiro, Rio de Janeiro, RJ, Brasil.

Iglesias, F. (2008). Desengajamento moral. In A. Bandura, R. G. Azzi S. Polydoro (Eds.). *Teoria social cognitiva: conceitos básicos* (pp. 165-176). Porto Alegre: Artmed.

Johnson, H. M. (1938). Review of psychology and the motorist. *Psychological Bulletin, 35*(8), 561-564.

Lawton, R. (1997). *O problema das violações e infrações no trânsito.* São Paulo: Associação Brasileira de Medicina no Trânsito – Abramet.

Neto, I. L. (2009). *Justificativas de motoristas para infrações de trânsito: esboçando um modelo.* Dissertação de mestrado, Universidade de Brasília, Brasília, DF, Brasil.

Neto, I., L., Iglesias, F., & Günther, H. (2012). Uma medida de justificativas de motoristas para infrações de trânsito. *Psico, 43*(1), 7-13.

Olivato, A. (2002). *Percepção e avaliação da conduta de motoristas e pedestres no trânsito: um estudo sobre espaço público e civilidade na metrópole paulista.* Dissertação de mestrado, Universidade de São Paulo, São Paulo, SP, Brasil.

Parker, D., Lajunen, T., & Stradling, S. (1998). Attitudinal predictors of interpersonally aggressive violations on the road. *Transportation Research Part F, 1*, 11-24.

Parker, D., Manstead, A. S. R., Stradling, S. G., Reason, J. T., & Baxter, J. S. (1992). Intention to commit driving violations: an application of the theory of planned behavior. *Journal of Applied Psychology, 77*, 94-101.

Reason, J., Manstead, A. Stradling, S., Baxter. J., & Campbell, K. (1990). Errors and violations on the roads: a real distinction? *Ergonomics, 33*, 1315-1332.

Rocha, J. B. A. (2005). Infrações no trânsito: Uma necessária distinção entre erros e violações. *Interação em Psicologia*, 9(1), 177-184.

Senado Federal (1998). *Código de Trânsito Brasileiro*. Brasília, DF: Autor.

Sullman, M. J. M., Meadows, M., & Pajo, K. (2004). Errors, lapses and violations in the drivers of heavy vehicles. In T. Rothengatter & R. D. Huguenin (Eds.). *Traffic and transport psychology: theory and application* (p. 147-154). Amsterdam: Elsevier.

Yagil, D. (1998). Gender and age-related differences in attitudes toward traffic laws and traffic violations. *Transportation Research Part F, 1*, 123-135.

Ziégler, J. (1969). *Sociologia e contestação*. Rio de Janeiro: Civilização Brasileira.

CAPÍTULO 11

O QUE A PSICOLOGIA TEM A DIZER SOBRE O COMPORTAMENTO DE DESOBEDIÊNCIA À LEI NO ESTACIONAMENTO PÚBLICO?

Zuleide Oliveira Feitosa e
Hartmut Günther

Fonte: Beto Nociti / Cerrado Fotografia

Antes de iniciar esta pesquisa, fiz algumas indagações a um condutor idoso sobre a violação da vaga do idoso. Perguntei se ele já havia passado pela experiência de ter a vaga reservada para idosos ocupada por um condutor jovem. Ele disse que, certo dia, encontrara uma moça parando e estacionando seu carro na vaga para idosos. Sua reação mais imediata foi apontar para a placa e disparar a seguinte frase:

- Você não vai chegar aí (referindo-se ao fato de que ela não alcançaria a idade de um idoso).

Ela olhou reticente e perguntou:

- Por quê?

De imediato, ele respondeu:

- Porque você não respeita as regras do trânsito.

Aquela jovem pediu desculpas, mas não fez qualquer movimento para estacionar em uma vaga adequada, mantendo seu carro no mesmo lugar. Diante do que foi relatado por esse senhor, questiona-se por que o motorista, além de desobedecer à lei, ainda se comporta de maneira indelicada? Avaliando-se o cotidiano dos centros urbanos, fica fácil perceber que as pessoas deixam seus carros onde lhes convém, e não onde a lei autoriza.

A obediência à lei pressupõe dois princípios fundamentais que embasam qualquer tentativa de explicar o comportamento do motorista com relação às leis do trânsito: (1) os cidadãos têm a obrigação de obedecer às leis do Estado; e (2) as leis de trânsito são benéficas e contribuem para a segurança do motorista (Yagil, 2005).

Apesar disso, sabe-se que inúmeras pessoas diariamente desobedecem às leis de trânsito, nas mais diversas situações: no desrespeito ao pedestre que atravessa na faixa, no avanço ao semáforo, na ingestão de bebidas alcoólicas ao dirigir. Neste capítulo, analisamos o comportamento de desobediência à lei no ambiente de trânsito, mais especificamente em estacionamentos públicos.

Estacionamento público, competição por espaço e (des)obediência

O estacionamento público é uma área pública que pode estar ou não disponível à ocupação temporária. Para haver ocupação, é necessário que o espaço físico esteja regulamentado segundo os critérios da lei. Nesse sentido, a ocupação de territórios públicos requer alguma regra para que as pessoas possam utilizá-lo. Mas o que vem a ser um território público?

Os territórios[1] podem ser classificados como primários, secundários e públicos. Os *territórios primários* (por exemplo, a casa em que a pessoa mora) são considerados mais importantes para o indivíduo que os *territórios secundários* (por exemplo, a empresa em que trabalha) e os *territórios públicos* (por exemplo, praias, hotéis, praças, ruas, vias, parques e estacionamentos). Territórios públicos são, portanto, definidos como áreas abertas a qualquer participante da comunidade (Gifford, 2002). Esses tipos de território diferem no grau de importância que têm na vida diária de um indivíduo ou grupo, na duração da ocupação, na cognição que nutrem no ocupante, na extensão da propriedade percebida, na quantidade de personalização e na probabilidade de defesa se o território for violado (Altman & Chemers, 1980; Taylor & Stough, 1978).

Quanto à utilização do território público, não é incomum ocorrerem situações de competição por espaço, decorrente da alta concentração de pessoas em uma mesma área. Nesse aspecto, quanto mais densa[2] for uma

---

1 Para saber mais, ver Capítulo 2 deste livro.

2 A densidade é expressa pelo número de habitantes por hectare, unidade fixa ou território, ou seja, representa o número total da população de uma área específica (Acioly & Davidson, 1998; Bell, Greene, Fisher & Baum, 2001).

área, maior a possibilidade de haver competição. Desse modo, a ocupação do estacionamento – um território público – requer do ocupante clara consciência do sentimento de obrigação para obedecer à lei (Tyler, 2001). Esse sentimento contribui para o cumprimento das regras que orientam a ocupação do espaço público

Ressalta-se que a obediência à lei está relacionada à percepção do procedimento de justiça que se atribui a uma autoridade (Lind & Tyler, 1988). Perante uma situação infratora, a presença do policial funciona como um reforço de que a lei deve ser obedecida (Yagil, 1998a), e a sociedade, autorregulada e controlada (Yagil, 1998b). Logo, a legitimidade existe no grau em que as pessoas sentem uma obrigação pessoal para seguir as regras e obedecer às autoridades socialmente estabelecidas (Tyler, 2001).

No Brasil, o instrumento legal que ordena as ações do motorista no trânsito e, por conseguinte, no estacionamento público, é o Código de Trânsito Brasileiro – CTB (Senado Federal, 1998), cujo art.181 cita dezenove diferentes tipos de *infrações relacionadas à ação de estacionar veículos*. Dentre estas, nove tratam de infrações cometidas em estacionamentos públicos:

a) onde houver guia de calçada (meio-fio) rebaixada destinada à entrada ou saída de veículos;
b) ao lado de outro veículo em fila dupla;
c) onde houver sinalização horizontal delimitadora de ponto de embarque ou desembarque de passageiros;
d) na contramão de direção;
e) em locais e horários proibidos, especificamente pela sinalização (placa – proibido estacionar);
f) em locais e horários de estacionamento proibidos pela sinalização (placa – proibido parar e estacionar);
g) impedindo a movimentação de outro veículo;
h) vagas especiais: idoso, deficiente (veículo estacionado em desacordo com o Código);
i) afastado da guia da calçada (meio-fio) a mais de um metro;
j) [...]

Neste capítulo, analisamos o comportamento de desobediência à lei, quando o motorista estava estacionando em: (1) fila dupla; (2) vagas reservadas (para deficientes, idosos e ambulância); (3) áreas especiais (carregar/descarregar, proibido parar/estacionar, na contramão de direção e dentro da rotatória. Mais especificamente, estimamos a ocorrência desses comportamentos em um estacionamento público de uma universidade federal (Estudo 1) e identificamos as reações do condutor diante de uma pergunta sobre a infração, imediatamente após ter sido cometida, bem como se ele corrige ou mantém o veículo estacionado de modo inadequado (Estudo 2).

Aspectos que influenciam na (des)obediência às leis

Alguns pesquisadores têm investigado e classificado os diferentes tipos de violação, relacionando-a com aspectos emocionais, na tentativa de explicar muitos desastres e acidentes (Rozestraten, 1988). Nesse contexto, há uma linha de investigação que considera que as violações podem ser uma resposta agressiva, dirigida a um alvo específico, por exemplo, quando um motorista dá uma fechada, direcionando sua agressividade a outro usuário da via (Elisson-Potter, Bell & Deffenbacher, 2001; Parker, Manstead & Stradling, 1995). Assim, a agressividade e a raiva ocorrem como resultado de uma situação incongruente com o interesse do condutor (Lajunen & Parker, 2001), que, por sua vez, poderá gerar a transgressão.

Identificam-se, ainda, na literatura, outras variáveis que podem influenciar o comportamento de obedecer às leis. Em oposição aos estudos que relacionam as transgressões às emoções, há pesquisas que revelam que nem sempre o transgressor age com a intenção de prejudicar o outro ou por uma reação emocional, mas como uma consequência da falta de habilidade ou de experiência na direção (Parker, Lajunen, & Stradling, 1998).

Outra variável (situacional) é o ambiente do trânsito. Assim, considera-se que a violação acontece em momentos nos quais há oportunidade (Monteiro, 2004). No entanto, o fato de que a decisão transgressora acontece em função da oportunidade não exime o condutor de fazer avaliações sobre infringir ou não a lei. Por exemplo, a decisão de ocupar a vaga de um idoso ou de um cadeirante parece não passar despercebida ao condutor infrator, na medida em que passa pela ação da escolha e da avaliação quanto ao fato de estacionar indevidamente ou não. Após apresentarmos algumas causas das infrações, passaremos a discutir algumas reações dos infratores.

Reações do condutor ao ser flagrado violando a lei

Alguns estudos indicam que o condutor, ao ser flagrado cometendo uma infração, pode reagir de maneira defensiva, especialmente quando sente que foi tratado injustamente pelo policial ou agente de trânsito. Assim, confrontos entre agentes de trânsito e o motorista constituem fonte de hostilidade do indivíduo para com a polícia (Radelet & Carter, 1994) e estimulam emoções negativas por parte do motorista, uma vez que o agente representa sua autoridade coerciva e interfere na liberdade de ação do motorista (Kirkham & Wollan, 1980).

Nessa mesma linha de investigação, o estudo de Abreu (1979) analisou as reações de infratores ao serem flagrados pela autoridade policial e identificou que elas podem ser de agressividade; de procura de apoio ou suporte para seu procedimento (apelo a algum acompanhante, espectador ou uma resposta do próprio policial à pergunta que lhe foi dirigida); invocação do prestígio de seu cargo ou de algum conhecido (com o objetivo de impressionar o policial, colocá-lo em dúvida ou irritá-lo); racionalização (elaboração de justificativas); utilização do espírito crítico (indicação da existência de outros fatos mais graves nos quais os policiais deveriam prestar mais atenção); identificação simpática (admissão do erro); e brevidade (aceitação da acusação, com ansiedade para afastar-se).

Por este tema tratar de uma questão complexa, com impactos potencialmente favoráveis para inibir o comportamento transgressor, a realização de estudos que visem identificar as reações dos motoristas que cometem infrações pode ser relevante para a compreensão das variáveis que influenciam o comportamento transgressivo.

Para tanto, este capítulo propõe-se a investigar a questão da desobediência às leis em estacionamentos públicos. Serão apresentados dois estudos.

O primeiro consiste na verificação da incidência do comportamento de estacionar inadequadamente. No segundo estudo, por sua vez, são investigadas as reações de motoristas ao serem abordados estacionando inadequadamente.

Estudo 1

Este estudo teve como objetivo estimar a frequência de ocorrência de infrações do condutor em um estacionamento público localizado em uma universidade federal. Estimou-se existirem aproximadamente 1.000 vagas para 1.500 veículos estacionados em horários de "pico", quando o usuário encontra maior dificuldade de estacionar, pois as vagas já estão todas ocupadas. Para estimar o número de vagas existentes, multiplicou-se o número de linhas por colunas. Em razão do grande aglomerado de veículos fora das vagas, o número de vagas disponíveis parece não corresponder à demanda de ocupação existente.

Método

Eventos observados

Foram observados 470 ocorrências de violação da lei, nas quais os sujeitos estacionaram indevidamente, ou seja, cometiam algum tipo de infração no estacionamento estudado. Destes, 242 (52%) eram do sexo masculino. Quanto às características, os veículos eram 435 (93%) veículos particulares; 19 (4%) veículos oficiais e 16 (3%) veículos de instituições privadas.

Instrumento

Utilizou-se uma ficha de observação sistemática, elaborada a partir de um estudo-piloto e dos preceitos do CTB. O propósito do instrumento era identificar e descrever:

1. As características físicas do estacionamento: existência ou não de sinalização vertical (placas), horizontal (linhas de solo),

acessibilidade (rampas para cadeirantes, calçadas e faixa de pedestre) e o tipo de veículo que trafegava por ali (se particular, oficial ou corporativo).

2. Os tipos de infrações cometidas:
   a. formação de fila dupla;
   b. ocupação das vagas reservadas (para idosos, deficientes e ambulâncias);
   c. ocupação das áreas especiais (áreas de carregar/descarregar; proibido parar e estacionar e estacionar na direção contraria à mão e dentro da rotatória).

Procedimentos

Antes de iniciar a coleta de dados propriamente dita, dois observadores foram treinados no local em que a pesquisa seria realizada, a partir de uma lista de comportamentos que deveriam ser observados, conforme a ficha de observação sistemática.

Os pontos de observação foram cuidadosamente escolhidos a partir dos seguintes critérios: encontrar um ponto que permitisse maior visibilidade do movimento no estacionamento e preservar pela não identificação dos pesquisadores por parte do condutor, para que este não tomasse conhecimento de que estava sendo observado.

As observações foram realizadas em quatro horários diferentes (das 8h às 9h50; das 10h às 11h50; das 14h às 15h50; e das 16h às 17h50), estabelecidos com base nos horários de maior entrada e saída de carros do estacionamento. Os dados coletados foram submetidos à análise estatística descritiva (frequência, média e desvio-padrão) e inferencial (teste qui-quadrado – χ^2).

Resultados e discussão

Quanto aos aspectos físicos, o estacionamento observado apresentava sinalização vertical e horizontal, mas algumas placas verticais e faixas horizontais estavam apagadas. O único acesso existente para o cadeirante estava bloqueado por um automóvel estacionado, e não havia faixa para o pedestre transitar entre a entrada do estacionamento e o prédio da universidade.

Das 470 infrações observadas, 344 (73%) ocorreram quando o estacionamento estava vazio (aqui caracterizadas como *invasão*) e 126 (27%) quando o estacionamento estava cheio, indicando que a infração ocorre mesmo quando existe vaga disponível para o condutor estacionar seu veículo.

A Tabela 11.1 apresenta as frequências observadas das invasões que culminaram em infrações.

Tabela 11.1 Frequências observadas das invasões e infrações cometidas.

Categoria	Indicação (placa vertical, marca de solo ou sem sinalização)	Vaga disponível		Frequência	Percentual
		Sim	Não		
Estacionar em fila dupla	Sem sinalização	153	64	217	46%
Estacionar em áreas especiais	Área para carregar/descarregar Proibido parar/estacionar Proibido estacionar contrário à mão Proibido estacionar dentro da rotatória)	114	35	149	32%
Vagas específicas	Vagas destinada a idosos, Vagas destinadas a deficientes físicos Vagas destinadas a ambulâncias)	77	27	104	22%
Total		344	126	470	100%

Identifica-se que a infração mais cometida foi estacionar em fila dupla (46%); seguida de estacionar em áreas de carregar e descarregar, proibidas para parar e estacionar, dentro da rotatória e na contramão de direção (32%); e em vagas do idoso, deficiente e ambulância (22%).

A formação de fila dupla foi o tipo de infração mais frequente, quando havia maior possibilidade do condutor estacionar em uma vaga adequada, ou seja, mesmo quando havia vaga disponível, os condutores decidiram estacionar em fila dupla (n = 153).

Conforme os dados da Tabela 11.1, 153 condutores fizeram fila dupla mesmo quando o estacionamento estava vazio, ao passo que apenas 64 condutores fizeram fila dupla quando o estacionamento estava cheio. Um teste qui-quadrado (χ^2) foi realizado para verificar se havia associação entre o comportamento de estacionar adequadamente e a disponibilidade de vaga. O resultado mostrou que não houve uma relação estatisticamente significativa entre as possibilidades de o condutor obedecer à lei e o estacionamento estar vazio (χ^2 (2) = 1,65, p > 0,05). Esse resultado nos permite inferir que o condutor opta por não obedecer à lei porque não acredita que será punido, afinal, houve mais formação de fila dupla quando havia mais vagas disponíveis.

Verificou-se, portanto, que o comportamento infrator se mostrou predominante, mesmo quando havia possibilidade de não infringir, pois havia vagas disponíveis. Observou-se, ainda, que, apesar de existir a sinalização indicando o uso de áreas destinadas ao idoso, ao deficiente e à ambulância, os condutores estacionaram nessas vagas expressamente proibidas. A situação de desobediência descrita sugere que o condutor ignora as regras e torna a força da lei desprezível.

A partir desse estudo inicial de identificação e observação de episódios de desobediência à lei, optou-se por desenvolver um segundo estudo para aprofundar o entendimento do comportamento infrator, buscando identificar as reações do condutor ao ser indagado sobre o ato infracional cometido.

Estudo 2

Este estudo objetivou identificar as reações comportamentais apresentadas por condutores que cometeram infrações em um estacionamento público, ao serem indagados sobre a infração cometida.

Método

Participantes

Foram abordados 524 motoristas infratores, sendo 273 (52%) do sexo feminino.

Instrumentos

Para este estudo, elaborou-se um roteiro de entrevista breve, contendo uma única pergunta: "Você estacionou de maneira correta?". Nesse instrumento, foi reservado espaço para os observadores anotarem a reação do sujeito.

Procedimentos

Optou-se pela observação livre em ambiente naturalístico para identificar o condutor que estava estacionando de modo inadequado. O estacionamento escolhido foi o mesmo observado no Estudo 1. Logo após o condutor estacionar em uma vaga ou local proibido, uma dupla de pesquisadores (um homem e uma mulher) aproximava-se. Aquele pesquisador que era do mesmo sexo do condutor abordava-o, perguntando se gostaria de participar de uma pesquisa, na qual teria de responder apenas a uma pergunta. Se a pessoa concordasse em participar da pesquisa, a pergunta era feita e o outro pesquisador registrava em papel as expressões faciais e gestos expressos pelo respondente. Na sequência, após a pergunta ter sido respondida, os pesquisadores agradeciam a participação na pesquisa e observavam se o infrator procurava vaga adequada ou se mantinha o comportamento inadequado.

O conteúdo das reações foi avaliado por meio da expressão verbal e do comportamento (Iglesias, 2007). Após a entrevista, os pesquisadores chegavam a um consenso sobre a reação expressa pelo sujeito. Fez-se a análise por meio da contagem das frequências e do teste qui-quadrado (χ^2).

Resultados e discussão

Após a análise dos registros, foram identificadas três categorias de reação dos infratores:

1. Agressividade (gesticula fortemente, aumenta o tom de voz).
2. Dissimulação (ri, abaixa a cabeça, procura objeto no interior do veículo).
3. Recusa (discorda em participar).

Dos 524 motoristas abordados, 199 (38%) reagiram agressivamente, 178 (34%) recusaram participar da pesquisa e 147 (28%) dissimularam quando perguntados se haviam estacionado corretamente, conforme exposto na Tabela 11.2.

Tabela 11.2 Reações do condutor infrator.

		Infração				
	Reação	**Fila dupla**	**Vaga idoso/ deficiente/ ambulância**	**Carregar/ descarregar**	**Frequência**	**Percentual**
Concordou	Agressão					
	Gesticula fortemente	56	25	37	199	38%
	Aumenta o tom de voz	32	14	35		
	Dissimulação					
	Ri	42	15	30		
	Abaixa a cabeça	16	9	9	147	28%
	Procura objeto no interior do carro	13	8	5		
Recusou	-	81	34	63	178	34%
	Total	240	105	179	524	100%

Relacionando a reação do infrator ao tipo de infração cometida, um teste de significância estatística não indicou qualquer relação significativa (χ^2 (4) = 1,72, p = 0,86). Ou seja, parece que o condutor não reage agressivamente pela desobediência cometida, mas pelo fato de ter tido seu comportamento (inadequado) questionado por outra pessoa.

As frequências e percentuais indicando se os motoristas abordados corrigiram ou mantiveram o veículo estacionado inadequadamente, isto é, se continuaram infringindo a lei após a abordagem dos pesquisadores, estão descritas na Tabela 11.3.

Tabela 11.3 Frequências e percentuais das reações e comportamento infrator.

	Comportamento			
Reação	**Procura vaga adequada**	**Não procura vaga adequada**	**Frequência**	**Porcentagem**
Agressão	13	186	199	58%
Dissimulação	8	139	147	42%
Total	21	325	346	100%

De acordo com os dados da Tabela 11.3, verifica-se que, entre os 199 condutores infratores que reagiram com *agressividade*, apenas 13 (6%) decidiram tirar o carro da vaga inadequada; e entre os 147 que reagiram com *dissimulação*, apenas 8 (5%) retiram o carro da vaga inadequada quando perguntados sobre a infração.

Os resultados deste estudo mostraram que o fato de a maioria dos condutores terem reagido com agressividade quando questionados sobre seu comportamento de estacionar inadequadamente pode servir apenas como um meio para o motorista se livrar do incômodo de ter sido confrontado com o próprio comportamento infrator, já que, na maioria das vezes, o condutor manteve a ação de continuar estacionando errado.

De certo modo, parece que somente saber da infração cometida não é suficiente para promover obediência à lei. Nesse aspecto, outras pesquisas que exploraram o comportamento agressivo (Monteiro, 2004), a desobediência às leis de trânsito (Yagil, 2005), e a invasão das vagas reservadas para pessoas com deficiência apresentam achados condizentes com esses resultados.

O que se pode notar é que, por vezes, o condutor reage com agressividade e dissimula ao ser perguntado sobre seu comportamento de violação. Na prática, parece que não adianta um cidadão comum reclamar e desaprovar o comportamento errado por parte de outro cidadão, visto que o infrator possivelmente não mudará sua conduta. Se uma pessoa indaga o infrator sobre o ato inadequado que cometeu, muito provavelmente sofrerá desprezo e agressão.

Considerações finais

Sabe-se que, apesar de as pessoas terem a obrigação de obedecer às leis, tendo em vista que as regras contribuem para a segurança do trânsito, inúmeras situações de desobediência à lei ocorrem diariamente no Brasil. Os estacionamentos públicos também são palco para a ocorrência de diversas transgressões, razão pela qual foram realizados os dois estudos relatados neste capítulo.

O primeiro estudo considerou os conceitos sobre a legitimidade da lei (Tyler, 1999) e da teoria da territorialidade sobre a tipologia territorial (Altman, 1975), que define três diferentes tipos de território: o primário, o secundário e o público, sendo este último o alvo de interesse desse capítulo. O funcionamento do território público – o estacionamento – foi avaliado de acordo com suas regras de ocupação. Os resultados indicaram que o condutor se apropria inadequadamente de espaços nos quais a ocupação é proibida, na medida em que estaciona em fila dupla, invade a vaga do deficiente, do idoso, de carga e descarga e até a da ambulância. Essas ações culminam com a violação da lei e com o consequente comportamento de desobediência.

De um lado, no Estudo 1, verificou-se a presença de ações deliberadas de invasão – 73% das invasões ocorreram mesmo quando havia disponibilidade para estacionar em vagas disponíveis. No momento da observação, o comportamento de violação foi identificado, mesmo quando o condutor poderia obedecer à lei. Em contrapartida, viu-se que 27% das ocorrências de violação da lei aconteceram quando o estacionamento estava cheio.

Na primeira situação, havia vagas disponíveis para estacionar, mas a invasão do estacionamento público aconteceu à revelia do condutor. A decisão de infrigir parece ter sido deliberada, visto que havia vagas disponíveis, as quais poderiam ser ocupadas. Na segunda, apenas 27% das ocorrências de violação aconteceram quando o estacionamento estava cheio, indicando que em certas situações o condutor não teve opção de estacionar corretamente por falta de vaga no estacionamento. Portanto, mesmo havendo predominância de invasões deliberadas, mostrando que o condutor transgride a lei sem atribuir importância para a situação de um idoso ou deficiente, por exemplo, em outro momento, quando o estacionamento estava cheio, observou-se que a procura por vagas no estacionamento público e a diminuição da oferta de vagas, podem ter contribuído para a ocorrência das infrações. Esse resultado encontra respaldo na teoria dos territórios (Altman, 1975; Gifford, 2002), na qual argumenta-se que os fatores ambientais, tais como escassez de espaço físico e competição por espaço, podem levar os indivíduos a violar regras e desobedecer às leis.

Do ponto de vista do uso do solo, indica-se a necessidade de realizar ações voltadas ao planejamento urbano, uma vez que os lugares mais densos necessitam dispor de mais opções de vaga para estacionar (Acioly & Davidson, 1998).

Quanto às condições do ambiente observado, identificou-se que, em alguns casos, as linhas de solo e placas estavam apagadas, comprometendo a visibilidade. O estado da sinalização horizontal e vertical mostra que pouco cuidado tem sido atribuído àquele território público. Placas que regulamentam o uso de vagas do idoso e do deficiente estavam escondidas dentro de uma árvore.

Essas falhas parecem ser pequenas para uma pessoa que não tem limitações de locomoção, mas podem alterar a rotina diária de uma pessoa que as têm. Se para descer do carro e chegar ao local desejado é penoso para um cadeirante, por exemplo, isso deve se tornar pior ainda quando ele não encontra a vaga próxima e obriga-se a estacionar longe e improvisar para chegar aonde deseja ou, na impossibilidade de, até mesmo voltar para casa.

Por outro lado, a logística do estacionamento prejudica seu funcionamento, à medida que as pessoas param para embarque e desembarque no lugar mais próximo à entrada do prédio, os motoristas param indevidamente, provocando colisões. Parece incoerente pensar que pode haver colisão dentro de um estacionamento, mas na ocasião de realização deste estudo foram observadas duas colisões em decorrência dessa limitação.

No segundo estudo, após observar a ocorrência da infração no estacionamento, provocou-se uma reação no infrator: perguntar se ele havia estacionado adequadamente. O esperado era que, em vez de manter o veículo na vaga inadequada, o condutor procurasse outra vaga disponível para seu uso.

Assim, ao aplicar a pergunta, observou-se que o condutor reagiu com *agressividade* e não mudou significativamente de comportamento, mesmo que confrontado com sua conduta invasora. Nesse aspecto, observa-se que a invasão ocorre quando a pessoa infringe a regra de ocupação do espaço e seu comportamento culmina com a violação da lei.

A dissimulação também foi outra reação identificada. Nessa situação, pode-se notar que o motorista parece utilizar essa estratégia como um meio de escapar da responsabilidade relacionada à infração cometida. Se, por um lado, o fato de o pesquisador questionar o condutor não causou uma reação favorável, por outro, ser indagado sobre seu comportamento não foi o suficiente para que o condutor procurasse estacionar de modo adequado. Nessa perspectiva, defende-se que o sentimento de obrigação para obedecer à lei está intimamente associado a valores morais e tem sua influência na cultura (Rattner, Yagil, & Sherman-Sesal, 2003); mas, se a cultura apresenta distorções de valores e moralidade, será que deveríamos nos adequar a elas e colaborar com a confirmação de que são socialmente aceitáveis? Em outras palavras, será que as pessoas estão tolerantes demais com a desobediência à lei? Ou estão sem esperança de que haja alguma mudança na conduta daqueles que não se incomodam em quebrar as regras e subtrair o direito dos outros? Por que reclamar de uma situação em que o outro claramente infringe a lei, para correr o risco de ser ignorado e maltratado?

Os estudos aqui relatados sinalizam que a competição por espaço em estacionamentos, embora tenha sido avaliada em uma localidade específica, pode contribuir para o desenvolvimento de ações educativas em outras localidades, isto é, em outros estacionamentos públicos. Como ação local, aponta-se a necessidade de sensibilização por parte dos condutores que utilizam inadequadamente vagas especiais ou áreas proibidas; a melhoria da acessibilidade para idosos e deficientes. No aspecto educativo, apela-se para as escolas de trânsito, bem como para o ensino escolar, no qual as crianças estão aprendendo sobre cidadania. Com relação aos planejadores urbanos, chama-se atenção para o fato de que o aumento do processo de motorização, culminando com a ampliação da frota de motos e automóveis, gera um ambiente diariamente tumultuado por congestionamentos e disputas pelo uso da rua e dos estacionamentos. Esse aspecto revela a necessidade de pensar a mobilidade dentro do contexto político social, priorizando-se os princípios de sustentabilidade ambiental e instrumentos de gestão urbanística.

Referências

Abreu, W. (1979). *Trânsito: como policiar e ser policiado sem infrações*. Rio de Janeiro: José Olympio.

Acioly, C., & Davidson, F. (1998). *Densidade urbana: um instrumento de planejamento e gestão urbana*. Rio de Janeiro: Mauad.

Altman, I. (1975). *Environment and social behavior: privacy, personal space, territory and crowding*. Montery: Brooks/Cole.

Altman, I., & Chemers, M. (1980). *Culture and the environment*. New York: Cambridge University Press.

Bell, A. P., Greene, Th. C., Fisher, J. D., & Baum, A. (2001). *Environmental psychology* (5a ed.). Belmont: Thomson Wadsworth.

Elisson-Potter, P., Bell, P., & Deffenbacher, J. (2001). The effects of trait driving anger, anonymity, and aggressive stimuli on aggressive driving behaviour. *Journal of Applied Social Psychology, 31*, 431-443.

Gifford, R. (2002). *Environmental psychology* (2a ed.). Boston: Allyn & Bacon. São Paulo: Alinea.

Iglesias, F. (2007). *Comportamento em fila de espera: uma abordagem multimétodos*. Tese de doutorado, Universidade de Brasília, Brasília, DF, Brasil.

Kirkham, J. L., & Wollan, L. A. (1980). *Introduction to law enforcement*. New York: Harper & Row.

Lajunen, T., & Parker, D. (2001). Are aggressive people aggressive drivers? A study of the relationship between self-reported general aggressiveness, driver anger and aggressive driving. *Accident Analysis and Prevention, 33*(2), 243-255.

Lind, E. A., & Tyler, T. R. (1988). *The social psychology of procedural justice*. New York: Plenum.

Monteiro, C. A. S. (2004). *Variáveis antecedentes de erros e violações do motorista*. Tese de doutorado, Universidade de Brasília, Brasília, DF, Brasil.

Parker, D., Lajunen, T., & Stradling, S. G. (1998). Attitudinal predictors of interpersonally aggressive violations on the road. *Transportation Research Part F, 1*, 11-24.

Parker, D., Manstead, A. S. R., & Stradling, S. G. (1995). Driving errors, driving violations and accident involvement. *Ergonomics, 38*, 1036-1048.

Radelet, L. A., & Carter, D. L. (1994). *The police and the community*. New York: Macmillan College.

Rattner, A., Yagil, D., & Sherman-Sesal, C. (2003). The sense of entitlement to violate the law: Legal disobedience as a public versus a private reaction. *Social Behavior and Personality, 31*, 545-556.

Rozestraten, R. J. A. (1988). Psicologia do Trânsito: conceitos e processos básicos. São Paulo: USP

Senado Federal (1998). *Código de Trânsito Brasileiro*. Brasília, DF: Autor.

Taylor, R. B., & Stough, R. R. (1978). Territorial cognition: assessing Altman's typology. *Journal of Personality and Social Psychology, 36*, 418-423.

Tyler, T. (1999). *Why people obey the law*. New Haven: Yale University Press.

Tyler, T. (2001). A psychological perspective on the legitimacy of institutions and authorities. In J. T. Jost & B. Major (Orgs.). *The psychology of legitimacy: emerging perspective on ideology, justice, and intergroup relations* (pp. 416-436). Cambridge: Cambridge University Press.

Yagil, D. (1998a). Instrumental and normatives for compliance with traffic laws among young and older drivers. *Accident Analysis and Prevention, 30*, 417-424.

Yagil, D. (1998b). Gender and age differences in attitudes toward traffic laws and traffic violations. *Transportation Research Parte F, 1*, 123-135.

Yagil, D. (2005). Drivers and traffic laws: a review of psychological theories and empirical research. In G. Underwood (Org.). *Traffic and transport psychology: theory and application*. Amsterdam: Elsevier.

Zlapoter, T. J. (1991). Determinants of motor vehicle deaths in the United States: A cross-sectional analysis. *Accident Analysis and Prevention, 23*, 431-436.

CAPÍTULO 12

IMPACTOS DE ELEMENTOS FÍSICOS DO AMBIENTE DE TRÂNSITO SOBRE O COMPORTAMENTO DE VELOCIDADE DOS MOTORISTAS

LUDMILA FERNANDES DA CUNHA E
HARTMUT GÜNTHER

Fonte: Beto Nociti / Cerrado Fotografia

O excesso de velocidade tem sido apontado como um dos maiores problemas para a segurança no trânsito, influenciando o alto número de acidentes nas vias (Chen, Meckle, & Wilson, 2002; Comte, 2000; Haglund & Åberg, 2000; Marín & Queiroz, 2000). Com a preocupação de reduzir esse problema comportamental e aumentar a segurança no trânsito, os órgãos de fiscalização e gerenciamento do tráfego têm adotado medidas para um controle mais efetivo da velocidade, como a colocação dos equipamentos eletrônicos para sua fiscalização (Stumpf, 1999). Uma das premissas que se pode deduzir dessas ações é que aspectos do ambiente físico podem atuar sobre o comportamento dos motoristas, de modo a amenizar ou mesmo controlar o comportamento de velocidade.

Considerando a possível influência do ambiente físico no comportamento de velocidade do motorista, este capítulo aborda o comportamento de velocidade a partir da psicologia ambiental. A psicologia ambiental estuda a relação recíproca entre comportamento e ambiente físico, tanto o construído como o natural (Bell, Fisher, Greene, & Baum, 1996; Günther & Rozestraten, 1993; veja também o Capítulo 2 deste livro). Gifford (1987, p. 2) define área como "o estudo das transações entre os indivíduos e seu contexto físico. Nessas transações os indivíduos mudam o ambiente, e seus comportamentos e experiências são modificadas pelo ambiente".

Quanto à aplicação dos conceitos da psicologia ambiental no trânsito, destaca-se a teoria das *affordances*[1], utilizada para examinar a relação entre

---

[1] Foi mantido o termo em inglês por não ter sido encontrado um termo similar em português.

as propriedades funcionais dos ambientes e como eles são usados (Clark & Uzzell, 2002). Para Gibson (1979) "as *affordances* de um ambiente são o que o ambiente oferece ou proporciona ao animal, seja bom ou ruim". As *affordances* de um objeto em relação a seu observador determinam o significado do objeto. Assim, os objetos são percebidos pelo que eles oferecem e pela sua função no ambiente, e não somente por suas qualidades ou propriedades. Heine e Guski (1998) aplicaram esse conceito para entender o comportamento das crianças no contexto urbano, especificamente no trânsito, indicando que as superfícies (tipo de terreno, por exemplo, plano, asfaltado, com curvas etc.) têm uma relevância funcional (finalidade, por exemplo, correr dentro ou acima da velocidade da via, brincar, jogar bola etc.) importante para a descrição do comportamento orientado pelo ambiente.

No trânsito, por exemplo, uma rua plana com uma superfície lisa pode permitir a uma criança *affordances* para caminhar, correr ou andar de bicicleta. Para um motorista, essa mesma rua permite a ele um caminho desobstruído, sem barreiras, representando um *affordance* para dirigir com rapidez. Uma rua com pistas largas e sem obstáculos físicos, além de facilitar o tráfego, poderia também convidar os motoristas a correr. Assim, esse conceito serviu de inspiração no contexto do presente estudo, tanto para refletir como as características de uma via podem influenciar na forma como um motorista dirige quanto para descrever funcionalmente o ambiente, a partir da perspectiva do indivíduo. Com base nesse enfoque serão analisados a seguir o comportamento de velocidade e algumas intervenções para influenciá-lo.

Estratégias adotadas para o controle do comportamento de velocidade: variáveis do ambiente físico do trânsito

Em 2001, o balanço do Departamento de Trânsito do Distrito Federal (Detran-DF) constatou que a cidade estava entre os três primeiros lugares no *ranking* da violência no trânsito no Brasil (Nogueira, 2001). Esse balanço apresenta dados do Instituto Brasileiro de Segurança no Trânsito (IBST) que indicam a velocidade como principal vilão da segurança no trânsito brasiliense. Essa realidade continua presente. De acordo com o Boletim Anual de Acidentes do Detran-DF (Detran-DF, 2010), naquele ano ocorreu o maior número de acidentes com mortes desde 2004. Foi observado o aumento do número de atropelamentos, de colisões e do total de acidentes com morte.

A literatura indica o fator humano como a maior fonte de acidentes de trânsito, seguido pelas condições da via e do veículo, e das características do ambiente de circulação (por exemplo, Chen *et al.*, 2002; Evans, 2002; Híjar-Medina, Carillo-Ordaz, Flores-Aldana & López-López, 1999; Lima, 2009; Marín & Queiroz, 2000; Panichi & Wagner, 2006; Vasconcellos, 1998). Todavia, é preciso cuidado ao atribuir a maior "culpa" dos acidentes ao motorista. Reforçando esse argumento, Gold (1998) enfatiza que uma série de estudos, tanto no Brasil quanto em outros países, indicam que a inadequação dos veículos, da sinalização e da construção e manutenção das vias e calçadas são também fatores importantes que influenciam nos acidentes.

No estudo do comportamento de velocidade dos motoristas, torna-se fundamental avaliar o impacto das estratégias que já foram adotadas para o controle e redução da velocidade desenvolvida nas vias. Para tanto, é importante entender a questão da velocidade dentro da dinâmica conflituosa do trânsito. Vasconcellos (1998) cita quatro qualidades do trânsito: fluidez, segurança, acessibilidade e qualidade de vida. Observa-se que a ênfase nas grandes cidades tem sido a fluidez. Pode-se argumentar que, quanto maior a velocidade de um carro, mais rápido é o seu deslocamento; entretanto, aumentam os riscos para os outros usuários da via e para os ocupantes do veículo. Kloeden, McLean, Moore e Ponte (1997), por exemplo, quantificaram a relação entre o limite de velocidade em áreas de 60 quilômetros por hora e o risco de envolvimento em acidentes. Concluíram que o risco de envolvimento em acidentes é duas vezes maior a 65 km/h do que a 60 km/h, e quatro vezes maior a 70km/h. Esse aumento justificaria a adoção de medidas mais rigorosas na fiscalização do controle da velocidade.

Algumas medidas de controle da velocidade incluem técnicas de restrição ao tráfego que, em conjunto com a legislação, podem contribuir para a redução da velocidade (Stumpf, 1999). O conjunto dessas medidas tem sido denominado moderação de tráfego (*traffic calming*). Uma das principais necessidades de segurança é a diminuição da velocidade em áreas urbanas em que o fluxo dos participantes mais vulneráveis do trânsito é grande. Muhlrad (2000) enfatiza a necessidade de medidas para redução da velocidade baseadas na concepção de *traffic calming*, como o uso de lombadas ou quebra-molas nas ruas de condomínios (*cul-de-sacs*), a diminuição do acesso por carro ao centro das cidades e o incentivo à caminhada.

Cabe ressaltar que as técnicas de *traffic calming* não são adotadas apenas para a limitação da velocidade. Elas representam um conjunto de medidas, principalmente físicas, com o objetivo de reduzir os efeitos negativos do uso dos veículos motorizados, alterar o comportamento dos motoristas e melhorar as condições da via para os usuários não motorizados (Lockwood, 1997). Isso possibilita que os espaços urbanos da cidade sejam compartilhados por motoristas e pedestres. Assim, ao discutir os problemas relacionados aos acidentes, é necessário analisar o espaço de circulação e as possíveis mudanças a serem feitas, como uma tentativa de auxiliar na modificação do comportamento dos usuários da via, principalmente os motoristas.

Ao realizar um estudo para verificar a viabilidade da implantação de medidas de *traffic calming* em Brasília, Leal, Beck e Andrade (1997) observaram que esta é uma cidade atípica no cenário nacional. As vias largas e de longos raios de curvatura induzem, por um lado, a velocidades mais elevadas por parte dos motoristas e, por outro, dificultam a travessia dos pedestres. Ainda hoje, mais de quinze anos depois, o excesso de velocidade é um dos principais fatores de acidentes e de vitimização no trânsito. Van Houten, Nau e Marini (1980), por sua vez, verificaram que o uso de placas indicando o limite de velocidade associado à fiscalização ajuda no controle da velocidade excessiva e na redução do número de acidentes. O uso de penalidades associadas ao desrespeito aos limites de velocidade, bem como a redução da velocidade máxima permitida na via, são medidas mais efetivas na redução do comportamento de velocidade que o respeito voluntário aos limites. Van Houten *et al.* (1985) também verificaram que o uso de placas de *feedback* e a associação destas com programas de advertência à velocidade ajudaram a reduzir a velocidade e o número de acidentes em duas cidades. Replicando esse estudo, Ragnarsson e Björgvinsson (1991) verificaram uma redução significativa da velocidade com o uso de placas e fiscalização, corroborando os resultados de Van Houten *et al.* (1985).

Em outro estudo, Galizio, Jackson e Steele (1979) analisaram os efeitos da presença ou ausência da placa de velocidade, da placa de indicação do uso de radar e da presença do carro da polícia sobre o comportamento de velocidade. Foram observadas mudanças sistemáticas no comportamento de velocidade apenas na presença do veículo da polícia. Dessa maneira, os autores concluíram que a redução da velocidade na presença do veículo da polícia parece refletir uma reação emocional de ameaça de punição, sugerindo que o comportamento de velocidade é controlado mais por uma ameaça externa do que pela aceitação de valores de segurança.

Entre os dispositivos redutores de velocidade mais utilizados estão os mecanismos não eletrônicos, como as ondulações transversais (*speed hump*), e os mecanismos eletrônicos, como os diversos tipos de barreiras (por exemplo, pardais). Na engenharia, existem autores alertando para a necessidade de uma avaliação mais criteriosa do uso das barreiras eletrônicas com indicador de velocidade, mais conhecidos como "lombadas eletrônicas". Stumpf (1999) realizou um estudo de caso no Distrito Federal para investigar as condições que interferem no controle veicular em trechos viários que antecedem e sucedem barreiras ou radares. Os resultados do estudo indicaram inadequação entre a velocidade indicada para a via e suas características. O autor sugere que outras variáveis do ambiente físico também devem ser consideradas, como as características e velocidade da via, antes da instalação de um equipamento eletrônico.

Alguns estudos têm investigado se o uso de equipamentos eletrônicos, como os radares de velocidade com câmera, ajudam a reduzir a velocidade e, consequentemente, melhorar a segurança (por exemplo, Chen *et al.*, 2002; Comte, 2000; Corbett & Simon, 1999; Keall, Povey & Frith, 2002; Picchioni *et al.*, 2007; Vinzant & Tatro, 1999). Corbett (1995) realizou um levantamento de dados no Reino Unido para verificar as atitudes e o comportamento dos motoristas antes e após a instalação de câmeras de velocidade. Verificou-se que a redução de velocidade na presença do equipamento foi efetiva e que esse feito, até certo ponto, foi estendido para áreas sem câmeras. Os motoristas que relataram exceder os limites de velocidade também relataram diminuir a velocidade na presença das câmeras. De maneira geral, o uso desses equipamentos teve uma avaliação positiva pelos motoristas.

Autores como Alcee *et al.* (1992, como citado por Stumpf, 1999) alertam que a aceitação dos equipamentos do tipo foto-radar pela população geralmente é favorecida a partir do momento em que esses dispositivos passam a ter sua precisão comprovada e sua implantação torna-se capaz de resistir às contestações legais. Daí a necessidade de constantes avaliações de impacto do uso desses mecanismos.

Em suma, diversas estratégias são utilizadas no controle do comportamento de velocidade (por exemplo, medidas de *traffic calming*, o uso de placas e sinalização viária, equipamentos eletrônicos para o controle da velocidade e a presença policial). Cada uma delas tem impactos que variam de acordo com a medida adotada. Neste estudo, buscou-se explorar, a partir do relato verbal, o efeito de algumas dessas estratégias sobre o comportamento de velocidade dos motoristas de Brasília (DF), haja vista os dados estatísticos preocupantes sobre o trânsito nessa cidade.

O ponto de partida para a investigação do estudo descrito, neste capítulo, foi o usuário das vias, especificamente o motorista, que teria seu comportamento influenciado diretamente pelos mecanismos (físicos) de controle de velocidade. As seguintes perguntas nortearam o estudo: "Os motoristas reconhecem e revelam que os aspectos físicos, como os 'pardais', afetam seu comportamento?" e "Que estratégias eles sugerem para controlar a velocidade?" Dessa maneira, buscou-se verificar se: (1) existem indicadores verbais de que os elementos físicos do ambiente do trânsito influenciam o comportamento de velocidade de motoristas não profissionais do Distrito Federal; e (2) se é possível predizer o comportamento de velocidade dos motoristas a partir da influência de elementos físicos de acordo com o relato verbal, do estilo de direção relacionado à velocidade e dos dados sociodemográficos.

Método

Participantes

Participaram do estudo 504 motoristas, sendo 58,3% homens, com idade entre 18 e 65 anos (M = 29,97, DP = 9,74). Em relação ao estado civil, 55,6% dos participantes são solteiros, 36,9% casados, 5,4% divorciados, 0,6% viúvos e 1,6% tem outro estado civil. Quanto ao nível de escolaridade, 67,4% têm nível superior, 27,8% têm o ensino médio e 4,8% têm o ensino fundamental.

O tempo de direção dos participantes variou entre três meses e 45 anos (M = 9,77, DP = 8,37) e o tempo médio de carteira de habilitação[2] variou entre um mês e 40 anos (M = 9,15, DP = 8,25). Observou-se que 72,7% dos motoristas afirmaram dirigir todos os dias da semana.

Em relação ao número de multas recebidas, considerando um período de dozes meses, 66,3% dos participantes afirmaram não terem sido multados, e dos 33,7% que foram multados, as maiores frequências de multas foram decorrentes destas infrações: excesso de velocidade (n = 124), estacionamento proibido (n = 33), dirigir sem o uso do cinto de segurança (n = 18) e avanço de sinal vermelho (n = 12).

Instrumento

Utilizou-se um questionário autoaplicável contendo questões relativas aos indicadores de comportamento de velocidade do motorista, além de informações sociodemográficas. Optou-se por esse método de coleta de dados em vez de entrevistas face a face. Esse método permite que os respondentes se sintam à vontade para responder a questões sobre comportamentos socialmente indesejáveis, como os comportamentos relativos às infrações de trânsito; além da possibilidade do anonimato, que fornece ao respondente a sensação de segurança (Bernard, 1995).

O questionário foi composto de três partes. A primeira inclui 38 itens, dos quais 26 relacionam-se aos comportamentos dos motoristas na ausência ou presença de determinados elementos físicos do trânsito que podem afetar a velocidade. São elementos controladores de velocidade: lombadas, barreiras, pardais ou radares fixos, além de semáforos e faixas de pedestre. Esse conjunto foi denominado "comportamento dos motoristas em relação a alguns elementos físicos do ambiente de trânsito" (CF). Os outros 12 itens dessa primeira parte relacionavam-se aos comportamentos dos motoristas em relação à velocidade desenvolvida nas vias, não explicitando elementos físicos, mas

---

[2] Foi diferenciado tempo de direção e tempo de carteira para verificar a existência de alguma relação dessas variáveis com o comportamento de velocidade, porque costuma ser prática no Brasil dirigir antes da obtenção da CNH, por diversos motivos, que não foram objetos de investigação deste trabalho.

o relacionamento com outros motoristas e a forma de dirigir. Esse conjunto de itens foi denominado "estilo de direção relacionado ao comportamento de velocidade" (ED). Deveriam responder a todos os itens com base em uma escala tipo Likert de seis pontos (1 – *nunca* e até 6 – *sempre*).

Salienta-se que a pergunta "Com que frequência você ultrapassa os limites de velocidade das vias?" foi utilizada para mensurar o comportamento de velocidade, como variável critério, isto é, variável a ser predita a partir de CF e ED. Para tanto, utilizou-se uma escala de resposta variando de 1 (*nunca*) a 6 (*sempre*).

Na segunda parte, os motoristas avaliaram o quanto algumas mudanças físicas, sociais e de aspectos normativos poderiam ajudar no controle da velocidade. Foi apresentada aos motoristas uma lista com doze medidas de controle de velocidade, para que pudessem indicar com que frequência eles dirigiriam dentro dos limites de velocidade se cada uma dessas medidas fosse implementada. Deveriam responder com base em uma escala tipo Likert de seis pontos (1 – *nunca* e até 6 – *sempre*).

A terceira parte integrava questões sobre as razões para dirigir acima da velocidade, a frequência e local em que o motorista ultrapassava o limite de velocidade da via, além de questões para a caracterização dos participantes (tempo de direção, tempo de carteira de motorista, sexo, religião, estado civil, existência de multas nos últimos doze meses, multas por excesso de velocidade e idade do motorista).

Elaboração do questionário

Os itens do questionário foram construídos a partir da literatura relacionada ao comportamento de velocidade, como o inventário desenvolvido por Gabany, Plummer e Grigg (1997) e outros instrumentos utilizados em dois levantamentos de dados: um realizado pela organização australiana (www.speedImpact.org)[3] e outro realizado pelo Departamento de Transportes dos Estados Unidos (National Highway Traffic Safety Administration, 1999). Além disso, foram utilizados dados de observações assistemáticas

---

[3] O site foi acessado em 28/10/2001, quando ainda estava disponível.

sobre situações de trânsito envolvendo comportamentos dos motoristas relacionados à velocidade e alguns dos elementos físicos presentes no trânsito.

Procedimentos

Os 504 motoristas foram abordados, individualmente ou em pequenos grupos, em shoppings, em postos de gasolina com *lava a jato*, em um parque, em um *campus* universitário e em uma feira popular.

Foram realizadas análises estatísticas descritivas e inferenciais. Utilizaram a correlação de Pearson e análises de regressão logística, método *stepwise (Forward: conditional)*, para verificar se o comportamento de velocidade (dentro ou acima da velocidade da via) poderia ser explicado em virtude de variáveis do ambiente físico, estilo de direção ou variáveis sociodemográficas.

Resultados

No que se refere ao comportamento de velocidade (CV), dos 504 respondentes, mais da metade (58%) afirmaram dirigir respeitando o limite de velocidade da via (M = 3,26, DP = 1,30).

Em relação ao comportamento de velocidade dos motoristas diante de elementos físicos do trânsito, isto é, na presença ou ausência de alguns desses elementos (CF), os resultados sugerem que os motoristas apresentaram com frequência maior os comportamentos de parar o carro diante de uma faixa de pedestre e de cuidado com a velocidade desenvolvida em vias que apresentam "barreira eletrônica" ou "pardais" (ver Tabela 12.1).

Tabela 12.1 Médias e desvios-padrão dos itens referentes ao comportamento dos motoristas em relação a alguns elementos físicos do ambiente de trânsito.

Itens avaliados	M*	DP
Para o carro a tempo para que um pedestre possa realizar a travessia na faixa	5,60	0,70
Olha a velocidade registrada no painel eletrônico, ao passar por uma "barreira eletrônica"	5,48	1,15
Olha para o velocímetro do carro quando dirige em uma via com "pardais"	5,14	1,32
Olha para o velocímetro do carro, quando dirige em uma via com semáforos e faixas de pedestre	5,07	1,38
Muda a velocidade do carro quando se aproxima de uma "barreira eletrônica"	4,73	1,47

Itens avaliados	M*	DP
Olha para o velocímetro do carro quando dirige numa via sem "pardais"	4,73	1,59
Mantém a velocidade do carro ao se aproximar de um semáforo que está com o sinal verde	4,54	1,50
Retoma a velocidade anterior depois de passar pela "barreira eletrônica"	4,46	1,54
Modifica a velocidade do carro antes de passar pelos pardais	4,45	1,54
Retoma a velocidade anterior depois de passar pelos "pardais"	4,27	1,60
Modifica a velocidade do carro quando vê uma placa indicando a velocidade da via	3,96	1,58
Dirige acima da velocidade permitida em vias sem "barreiras eletrônicas"	3,37	1,64
Dirige acima da velocidade permitida em vias sem "pardais"	3,32	1,68
Ultrapassa a velocidade permitida em vias sem semáforos e sem faixas de pedestres	3,30	1,68
Reduz a velocidade do carro ao se aproximar de um semáforo, mesmo o sinal estando verde	3,19	1,79
Avança o sinal amarelo do semáforo	3,10	1,57
Aumenta a velocidade do carro quando, ao se aproximar de um semáforo, o sinal muda para o amarelo	2,96	1,70
Irrita-se com a presença de "pardais" nas vias	2,91	1,78
Passa pelos "pardais" sem modificar a velocidade do carro	2,66	1,72
Aumenta a velocidade do carro ao se aproximar de um semáforo que está com o sinal verde	2,53	1,48
Passa pelas "barreiras eletrônicas" sem modificar a velocidade do carro	2,49	1,62
Sente-se irritado quando tem de parar em um semáforo	2,29	1,40
Dirige acima da velocidade permitida na via depois de parar em um semáforo, para recuperar o tempo gasto na parada	2,20	1,32
Dirige sem se preocupar com os "pardais" da via	2,09	1,67
Aumenta a velocidade do carro para cruzar a faixa antes que o pedestre inicie a travessia	1,96	1,22
Sente-se irritado quando precisa parar em uma faixa de pedestre	1,85	1,12

* Escala de frequência: 1 – nunca; 2 – raramente; 3 – menos da metade das vezes; 4 – mais da metade das vezes; 5 – quase sempre; e 6 – sempre.

Os comportamentos dos motoristas diante de alguns aspectos físicos do ambiente de trânsito (CF) foram correlacionados ao comportamento de velocidade (CV), isto é, o quanto que a variação de um pode ser explicada pela variação do outro. A Tabela 12.2 apresenta essas correlações. A maior parte dos itens de CF (10) se relacionaram de maneira fraca com CV (veja itens abaixo de 0,30). Os resultados sugerem que, quanto mais se comportam conforme definido por CF, os motoristas tendem a ultrapassar os limites de velocidade com maior frequência. As correlações negativas indicam o inverso, isto é, quanto mais se comportam conforme definido por CF, os motoristas tendem a não ultrapassar os limites de velocidade, ou vice-versa.

Assim, quanto maior a frequência de observar placas de velocidade da via, menor a frequência de dirigir acima da velocidade.

Os itens de CF que mais estão relacionados à velocidade são: "dirige acima da velocidade permitida em vias sem barreiras eletrônicas", "dirige acima da velocidade permitida em vias sem pardais" e "ultrapassa a velocidade permitida em vias sem semáforos e faixas de pedestre", ou seja, sem elementos físicos de fiscalização e sinalização no trânsito (ver Tabela 12.2).

Tabela 12.2 Resultado das correlações de Pearson entre os aspectos físicos e o comportamento de velocidade.

Aspectos físicos	Comportamento de velocidade (coeficiente de correlação de Pearson – r)
Modifica a velocidade antes de passar pelos pardais	0,48**
Para o carro a tempo para o pedestre	–0,22**
Muda a velocidade do carro quando se aproxima de uma barreira eletrônica	0,35**
Olha para velocímetro quando dirige em uma via sem pardais	–0,20**
Sente-se irritado quando tem de parar em um semáforo	0,25**
Modifica a velocidade do carro quando vê uma placa indicando a velocidade	–0,23**
Avança o sinal amarelo do semáforo	0,26**
Reduz a velocidade do carro ao se aproximar de um semáforo com sinal verde	–0,14**
Passa pelos pardais sem modificar a velocidade do carro	–0,30**
Sente-se irritado quando precisa parar em uma faixa de pedestre	0,21**
Dirige acima da velocidade permitida em vias sem barreiras eletrônicas	0,71**
Aumenta a velocidade do carro ao se aproximar de um semáforo com sinal verde	0,30**
Dirige acima da velocidade permitida em vias sem pardais	0,71**
Passa pelas barreiras eletrônicas sem modificar a velocidade	–0,25**
Olha para o velocímetro em via com pardais	0,08
Aumenta a velocidade do carro para cruzar a faixa antes que o pedestre inicie a travessia	0,35**
Mantém a velocidade do carro ao se aproximar de um semáforo com sinal verde	–0,04

Aspectos físicos	Comportamento de velocidade (coeficiente de correlação de Pearson – r)
Retoma a velocidade que estava anteriormente depois de passar pela barreira	0,42**
Dirige sem se preocupar com os pardais da via	−0,29**
Ultrapassa a velocidade permitida em vias sem semáforos e faixas de pedestre	0,69**
Retoma a velocidade que estava anteriormente depois de passar pelos pardais	0,46**
Olha a velocidade registrada no painel eletrônico depois de passar por uma barreira	0,19**
Aumenta a velocidade do carro quando o sinal do semáforo muda para amarelo	0,33**
Irrita-se com a presença de pardais nas vias	0,43**
Dirige acima da velocidade permitida na via depois de parar em um semáforo	0,48**
Olha para o velocímetro em vias com semáforos e faixas	−0,06

* Relação estatisticamente significativa ao nível de significância $p < 0,05$ e ** $p < 0,01$.

Com referência ao estilo de direção dos motoristas, ou seja, comportamentos dos motoristas quanto à velocidade desenvolvida nas vias relacionadas com os outros motoristas e forma de dirigir (ED), os resultados sugerem que os motoristas quase sempre observam as placas de velocidade da via quando dirigem e costumam manter a velocidade permitida na via em mais da metade das vezes (ver Tabela 12.3).

Tabela 12.3 Médias e desvios-padrão para os aspectos relativos ao estilo de direção relacionado ao comportamento de velocidade.

Itens avaliados	M*	DP
Vê as placas de velocidade da via em que está dirigindo	5,54	0,86
Mantém a velocidade permitida na via	4,36	1,37
Acompanha a velocidade dos outros carros da via	3,61	1,69
Dirige até 7 km/h acima da velocidade da via	3,48	1,59
Fica impaciente com motoristas que dirigem com velocidade abaixo da sua	3,37	1,61
Irrita-se com motoristas que dirigem abaixo da velocidade permitida para a via	3,23	1,69
Dirige acima do limite de velocidade permitido na via	3,07	1,56

Itens avaliados	M*	DP
Dirige com pressa para chegar onde deseja ir	2,92	1,37
Dirige até 10 km/h acima da velocidade da via	2,90	1,51
"Dá luz alta" para o motorista que dirige o carro à sua frente quando deseja realizar uma ultrapassagem	2,73	1,73
Dirige acima da velocidade dos outros carros da via	2,66	1,32
Dirige até 20 km/h acima da velocidade da via	2,38	1,48

* Escala de frequência: 1 – nunca; 2 – raramente; 3 – menos da metade das vezes; 4 – mais da metade das vezes; 5 – quase sempre; e 6 – sempre.

Outro objetivo deste estudo foi analisar o poder preditivo dos elementos físicos (CF), do estilo de direção relacionado à velocidade (ED) e dos dados sociodemográficos sobre o comportamento de velocidade dos motoristas (CV). Realizou-se uma regressão logística, sendo os respondentes divididos em dois grupos a partir do ponto médio da escala da variável CV: (1) Grupo 1 - grupo que dirige abaixo da velocidade-limite (inclui participantes que ficaram abaixo ou dentro do ponto médio da escala); (2) Grupo 2 - grupo que dirige acima da velocidade-limite (inclui participantes que ficaram acima do ponto médio da escala). Procedeu-se a análise da regressão logística com uma amostra de 464 motoristas[4], sendo 58% pertencentes ao grupo que dirige abaixo da velocidade-limite e 42% ao grupo que dirige acima da velocidade-limite.

O resultado sugere que, dos 38 itens, sete foram preditores (sendo três de CF e quatro de ED) que podem diferenciar os dois grupos de motoristas. A Tabela 12.4 apresenta apenas os resultados encontrados para as sete variáveis preditoras estatisticamente significativas do comportamento de velocidade. Nenhuma variável sociodemográfica apareceu como preditora. O modelo com as sete variáveis preditivas mostrou uma diferença estatisticamente significativa do modelo com a constante ($\chi^2_{(7, N = 464)} = 408{,}574$, $p < 0{,}001$). O ajuste geral do modelo foi de 0,79, considerado bom, prevendo com sucesso

[4] Antes da regressão, verificaram-se os casos ausentes nas variáveis preditoras e a existência de casos extremos. Substituídos os casos ausentes pela média e realizada a verificação de casos extremos multivariados utilizando a distância Mahalanobis ($\alpha = 0{,}001$), considerando $\chi^2(50) = 86{,}661$ ($p < 0{,}001$), um total de quarenta casos foram identificados e excluídos.

93,3% do comportamento do grupo que dirige abaixo da velocidade-limite e 88,7% do grupo que dirige acima da velocidade-limite. O percentual total de acertos do modelo foi de 91,4%. Isso significa o quanto a velocidade pode ser explicada por um conjunto de comportamentos, tais como dirigir acima da velocidade em vias com pardais e em vias sem semáforos e faixas de pedestres.

Tabela 12.4 Resultado das regressões logísticas para a variável critério.

Variáveis	**B**	**Teste Wald (z-ratio)**	**Odds Ratio**	**Intervalo de confiança de 95%** Inferior / Superior
Dirige acima da velocidade permitida em vias sem pardais	0,48	10,39**	1,61	1,21 / 2,16
Ultrapassa a velocidade permitida em vias sem semáforos e faixas de pedestre	0,30	4,18*	1,35	1,01 / 1,80
Mantém a velocidade permitida na via	–0,81	17,87**	0,44	0,31 / 0,65
Dirige até 20 km/h acima da velocidade da via	0,44	7,18**	1,55	1,13 / 2,14
Dirige com pressa para chegar onde deseja ir	0,56	12,53**	1,75	1,28 / 2,38
Modifica a velocidade antes de passar pelos pardais	0,74	18,90**	2,10	1,50 / 2,93
Dirige acima da velocidade dos outros carros da via	0,40	5,34*	1,49	1,06 / 2,10
Constante	–6,77	23,90	0,001	
Ajuste geral do modelo	0,79			

* Relação estatisticamente significativa com $p < 0,05$.

** Relação estatisticamente significativa com $p < 0,01$.

Foram realizadas comparações entre as médias obtidas pelos dois grupos de motoristas na avaliação das sete variáveis preditoras identificadas anteriormente, com o objetivo de verificar se existiam diferenças entre os grupos na avaliação das variáveis. A Tabela 12.5 apresenta os resultados encontrados utilizando o Teste t.

Tabela 12.5 Comparações entre as médias dos dois grupos da variável critério em função de CF e ED preditoras na regressão logística.

	Grupo	M*	DP	Teste t	P
Ultrapassa a velocidade permitida em vias sem semáforos e faixas de pedestre	1	2,31	1,25	20,77	0,001
	2	4,62	1,09		
Dirige acima da velocidade permitida em vias sem pardais	1	2,34	1,25	19,91	0,001
	2	4,57	1,10		
Mantém a velocidade permitida na via	1	5,06	0,87	16,17	0,001
	2	3,36	1,26		
Dirige até 20 km/h acima da velocidade da via	1	1,61	0,89	15,41	0,001
	2	3,37	1,40		
Dirige acima da velocidade dos outros carros da via	1	1,99	0,85	15,15	0,001
	2	3,51	1,21		
Dirige com pressa para chegar onde deseja ir	1	2,29	1,00	13,88	0,001
	2	3,77	1,23		
Modifica a velocidade antes de passar pelos pardais	1	3,77	1,63	13,08	0,001
	2	5,26	0,78		

* Médias apresentadas de acordo com a escala de frequência de seis pontos: 1 – nunca; 2 – raramente; 3 – menos da metade das vezes; 4 – mais da metade das vezes; 5 – quase sempre; e 6 – sempre.

De acordo com a Tabela 12.5, o Grupo 1 (que dirige abaixo da velocidade-limite) apresentou maior média apenas em uma variável – "mantém a velocidade permitida na via" (ver número em negrito na terceira coluna). Resultado esperado, considerando as características deste grupo. Já o Grupo 2 (que dirige acima da velocidade-limite) apresentou maiores médias nas demais variáveis. Isso quer dizer que esse grupo apresenta mais comportamentos velozes, como modificar a velocidade do carro antes de passar pelos pardais, ultrapassar a velocidade em vias sem semáforos e faixas de pedestres, como também em vias sem pardais.

Foi solicitado aos motoristas que avaliassem o impacto de doze medidas para o controle de velocidade em seu comportamento (ver Tabela 12.6). Eles deveriam indicar com que frequência dirigiam dentro do limite de velocidade se cada uma das medidas fosse implementada. A Tabela 12.6 mostra que a maioria (nove) das doze medidas ajudaria os motoristas no controle da velocidade (veja as médias acima de quatro). Isso indica maior probabilidade de os motoristas andarem dentro do limite de velocidade nessas situações. De acordo com a percepção deles, as intervenções no ambiente com foco na fiscalização e no esforço legal seriam mais eficientes para que "andassem mais na linha", por exemplo, mais policiais nas ruas e placas indicando fiscalização eletrônica, aumentar a quantidade de pardais e penalidades mais rigorosas. Vale salientar que a medida que recebeu a maior média (se a velocidade máxima das vias fosse mais alta) implicaria necessariamente uma mudança na legislação, ou seja, uma autorização legal para correr. Isso reforça os resultados de que a ausência de elementos físicos de controle da velocidade pode manter ou aumentar o comportamento de velocidade.

Em contrapartida, as médias mais baixas indicam que intervenções no ambiente que visam colocar mais semáforos e modificar o traçado da via para deixá-la com mais curva são menos eficientes, segundo os respondentes, para fazê-los andar dentro do limite de velocidade.

Tabela 12.6 Média para cada medida indicada para o controle da velocidade.

Medidas	n*	M**	DP
Velocidade máxima das vias fosse mais alta	497	4,71	1,65
Mais policiais nas ruas	501	4,61	1,53
Mais placas indicando o uso de fiscalização eletrônica	498	4,46	1,64
Aumentasse o número de "pardais" nas vias	500	4,33	1,71
A penalidade por excesso de velocidade fosse mais rigorosa	500	4,30	1,84
Mais "barreiras eletrônicas" nas vias	494	4,24	1,73
Mais placas indicando a velocidade das vias	495	4,24	1,72
Mais faixas de pedestres nas vias	493	4,24	1,64
O valor da multa por excesso de velocidade fosse duas vezes maior	496	4,03	2,00
Mais semáforos nas vias	493	3,92	1,72
As vias tivessem menos retas	495	3,68	1,78
As vias tivessem mais curvas	494	3,56	1,83

* Indica que o quantitativo de respondentes para cada item está diferente porque algumas pessoas deixaram o item em branco.

** Escala de frequência: 1 – nunca; 2 – raramente; 3 – menos da metade das vezes; 4 – mais da metade das vezes; 5 – quase sempre; e 6 – sempre.

Discussão

Do ponto de vista da psicologia ambiental, a análise da influência de aspectos físicos e de sua relação com o comportamento humano é um ponto importante para a melhoria das condições do trânsito de nossas cidades (Stokols & Novaco, 1987). Nesse sentido, a teoria dos *affordances* inspirou o presente estudo para investigar a relação entre as propriedades funcionais do ambiente e como elas são usadas. Conceitualmente, a presença de determinados elementos físicos poderiam dificultar o desenvolvimento de altas velocidades nas vias urbanas, criando uma espécie de *affordance*, como colocado por Heine e Guski (1998). Dessa maneira, se um motorista encontra em uma via determinados obstáculos físicos que possam impedir ou mesmo dificultar o desenvolvimento de alta velocidade, ele pode apresentar uma probabilidade maior de se comportar conforme as possibilidades do ambiente. Vale ressaltar que elementos físicos diferentes podem produzir *affordances* diferenciadas; assim, deve-se investigar que tipo de *affordance* (positiva ou negativa) os elementos físicos provocam nos motoristas.

Neste estudo, os dados mostraram correlações significativas e consistentes entre o comportamento de velocidade (CV) e alguns dos comportamentos dos motoristas diante dos elementos físicos do trânsito (CF), especialmente para o comportamento de ultrapassar a velocidade permitida na via na ausência dos seguintes elementos físicos: pardal, barreira eletrônica, semáforos e faixas de pedestres. Esse resultado pode indicar que, na ausência desses elementos físicos, será maior a frequência do comportamento de velocidade, sugerindo que variáveis ambientais podem influenciar a velocidade dos motoristas.

Destacam-se, também, outros três comportamentos associados aos elementos físicos do trânsito que apresentaram correlações significativas e positivas, mas não tão altas (a partir de 0,40): "modifica a velocidade antes de passar pelos pardais", "retoma a velocidade que estava anteriormente depois de passar pela barreira eletrônica" e "retoma a velocidade depois de passar pelos pardais". Esses dados podem ser considerados complementares aos relatados anteriormente, uma vez que a presença dos elementos físicos, de certa maneira, parece influenciar o comportamento de velocidade dos motoristas, seja para modificar ou retomar a velocidade anterior. Isso sugere indicadores de que o uso de elementos físicos, como equipamentos eletrônicos, também pode influenciar o comportamento de velocidade do motorista, pelo menos quando ele se encontra próximo ao equipamento. Entretanto, os equipamentos eletrônicos também podem influenciar o comportamento daqueles motoristas que respeitam os limites de velocidade da via.

O modelo de regressão indicou bons percentuais de predição de acerto dos comportamentos dos motoristas de cada grupo, bem como do modelo como um todo. O resultado encontrado apresentou que alguns aspectos do comportamento dos motoristas perante os elementos físicos do trânsito (CF) e do estilo de direção relacionado à velocidade (ED) ajudam na predição do comportamento de velocidade (CV). As variáveis sociodemográficas (idade e sexo) não apareceram como preditores do CV, corroborando os resultados de Boyce e Geller (2002).

Considerando os dados obtidos, das sete variáveis preditoras do CV, três relacionam-se a CF, e quatro, a ED. Observa-se que a ausência de um elemento físico (no caso o "pardal", semáforos e faixas de pedestre) parece influenciar o comportamento de dirigir acima dos limites de velocidade. Sua presença, no entanto, provoca alguma alteração na velocidade desenvolvida pelo motorista. Vale ressaltar que alguns autores, como Recarte e Nunes (2002), indicam que a presença desses elementos na via pode ser mais eficaz no controle da velocidade, desde que implique restrições explícitas ao comportamento indesejado.

Verificou-se que a ausência de determinados elementos físicos nas vias (como pardal, semáforos e faixas) teria maior influência sobre o comportamento dos motoristas que dirigem acima da velocidade-limite. Outra maneira de interpretar esses dados seria que a presença dos elementos físicos teria uma influência sobre o comportamento dos motoristas que excedem a velocidade, no sentido de provocar alguma modificação desse comportamento, mesmo que seja apenas nas proximidades do local onde se encontra o elemento, e não na via como um todo. Ressalta-se que é importante observar as especificidades de cada elemento físico, pois apresentam impactos diferenciados no comportamento. Por exemplo, ao contrário do que ocorre ante um "pardal" ou semáforo, ignorar as placas não implicaria necessariamente alguma consequência direta aos motoristas.

A partir dos resultados obtidos, é possível afirmar que existem evidências de que alguns elementos físicos do trânsito poderiam ajudar a modificar o comportamento de velocidade de motoristas, mesmo que em uma parte do percurso. Além disso, analisar o comportamento dos motoristas diante desses elementos pode ser útil para ajudar na predição do comportamento de velocidade, principalmente daqueles que costumam exceder esses limites.

Sobre o estilo de direção dos motoristas, em especial, do grupo que dirige acima da velocidade-limite, vale observar que ele apresentou uma média maior no comportamento de dirigir com pressa se comparado ao outro grupo. Esse resultado pode ser explicado por um estilo de direção que inclui a frequência menor do comportamento de dirigir mantendo a velocidade permitida na via; ou por uma falha no planejamento de tempo gasto para um percurso. Essas duas formas de explicação não seriam excludentes, uma vez que o motorista acostumado a um padrão de locomoção acima da velocidade da via poderia subestimar o tempo de segurança necessário para chegar a um destino.

A literatura sugere que a pressa é um dos fatores que podem prejudicar o desempenho dos motoristas ao dirigir e provocar acidentes (Detran-PR, 2001). Argumenta-se que a pressa é uma das causas humanas indiretas de acidentes, isto é, condições físicas e estados emocionais do motorista que podem afetar as habilidades necessárias para um desempenho seguro no trânsito (Treat *et al.*, 1977, como citado por Rozestraten, 1988). Dos diversos estados emocionais, tais como estresse, raiva, angústia, agressividade ou irritação, estar apressado seria um deles. Dirigir com pressa também pode estar associado à busca da fluidez no trânsito, que está ligada a uma diminuição do tempo de percurso, envolvendo o aumento da velocidade média (Vasconcellos, 1998). Assim, o conhecimento sobre o estilo de direção dos motoristas mostra-se fator relevante, principalmente no momento de analisar como determinadas modificações no ambiente de trânsito podem impactar o comportamento dos motoristas.

Quanto às medidas indicadas pelos motoristas para o controle de velocidade, das três principais, duas foram relacionadas a algum tipo de modificação no ambiente físico da via e uma se referiu ao aspecto fiscalizador, que poderia ser representado pela presença de policiais nas ruas. Esse resultado mais uma vez reforça o argumento de que os elementos físicos de fiscalização impactam o comportamento de velocidade, segundo a avaliação dos próprios motoristas. Isso corrobora as relações estatísticas estabelecidas entre as variáveis preditoras e o comportamento de velocidade, sendo explicitado no autorrelato, quando perguntados diretamente.

Em relação à medida sobre o aumento do número de faixas de pedestres, esse elemento físico pode ser considerado uma barreira para o desenvolvimento de altas velocidades em uma via, desde que em boas condições de visibilidade e sinalização. A presença de uma faixa de pedestre pode desencadear um comportamento mais atento por parte do motorista, que terá uma possível "dica" da existência de pedestres nas proximidades, promovendo a redução da velocidade. Entretanto, ao contrário dos equipamentos eletrônicos de monitoramento de velocidade, a faixa de pedestre pode não ser respeitada, uma vez que o motorista pode impedir a travessia do pedestre na faixa sem que esse comportamento seja punido.

Implicações práticas e considerações finais

De acordo com os resultados obtidos na pesquisa, os elementos físicos parecem exercer influência sobre o comportamento de velocidade dos motoristas. Assim, a colocação desses elementos nas vias (por exemplo, equipamentos eletrônicos, como "pardal" e barreira eletrônica) pode ser útil para o controle da velocidade desenvolvida pelos motoristas e deve ser considerada durante o planejamento da engenharia de tráfego de uma via.

Os efeitos do uso desses equipamentos sobre o comportamento observado nos motoristas também devem ser analisados. A utilização excessiva dos equipamentos pode produzir efeitos adversos, como um nível maior de estresse ou até mesmo reações comportamentais contrárias ao planejado, por exemplo, respeitar a velocidade-limite apenas antes de passar pelo equipamento, e não ao longo de toda a via, como seria o esperado.

Assim, medidas de modificação no ambiente físico do trânsito necessitam de monitoramento por parte dos órgãos de trânsito, não apenas nos efeitos causados em termos de dados numéricos relacionados à epidemiologia (por exemplo, índice de acidentes e número de mortes), mas também em relação aos efeitos psicológicos dessas mudanças no comportamento dos usuários do trânsito. O acompanhamento sistemático dos efeitos dessas mudanças no planejamento e engenharia de trânsito deve ser realizado por uma equipe multidisciplinar integrada por engenheiros, psicólogos e pedagogos, entre outros profissionais.

Outra medida a ser adotada refere-se à realização de campanhas que possam informar à população sobre o impacto do uso dos equipamentos eletrônicos na segurança do trânsito e esclarecer como o governo tem investido os recursos provenientes da arrecadação das multas. Uma das maiores críticas acerca do uso dos equipamentos eletrônicos refere-se à forma como os recursos financeiros obtidos pelas multas têm sido gastos pelo governo. Embora esse aspecto não tenha sido pesquisado aqui, acredita-se que esclarecer à população como tem sido investido o dinheiro arrecadado nas multas pode auxiliar no processo de aceitação e mudanças de crença acerca do uso de equipamentos eletrônicos como uma ferramenta eficaz no controle de velocidade.

Das ações indicadas pelos motoristas para o controle da velocidade, observou-se a necessidade de aliar medidas informativas e o policiamento rigoroso para que se tenha um trânsito seguro, além de colocação de mais placas de velocidade e da indicação do uso de equipamento eletrônico, de placas de *feedback* associadas a programas educativos de advertência à velocidade e da presença de agentes de trânsito para fiscalização ao longo das vias.

Um aspecto merece ser destacado em relação ao estilo de direção dos motoristas. Dirigir com pressa para chegar aonde se deseja apareceu como preditor do comportamento de velocidade. Esse dado pode ser utilizado para promover campanhas informativas voltadas à divulgação dos benefícios de um bom planejamento de tempo e orientação espacial (mapas mentais) do melhor lugar a percorrer para chegar ao destino.

Em suma, a complexidade do comportamento humano no trânsito deve ser sempre considerada ao tentar melhorar a qualidade de vida nos centros urbanos. Ressalta-se a importância da leitura das questões relacionadas ao trânsito a partir de uma perspectiva do inter-relacionamento entre os diversos subsistemas do trânsito, uma vez que o comportamento humano é multideterminado.

Referências

Bell, P. A., Fisher, J. D., Greene, T. C., & Baum, A. (1996). *Environmental psychology* (4a ed.). Forth Worth: Harcout Brace Javanovich.

Bernard, H. R. (1995). Research methods in anthropology: qualitative and quantitative approaches (2a ed.). Walnut Creek: AltaMira Press.

Boyce, T. E., & Geller, E. S. (2002). An instrumented vehicle assessment of problem behavior and driving style: do younger males really take more risks? *Accident Analysis and Prevention, 34*, 51-64.

Chen, G., Meckle, W., & Wilson, J. (2002). Speed and safety effect of photo radar enforcement on a highway corridor in British Columbia. *Accident Analysis and Prevention, 34*, 129-138.

Clark, C., & Uzzell, D. L. (2002). The *affordances* of the home, neighborhood, school and towncenter for adolescents. *Journal of Environmental Psychology, 22*, 95-108.

Comte, S. L. (2000). New systems: new behaviour? *Transportation Research Part F, 3*, 95-111.

Corbett, C. (1995). Road traffic offending and the introduction of speed cameras in England: the first self-reported survey. *Accident Analysis and Prevention, 27*(3), 345-354.

Corbett, C., & Simon, F. (1999). *The effects of speed cameras: how drivers respond.* Centre for Criminal Justice Research. Department of Law. Brunel University. Retrieved October 2, 2014, from http://www.roads.dft.gov.uk/roadsafety/research11/pdf/camera.pdf

Detran-PR (2001). *Departamento de Trânsito do Paraná*. Recuperado em 2 outubro, 2014, de http://www.pr.com.br/detran/educa/cidadania

Detran-DF (2010). *Boletim Anual de Acidentes com vítima Distrito Federal, 2010.* Recuperado em 2 outubro, 2014, de http:// www.detran.df.gov.br

Evans, L. (2002). Traffic crashes. *American Scientist, 90,* 246-255.

Gabany, S. G., Plummer, P., & Grigg, P. (1997). Why drivers speed: the speeding perception inventory. *Journal of Safety Research, 28*(1), 29-36.

Galizio, M., Jackson, L. A., & Steele, F. (1979). Enforcement symbols and driving speed: the overreaction effect. *Journal of Applied Psychology, 64*(3), 311-315.

Gibson, J. J. (1979). *The ecological approach to visual perception.* Boston: Houghton Mifflin.

Gifford, R. (1987). *Environmental psychology.* Boston: Allyn and Bacon.

Gold, P. A. (1998) *Segurança de trânsito: aplicações da engenharia para reduzir acidentes.* Washington: Banco Interamericano de Desenvolvimento

Günther, H., & Rozestraten, R. J. A. (1993). Psicologia ambiental: algumas considerações sobre sua área de pesquisa e ensino. *Psicologia: Teoria e Pesquisa, 91,* 109-124.

Haglund, M., & Åberg, L. (2000). Speed choice in relation to speed limit and influences from other drivers. *Transportation Research Part F, 3,* 39-51.

Heine, W-D., & Guski, R. (1998). Street traffic, children, and the extend concept of *affordances* as a means of shaping the environment. In D. Görlitz, H. J. Harloff, G. Mey, & J. Valsiner (Eds.). *Children, cities, and psychological theories: developing relationships* (pp. 515-542). Berlin: De Gruyter.

Híjar-Medina, M., Carillo-Ordaz, C. E., Flores-Aldana, M. E., Anaya, R., & López--López, M. V. (1999). Factores de riesgo de lesión por accidentes de tráfico y el impacto de una intervención sobre la carretera. *Revista de Saúde Pública, 335,* 505-512.

Keall, M. D., Povey, L. J., & Frith, W. J. (2002). Further results from a trial comparing a hidden speed camera programme with visible camera operation. *Accident Analysis and Prevention, 34,* 773-777.

Kloeden, C. N., McLean, A. J., Moore, V. M., & Ponte, G. (1997). *Travelling speed and the risk of crash involvement.* Volume 1 – Findings. NHMRC Road Accident Research Unit: University of Adelaide, Australia. Retrieved October 29, 2001, from http://raru.adelaide.edu.au/speed/vol-1.html

Leal, T. C. B., Beck, R. V., & Andrade, N. P. (1997). Um estudo de viabilidade de implantação de medidas de "traffic calming" em Brasília-DF. *11º Congresso Nacional de Transportes Públicos – ANTP,* Belo Horizonte, Anais eletrônicos.

Lima, D. D. (2009). *Violência no trânsito.* Recuperado em 3 outubro, 2014, de http://www.linearclipping.com.br/PDFs/771569.pdf

Lockwood, I. M. (1997). ITE traffic calming definition. *ITE Journal, 67*(7), 22-24.

Marín, L., & Queiroz, M. S. (2000). A atualidade dos acidentes de trânsito na era da velocidade: uma visão geral. *Cadernos de Saúde Pública, 16*(1), 7-21.

Muhlrad, N. (2000). *Introduction: a short history of physical speed reduction measures in European urban areas*. Retrieved October 3, from http://www.ictct.org/workshop.php?workshop_nr=13

National Highway Traffic Safety Administration (1999). *National survey of speeding and other unsafe driving actions*. Retrieved October 3, from http://www.nhtsa.dot.gov/people/injury/aggressive/unsafe/methods/QxSpeed.html

Nogueira, C. (2001, 16 de julho). Mortes no trânsito caem 14%. *Correio Braziliense*, p. 7.

Panichi, R. M. D., & Wagner, A. (2006). Comportamento de risco no trânsito: revisando a literatura sobre as variáveis preditoras da condução perigosa na população juvenil. *Revista Interamericana de Psicologia, 40*(2), 159-166.

Picchioni, I., Thielen, M. V. F. C., Grassi, D. P., Soares, R. C., Hartmann, A., Mazuroski, J., & Baladon, C. M. (2007). Percepção de risco e velocidade: a lei e os motoristas. *Psicologia: Ciência e Profissão, 27*(4), 730-745.

Ragnarsson, R. S., & Björgvinsson, T. (1991). Effects of public posting on driving speed in Icelandic traffic. *Journal of Applied Behavior Analysis, 24*, 53-58.

Recarte, M. A., & Nunes, L. (2002). Mental load and loss of control over speed in real driving. *Towards a theory of attentional speed control. Transportation Research Part F, 5*, 111-122.

Rozestraten, R. J. A. (1988). *Psicologia do trânsito: conceitos e processos básicos*. São Paulo: EPU.

Stokols, D., & Novaco, R. W. (1987). *Human behavior and environment: advances in theory and research* (Vol. 5, pp. 85-130). New York: Plenum.

Stumpf, M. T. (1999). *Análise dos efeitos da barreira eletrônica com informador de velocidade sobre a operação do tráfego*. Dissertação de mestrado, Universidade de Brasília, Brasília, DF, Brasil.

Van Houten, R., Nau, P. A., & Marini, Z. (1980). An analysis of public posting in reducing speeding behavior on an urban highway. *Journal of Applied Behavior Analysis, 13*, 383-395.

Van Houten, R., Rolider, A., Nau, P. A., Friedman, R., Becker, M., Chalodovsky, I., & Scherer, M. (1985). Large-scale reductions in speeding and accidents in Canada and Israel: a behavioral ecological perspective. *Journal of Applied Behavior Analysis, 18*, 87-93.

Vasconcellos, E. A. (1998). *O que é trânsito* (3a ed). São Paulo: Brasiliense.

Vinzant, J. C., & Tatro, B. J. (1999). *Evaluation of the effects of photo radar speed and red light camera technologies on motor vehicle crash rates*. Retrieved October 3, from http:\\www.ci.mesa.az.us\ police\traffic\march1999.report.htm

CAPÍTULO 13

UM ESTUDO SOBRE O USO DE ÁLCOOL E OUTRAS DROGAS POR MOTORISTAS DE CAMINHÃO QUE CRUZAM AS CAPITAIS DO BRASIL[1]

Fernanda Cubas, Flavio Pechansky e
José Carlos Souza

Fonte: Beto Nociti / Cerrado Fotografia

1 Este projeto foi financiado pela Secretaria Nacional de Políticas sobre Drogas (SENAD) e teve apoio da Polícia Rodoviária Federal (PRF).

Chama-se droga qualquer substância química capaz de modificar o funcionamento orgânico. Droga pode ser medicinal (por exemplo, aspirina) ou ser nociva à saúde. Além disso, podem ser lícitas (por exemplo, álcool e tabaco) ou ilícitas, como a maconha e o *crack* (Andrade, 2008). Existe, porém, diferença entre droga e substância psicoativa (SPA). Uma SPA é qualquer substância química utilizada para produzir um efeito neuroquímico no organismo, atuando no cérebro e alterando a maneira de sentir, pensar e agir.

As substâncias psicoativas estão presentes na sociedade há muito tempo. Desde a Antiguidade, o uso de SPA tem um forte componente cultural e social. São usadas para provocar alterações de consciência com os mais variados fins. Além disso, têm a função de alterar o psiquismo, levando o indivíduo a experimentar sensações e comportamentos fora de seu padrão usual (Yonamine, 2004; Zeferino, 2004).

O consumo do álcool, do tabaco e de outras drogas ocorre em todos os países do mundo. Sugere-se que mais da metade da população das Américas e da Europa já experimentou álcool alguma vez na vida (Marques & Ribeiro, 2003). Ainda, o consumo de drogas ilícitas atinge 4,2% da população mundial, sendo a maconha a mais consumida (144 milhões de pessoas), seguida pelas anfetaminas (29 milhões), cocaína (14 milhões) e opiáceos (13,5 milhões).

As SPAs atuam diretamente no Sistema Nervoso Central. Os efeitos produzidos no organismo variam de acordo com a classificação de cada SPA. Elas podem estimular, deprimir ou os dois efeitos, e têm capacidade de produzir alucinações, isto é, a pessoa pode ver ou sentir coisas que não são reais, em função do efeito da droga. Na Tabela 13.1, elaborada com base em Andrade (2008), estão descritas as classificações e os efeitos de algumas dessas substâncias.

Tabela 13.1 SPAs e seus efeitos no Sistema Nervoso Central.

Depressoras	Estimulantes	Perturbadoras
Álcool (cerveja)	Cocaína / crack	Maconha
Benzodiazepínicos (rivotril®)	Anfetamina (rebite)	LSD-25
Opiáceos (heroína)	Nicotina	Ecstasy
Indutores do sono e anestesia (morfina)	Cafeína	Anticolinérgicos naturais (psilocibina: cogumelo)
Inalantes (cola de sapateiro)		

Fonte: tabela elaborada com base em Andrade (2008).

Uso de substâncias psicoativas e direção

As complicações clínicas e sociais causadas pelo consumo dessas substâncias, atualmente, são bem conhecidas e consideradas um problema de saúde pública. Existem estudos demonstrando que algumas substâncias, como álcool e outras drogas, podem retardar o Tempo de Reação (TR) e afetam significativamente o processo de condução de veículos (Domingos, 2008; Moreno, Cristofoletti & Pasqua, 2001; Nascimento, Nascimento, & Silva, 2007; Simas Filho, & Pamplona, 1995; Souza, Paiva, & Reimão, 2005; Yonamine, 2004; Zeferino, 2004).

Dirigir requer atenção do condutor, que deve perceber os estímulos importantes a seu redor para dirigir com segurança. Qualquer substância que afete seus reflexos ou cognição pode resultar em acidente de trânsito. Conduzir um veículo sob o efeito de álcool ou de outras substâncias psicoativas (SPAs) vem, cada vez mais, aumentando as estatísticas de acidentes no mundo. Segundo a Organização Mundial de Saúde (WHO, 2013), o Brasil mantém uma taxa próxima a vinte mortes por 100 mil habitantes desde 2004. Segundo o Ministério da Saúde, 37.594 pessoas morreram em decorrência de acidentes de trânsito. O relatório também inclui a estimativa do Ipea de 2005, que aponta em 1,2% do PIB as perdas econômicas em decorrência dos acidentes de trânsito. Além das mortes, existem as sequelas físicas e psicológicas irreversíveis que prejudicam o indivíduo e também a sociedade. Conforme demonstrado por Walsh, Flegel, Cangianelli, Atkins Soderstrom e Kerns (2004), 66% das vítimas de acidentes de trânsito em um hospital americano apresentaram resultados positivos nos testes para substâncias psicoativa (*screening*) em relação ao álcool ou outras drogas.

O Brasil é um dos países no qual as pessoas morrem mais por acidentes de trânsito (Ministério da Justiça, 2007). Os custos desses acidentes e sequelas para a sociedade já foram demonstrados por alguns autores (por exemplo, Gonçalves, Morita & Haddad, 2007). Quando comparado aos países desenvolvidos, como Itália, Estados Unidos da América e Canadá, o nosso país domina o *ranking* de gastos com acidentes de trânsito nas unidades de emergência, em termos pessoais e econômicos (Walsh *et al.*, 2004). Por exemplo, na Itália, o índice é de dez mortes por mil quilômetros em rodovias; nos Estados Unidos da América, o índice é 6,56; no Canadá, 3,3, e, no Brasil, 106,79 mortes por mil quilômetros.

Os acidentes de trânsito por uso de álcool e outras drogas vêm aumentando, sendo que 80% dos acidentes são causados pelo fator humano (Fleischfresser, 2005; Rozestraten, 1988; Soares Junior, 2007). No Brasil, as causas mais comuns relacionadas aos acidentes são: dirigir sob efeito de álcool e de outras drogas e a velocidade excessiva; em geral, esses fatores estão diretamente associados. O álcool está presente em 33% a 69% das amostras de sangue de motoristas envolvidos em acidentes com vítimas fatais, além de substâncias psicoativas, como a maconha, a cocaína e as anfetaminas (De Boni, 2007).

Das diferentes categorias de condutores potencialmente envolvidas no uso de SPAs no trânsito, uma tem merecido atenção especial por parte da literatura especializada: a dos motoristas profissionais. Por exemplo, os motoristas de caminhão são grandes responsáveis pelo transporte de produtos, tornando-se importantes para a economia do país (Centro Brasileiro de Informações sobre Drogas Psicotrópicas, 2009), com predomínio do transporte de cargas por meio terrestre. A literatura (por exemplo, Zeferino, 2004; Yonamine, 2004) vem registrando altos índices de motoristas de caminhão que trabalham sob o efeito de SPA. Existem algumas razões para tal uso, entre elas: a necessidade de percorrer longas distâncias em um curto espaço de tempo, tendo que se manter acordados para entregar as cargas, principalmente as perecíveis, nas datas preestabelecidas. Por exemplo, o motorista profissional tem de fazer um percurso da região sul até a região norte do país transportando cargas como frutas e verduras no menor tempo possível.

As drogas estimulantes (por exemplo, anfetaminas) são usadas indiscriminadamente por muitos desses motoristas. A anfetamina estimula o Sistema Nervoso Central (SNC), inibindo o sono, o apetite, acelerando o coração, além de proporcionar sentimento de segurança e presunção (Centro Brasileiro de Informações sobre Drogas Psicotrópicas, 2009; Ribeiro & Marques, 2003). O uso dessas SPAs pode causar acidentes, não só pela alteração no SNC, mas também por dilatar as pupilas causando um efeito prejudicial aos motoristas. A visão do motorista pode ficar ofuscada pelos faróis dos carros que vêm na direção contrária (Domingos, 2008; Nascimento *et al.* 2007; Souza, Paiva, & Reimão, 2005, Yonamine, 2004; Zeferino, 2004).

As anfetaminas também exercem efeitos colaterais no desempenho do motorista (Domingos, 2008; Nascimento *et al.*, 2007; Ponce & Leyton, 2008). Essas substâncias alteram a capacidade de tomada de decisão, o desempenho cognitivo e psicomotor, além do tempo de reação.

No Brasil, são poucos estudos com motoristas de caminhão e o uso de álcool e outras drogas; além disso, não existem estudos no âmbito nacional e pelas rodovias federais com essa categoria em relação a esse assunto (Domingos, 2008; Nascimento *et al.*, 2007; Ponce & Leyton, 2008; Souza *et al.*, 2005, Yonamine, 2004; Zeferino, 2004). Um dos estudos, realizado com 122 motoristas de caminhão, evidenciou que 30% usavam algum tipo de SPA. Cerca de 51% dos motoristas de caminhão apresentaram suspeita de uso de cocaína, e 3% dos condutores estavam em estado de alucinação pelo uso dessa droga (Ministério da Justiça, 2007).

Soma-se ao uso das SPAs outro fator de risco para acidentes de trânsito, isto é, o fato de o país ter apenas 10% de sua malha rodoviária (de um total de aproximadamente 1,8 milhão de quilômetros) em condições consideradas adequadas de asfalto (Zeferino, 2004). Como a malha ferroviária brasileira é pequena, bem como é pequena a infraestrutura de suporte à circulação fluvial, o transporte de cargas concentra-se nas rodovias.

Na perspectiva de contribuir com a temática, o presente estudo, relatado neste capítulo, foi realizado com o objetivo de estimar a prevalência do uso de álcool e outras drogas em uma amostra representativa de motoristas profissionais de caminhão que trafegam pelas rodovias federais, que cruzam as capitais e o Distrito Federal[2].

Método

Participantes

Participaram 279 motoristas de caminhão que trafegavam pelas rodovias no momento em que era realizado o estudo. Foram analisadas todas as capitais brasileiras, com exceção de São Paulo/SP e Recife/PE. Todos são do sexo masculino, com média de idade de quarenta anos, com renda individual entre R$ 1.500,00 e R$ 2.000,00, e renda familiar entre R$ 2.000,00 e R$ 2.800,00. Em relação à escolaridade, 0,4% (n = 1) relatou nunca ter estudado; 18,6% (n = 51) possui até a 4ª série e 41,2% (n = 113) entre a 5ª e a 8ª séries do ensino fundamental. Dos motoristas que possuíam o ensino médio, 17,5% (n = 48) não terminaram e 19,7% (n = 54) conseguiram concluir. Apenas um dos participantes concluiu um curso técnico e 2,2% (n = 6) começaram, mas não concluíram o ensino superior. Quanto à situação familiar, 5,8% (n = 16) moram sozinhos; 69,7% (n = 191) moram com companheira e com filhos; 14,6% (n = 40) moram com companheira e sem

[2] Trata-se de um recorte de uma pesquisa maior intitulada *Prevalência do uso de bebidas alcoólicas, maconha e anfetaminas em motoristas de rodovias brasileiras*, que tinha o objetivo de estimar a prevalência de alcoolemia acima do limite legal permitido e a presença de SPA em condutores privados e profissionais de veículos que trafegam em rodovias federais. Buscou-se obter informação qualificada que permitisse o planejamento eficaz de políticas nacionais de saúde no trânsito, pois, até o momento, as estratégias estão ancoradas em dados subestimados, tanto do número de acidentes, de maneira geral, quanto da quantidade destes em que haja envolvimento com álcool ou outras drogas, de maneira específica.

filhos; 9,1% ($n = 25$) vivem com os pais. Por fim, 0,7% ($n = 2$) reside com os filhos e sem companheira.

Instrumentos

Questionário

Para realização do estudo, utilizou-se uma entrevista oriunda do Estudo-Piloto realizado pela Administração Nacional de Segurança em estradas e rodovias dos Estados Unidos da América (*National Highway Traffic Safety Administration* – NHTSA) (Lacey, Kelley-Baker, Furr-Holden, Brainard, & Moore, 2007). O questionário, aplicado por meio de entrevista, contém dados demográficos, como sexo, idade e renda; perguntas sobre o uso recente de álcool e outras drogas, bem como sobre o comportamento no trânsito, conforme será exposto na seção *Resultados*. Os questionários foram inseridos em telefones celulares (*Personal Digital Assistants*) programados para a coleta, sendo conectados à *internet* e enviados *on-line* após sua finalização.

Teste de saliva

Para realização do teste de saliva foi utilizado o Quantisal (*Immunalysis, Inc.*), que é um tipo de salivete ou cotonete, no qual uma das pontas possui uma haste de algodão onde é armazenada a saliva. Esses são colocados embaixo da língua do participante até que a outra extremidade fique azul, sinal de que existe quantidade suficiente para análise (1 ml). O tempo máximo de espera é de até dez minutos. Esse teste detecta a presença de maconha, cocaína, anfetamina e benzodiazepínicos, caso o motorista tenha usado algumas dessas SPAs nos dez dias anteriores ao teste.

Etilômetro

O etilômetro (*Alco-sensor* IV, *Intoximeters, Inc.*), popularmente conhecido como bafômetro, é um aparelho que permite detectar, a partir do ar expelido pelos pulmões, se determinado indivíduo fez uso ou não de bebida alcoólica. Ele é sensível à medição do álcool no corpo humano e capaz de detectar até 0,01 miligrama de álcool por litro de ar expirado. As medidas de álcool no sangue e, consequentemente, no etilômetro, variam de acordo com o peso, a altura e o sexo da pessoa. O instrumento é ligado a um detector que mede a quantidade exata de álcool ingerido. A fidedignidade do etilômetro permite que se possa averiguar com precisão a quantidade de bebida ingerida. Esse material é certificado pelo Instituto Nacional de Metrologia, Normalização e Qualidade Industrial (Inmetro).

Nesse estudo, a etilometria foi realizada pelos policiais rodoviários federais, logo após os participantes responderem à entrevista. Os resultados foram repassados à equipe de entrevistadores. O etilômetro usado foi o mesmo que a polícia utiliza. Se o condutor estivesse sob efeito de bebida alcoólica, os pesquisadores, pelo sigilo de pesquisa, teriam de deixá-los voltar para a rodovia, mas, uma vez realizado pela polícia, esta poderia tomar as medidas legais cabíveis.

Cartela de doses

Foi elaborada pelo grupo de pesquisa, visando facilitar para o participante a identificação da quantidade de doses de bebidas alcoólicas que costuma ingerir ou ingeriu no dia do estudo. A cartela contém a imagem de uma lata de cerveja de 350 ml, de um cálice de vinho de 120 ml e de uma dose de bebida destilada de 40 ml.

Panfleto

Foi elaborado pelo Centro de Pesquisa em Álcool e outras Drogas (CPAD) e pela Secretaria Nacional sobre Álcool e outras Drogas (Senad) do Ministério da Justiça, exclusivamente para o uso no estudo. Objetivou orientar os condutores sobre o impacto do álcool no trânsito e os limites de alcoolemia que foram alterados a partir da Lei n. 11.705 (2008), popularmente conhecida como “lei seca”.

Procedimentos

Foi realizado um sorteio para definir a ordem das cidades a serem pesquisadas. As entrevistas foram realizadas de agosto de 2008 a março de

2009, às sextas-feiras e aos sábados, do meio-dia à meia-noite, exceto quando essas datas coincidiam com feriados, quando o fluxo nas rodovias se altera. As decisões de coleta foram tomadas no sentido de coletar os dados em finais de semana "típicos".

Ao chegar aos postos da PRF, era organizada uma *blitz* pelos policiais, que é uma abordagem para fiscalização. Os pesquisadores se organizavam em um lugar estabelecido pela polícia. Esse local era escolhido com o intuito de segurança do usuário da via e do pesquisador, com cadeiras, mesas, material de pesquisa, além de água e brindes para o usuário. A água, nesse caso, serve para que o participante produza mais saliva.

Quando tudo estava organizado para o início da coleta, contavam-se cinco carros para a pesquisa ser iniciada no quinto veículo. A partir de uma planilha previamente elaborada e procedente da randomização[3], o policial federal selecionava o veículo que seria convidado a participar do estudo. Somando todas as capitais, foram selecionados, a partir dos que trafegaram no momento do estudo. Para esse estudo, não foram analisados os estados de São Paulo e Pernambuco por questões de logística.

Os policiais abordavam os motoristas para verificar a documentação e vistoriar o automóvel. Enquanto isso, convidavam os condutores a participarem do estudo. No caso de recusa de participar do estudo, os motoristas retornavam ao policial que decidiria sobre a realização da etilometria, de acordo com critérios da polícia rodoviária. Caso o motorista aceitasse, ele era encaminhado até os pesquisadores. O termo de consentimento livre e esclarecido (TCLE) era apresentado e assinado.

Após a entrevista, o condutor era convidado a realizar o teste de saliva. No momento de aplicar-lhe o teste, era esclarecido como este funcionava e por que era realizado (essa informação também estava descrita no TCLE). Durante o processo de coleta de saliva, era entregue ao condutor o panfleto. Após o término do teste, o pesquisador agradecia ao condutor e lhe entregava um brinde (por exemplo, camiseta, sacola ecológica, porta CDs e boné). Os participantes não sabiam que receberiam um brinde. Este só era entregue após o término da entrevista. O motorista retornava aos policiais.

---

[3] Sorteio aleatório computadorizado.

Nesse momento, o policial submetia o condutor à etilometria. O resultado da medição era repassado aos pesquisadores.

A Figura 13.1 sumariza como foram realizadas as etapas do processo de coleta de dados.

Figura 13.1 Etapas do processo de coleta de dados elaborada pelo autor da pesquisa.

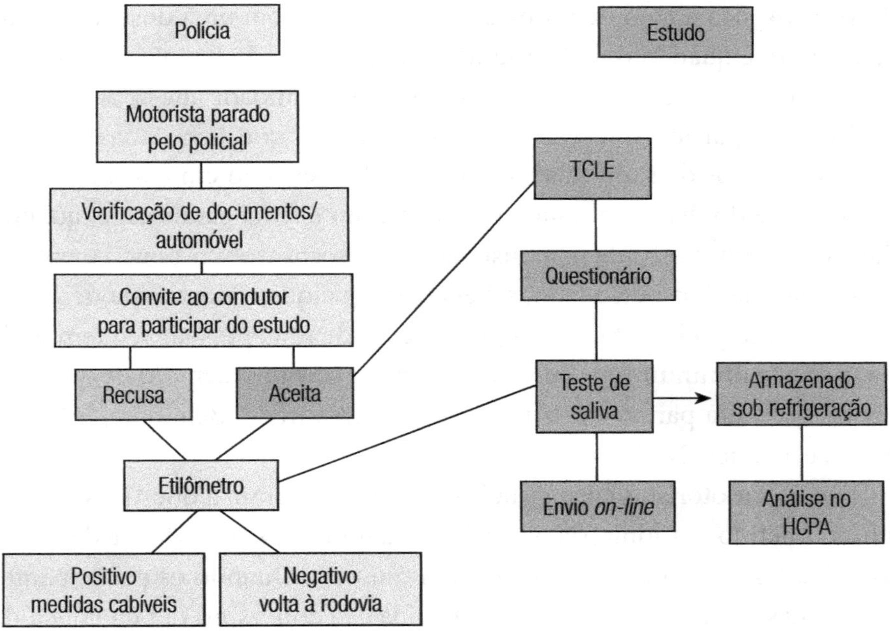

Resultados

A seguir, são apresentados os resultados referentes ao padrão de consumo de álcool por motoristas de caminhão. Dos participantes entrevistados, 72,6% (n = 199) revelaram que consumiram bebidas alcoólicas nos últimos doze meses, independente do grau de consumo.

Dos participantes deste estudo, 2,5% (n = 5) expuseram que, em um dia de consumo normal, eles bebem em média 25 doses ou mais; 1% (n = 2) bebe de dezesseis a dezoito doses; 14,1% (n = 28) consomem de doze a quinze doses; 25,6% (n = 51) variam entre nove a onze doses;

19% (n = 38) bebem de sete a oito doses; 20,1% (n = 40) variam entre cinco a seis doses. Esses consumos são considerados *bingedrinking* para pessoas do sexo masculino. Isso significa que tais pessoas (homens) ingerem uma quantidade considerada muito elevada de álcool em uma única ocasião, ou seja, a partir de cinco doses; no caso de mulheres, considera-se a partir de quatro doses (De Boni, 2007). Por fim, 10,1% (n = 20) ingerem de três a quatro doses; 7% (n = 14) ficam com duas doses e 0,5% (n = 1) com uma dose. Isso pode significar que quando o motorista não está trabalhando tenta compensar os dias em que não bebeu e acaba ingerindo uma quantidade alta de álcool.

Um dos participantes relatou, por exemplo, que bebe duas latas de cerveja todos os dias, ou duas doses de vinho, levando em consideração a temperatura do dia em questão. Esse consumo é feito, geralmente, quando chegava em um posto de combustível. Ele descansava um pouco e voltava para a estrada. Por outro lado, sabe-se que qualquer quantidade de álcool no organismo pode afetar o comportamento de uma pessoa. Seu tempo de reação pode diminuir seus reflexos, sua visão, ou outro sentido de que uma pessoa necessita para conduzir um veículo (Andrade, Belmonte & Viana, 2006; Fernandes, 2009).

Dos 279 motoristas entrevistados, 272 responderam à questão sobre ter sido submetido à etilometria por policiais alguma vez antes do dia da entrevista. Destes, 17,3% (n = 16) revelaram que sim. Quando os participantes foram questionados sobre o uso de bebidas alcoólicas no dia da coleta de dados, 9% (n = 18) revelaram ter bebido naquele dia, e que suas habilidades para conduzir um veículo estavam prejudicadas.

Mesmo tendo sido recentemente sancionada a Lei n. 11.705 (2008), alguns motoristas mostraram não respeitá-la. São motoristas profissionais, que dependem de suas carteiras de habilitação para ter seu sustento. Como afirma Wilde (2005), vê-se a importância e a necessidade de haver um investimento em fiscalização e, principalmente, em educação relacionada ao risco que se quer e pode aceitar. Dos 278 participantes que aceitaram se submeter ao teste de etilometria, 4% (n = 11) tiveram resultado positivo.

Em uma das coletas, um motorista relatou que não gostaria de participar, pois estava com uma carga de frutas e elas poderiam "estragar", se ele participasse. Ele resolveu colaborar após ler o Termo de Consentimento Livre e Esclarecido (TCLE). Porém, ao fazer o teste de etilometria, foi detido. Ele mesmo ressaltou que estava sob o efeito de álcool. A etilometria é procedimento da polícia rodoviária, no qual a pessoa, independente de participar da pesquisa, era submetida ao teste.

Aproximadamente 51,6% (n = 144) dos participantes deste estudo elegeram a cerveja como bebida preferida. A frequência de consumo, nesse período de doze meses, variou entre os caminhoneiros. Aproximadamente 4% (n = 7) relataram ingerir bebidas que contêm álcool entre quatro ou mais vezes na semana, 17,9% (n = 31) entre duas vezes por semana e duas vezes por mês; 78% (n = 135) relataram consumir bebidas alcoólicas uma vez ou menos por mês. O estilo de vida desses participantes é o de dirigir por muitas horas seguidas, o que pode resultar, por exemplo, em acúmulo de sono e cansaço. Também o uso de álcool e outras substâncias pode resultar em prejuízo a toda sociedade (Domingos, 2008; Morais, Cerqueira-Santos, Moura, Vaz & Koller, 2007; Nascimento *et al.*, 2007; Souza *et al.*, 2005; Yonamine, 2004; Zeferino, 2004).

Os entrevistados foram questionados sobre o conhecimento em relação ao limite legal permitido pela Lei n. 11.705 (2008), conhecida popularmente como "lei seca", que proíbe o consumo de qualquer quantidade de álcool antes de dirigir, considerando crime o ato de beber e dirigir: 77,2% (n = 210) não souberam dizer qual o limite legal permitido para conduzir um veículo após ingestão de bebida alcoólica, seja para testes com amostra de sangue ou por litro de ar expelido; 22,8% (n = 62) achavam que sabiam.

Dos condutores que diziam saber o limite (n = 62), apenas 24,2% responderam corretamente em relação à etilometria, e 19,4% responderam corretamente para alcoolemia. Vale ressaltar que a diferença entre alcoolemia e etilometria é que, enquanto o primeiro exame utiliza amostras de sangue, o segundo utiliza o ar expelido dos pulmões. Nesse item, foi considerado como correto o valor 0,3 décimos de miligrama de álcool por litro de ar alveolar ou 0,6 decigramas de álcool por litro de sangue. A seguir, são apresentados os resultados em relação aos padrões de uso de outras drogas.

Foram analisadas 148 amostras de salivas dos motoristas[4]. As substâncias analisadas foram: benzodiazepínico, cocaína, maconha e anfetamina. Os resultados das análises indicaram que um motorista apresentou resultado positivo para uso de cocaína e os resultados de seis motoristas deram positivos para as anfetaminas. No entanto, os dados para estas podem estar subestimados, já que existem dois tipos de anfetaminas que não são detectadas nos testes utilizados (por exemplo, fempreporex e anfepramona). São apresentadas a seguir algumas situações ilustrativas.

Em uma das capitais, um caminhoneiro revelou fazer uso de "rebite" (nome popular para anfetaminas) para dirigir seu caminhão e, para conseguir dormir, tomava calmante. Relatou que já havia sofrido um acidente de trânsito em consequência dos efeitos dessa substância. Chama-se "efeito rebote", que ocorre quando passam os efeitos principais da anfetamina. A pessoa pode sentir um sono muito forte e dormir ao volante (Ponce & Leyton, 2008). Esse condutor ainda falou sobre a facilidade de conseguir essas medicações nos postos de gasolina, nos restaurantes e ao longo das estradas, o que corrobora o que se encontra na literatura (por exemplo, Domingos, 2008; Nascimento *et al.*, 2007; Yonamine, 2004). Segundo Zeferino (2004), existem casos em que as próprias empresas também distribuem as anfetaminas aos caminhoneiros.

Outro motorista, de trinta anos, declarou fazer uso dessas substâncias para ficar "ligado". Relatou que comprava por R$ 3,00 o comprimido nos postos de gasolina. Os pesquisadores informaram-no sobre os riscos à saúde, o efeito tardio da substância e as possíveis consequências. O motorista justificou tal uso por não ter um emprego fixo, por trabalhar de maneira autônoma e por receber o dinheiro por carga entregue. Por isso, quanto mais carga para transportar, mais teria dinheiro para sustentar a família. Segundo ele, as pílulas o ajudavam a ser mais rápido na entrega de uma carga para logo em seguida pegar outra. Ele também afirmou ser frequente o uso de anfetamina entre os caminhoneiros. Nesse relato, vê-se a necessidade de

---

4 Embora essa tenha sido a amostra analisada, foram coletadas um total de 268; porém, nem todas foram analisadas em função de problemas burocráticos com a importação do material técnico necessário.

regulamentação de horários de trabalho desses profissionais em nível nacional, e não apenas em alguns estados separados, como acontece. Muitos dirigem por mais de dezoito horas, e isso pode prejudicar todos (Domingos, 2008; Nascimento *et al.*, 2007; Souza *et al.*, 2005).

Outro motorista, por sua vez, relatou que trabalhava há mais de vinte anos nessa profissão e que nunca havia usado medicamento ou qualquer substância para ficar acordado ou para dormir. Porém, há algum tempo, as empresas estavam "forçando" os motoristas a entregarem cada vez mais rápido os pedidos. Ele acabou perdendo muitas entregas por não "virar a noite" dirigindo, pois os outros faziam isso. Há quatro anos ele começou a usar estimulantes, mesmo sabendo que não faz bem para sua saúde. Ele usou "rebite" três dias antes da data da entrevista. Ressaltou que tem angina e hipertensão, e que toma medicamentos para o coração, mas afirmou que necessita do trabalho para sustentar a família. Às vezes, sente-se mal, com dores no peito e toda semana ingere estimulantes, o que significa que mistura com os remédios para o coração, mas não faz uso de bebidas alcoólicas. Como consequência desses comportamentos autorrelatados, criam-se circunstâncias nas quais são gerados riscos a todos os que trafegam pelas rodovias em geral. Em suma, a partir dos depoimentos coletados, pode-se evidenciar que motoristas profissionais, ao fazerem uso de substâncias psicoativas antes de dirigir, estão assumindo comportamentos de risco tanto para sua própria saúde como para a segurança das demais pessoas no trânsito.

No que diz respeito à percepção sobre os comportamentos de risco em relação a beber e dirigir, analisamos com base nas três questões abaixo:

1. Nos últimos doze meses, você alguma vez dirigiu após beber uma quantidade que seria considerada acima do limite previsto em lei?
2. Sofreu algum acidente após beber três ou mais doses de bebida alcoólica?
3. Foi passageiro de alguém que bebeu?

Em relação à primeira pergunta, 7,6% (n = 17) dos motoristas afirmaram que sim. Desses, 58,9% (n = 10) disseram que faziam isso antes da "lei seca"; 2,5% (n = 7) disseram que continuavam fazendo mesmo após a vigência dessa lei. Um dos motoristas assumiu que, em um dos acidentes sofrido, estava sob o efeito de substâncias psicoativas.

Quando os motoristas foram questionados sobre sofrer algum acidente de trânsito após terem ingerido bebida alcoólica, a maioria respondeu que não, mas 0,7% ($n = 2$) disse que sim. Os dados encontrados por Domingos (2008) foram muito mais elevados, sendo um percentual de 67,8% para motoristas que fazem uso de álcool e assumiram já terem se envolvido em acidentes.

Em relação à última questão, mais de 50% ($n = 140$) dos participantes assumiram ter sido passageiro de alguém que bebeu. Isso sugere que o limite de risco que uma pessoa aceita correr parece ser maior na condição de passageiro.

Foram examinadas associações entre idade ou renda com o uso de álcool e outras drogas enquanto dirige, mas isso não foi evidenciado. Isso sugere que beber e depois conduzir um veículo é considerado "normal". A situação não se aplica apenas, mas também, a outras SPAs.

Discussão

O objetivo deste estudo foi verificar o uso do álcool e de outras drogas entre os motoristas de caminhão e sua percepção sobre os comportamentos de risco. Conforme apresentado, a maioria dos motoristas entrevistados faz uso de estimulantes em função do trabalho. Alguns, por exemplo, relataram que, se não usassem, perderiam o trabalho. Em relação ao álcool, mesmo após a "lei seca", alguns motoristas continuam bebendo e dirigindo, porém representam uma minoria, visto que estar de posse da habilitação é necessário para manter seu sustento.

A mídia mostra, quase diariamente, acidentes de trânsito ligados ao consumo de substâncias psicoativas (SPAs) envolvendo motoristas profissionais, o que significa um cenário preocupante. Por um lado, esses motoristas relatam saber dos riscos que estão assumindo, por outro, também alegam que precisam sustentar suas famílias. Aproximadamente 70% dos motoristas moram com companheira e filhos e, se renunciam a tais substâncias, acabam perdendo carregamentos, visto que outras pessoas o fazem e entregam essas cargas em um tempo menor. Constata-se que o uso indiscriminado de substâncias que alteram o comportamento das pessoas está presente nas rodovias. Existem motoristas que estão arriscando a vida e a dos demais atores do trânsito, além da probabilidade de se tornarem dependentes dessas substâncias. São importantes o diálogo e as ações preventivas para que as normas e as políticas públicas sejam eficazes. Da mesma forma, observar e pesquisar o cotidiano, especificamente, dos motoristas de caminhão é importante para que tais normas sejam possíveis e cabíveis para essas categorias.

Este estudo confirma o que outros autores encontraram (Yonamine, 2004; Morais *et al.*, 2007; Nascimento *et al.*, 2007). O perfil sociodemográfico dos motoristas de caminhão pode ser caracterizado da seguinte forma: entre trinta e cinquenta anos, escolaridade até o ensino fundamental, com salário em média de R$ 2.000,00, moram com companheiras e filhos. No que se refere a este estudo, um dos motoristas relatou nunca ter estudado. Chama-se a atenção para esse dado, visto que uma pessoa sem saber ler ou escrever não consegue permissão para conduzir um veículo, ainda mais em âmbito profissional.

No momento em que foi perguntado aos participantes do presente estudo sobre *binge drinking*, observou-se que o consumo em um dia normal é muito comum. Mais de 80% dos participantes fizeram uso de bebidas alcoólicas em uma quantidade de cinco ou mais doses. Em se tratando de pessoas que trabalham como motoristas profissionais, esse é um dado importante para intervenções futuras de prevenção e promoção à saúde desses condutores.

Mais de 70% dos participantes beberam nos últimos doze meses da data da coleta, e destes, aproximadamente, 70% preferem cerveja. No dia da coleta, dezoito pessoas relataram ter bebido, das quais onze tiveram a etilometria com resultado positivo. Em relação ao uso de substâncias psicoativas tiveram resultados positivos para cocaína (um participante) e para anfetamina (seis participantes). No que se refere ao padrão de consumo de bebidas alcoólicas, obtivemos resultados parecidos com os de Souza *et al.* (2005), que encontraram o percentual de 50,9% entre motoristas que fazem uso de bebidas alcoólicas regularmente. Desses participantes, 49% relataram que sua bebida preferida era a cerveja. Sobre a frequência, 21,8% revelaram beber, pelo menos, uma vez na semana, e 8,7%, seis ou mais vezes. Já Zeferino (2004) encontrou um percentual de 35% para motoristas que fazem uso de álcool. Quando combinado o uso de álcool e da anfetamina, o índice sobe para 39%.

Pode-se evidenciar que muitos motoristas ingerem bebidas alcoólicas. Segundo Morais *et al.* (2007), os caminhoneiros passam a maior parte de sua vida na estrada, e por isso pode-se entender que o consumo de bebidas alcoólicas também é realizado nas rodovias. Geralmente, esse consumo é feito em postos de gasolina e restaurantes às margens das rodovias em que trafegam, e esse consumo nas estradas é uma das principais causas de acidentes, além de outros fatores, como as substâncias psicoativas, as más condições e a falta de manutenção das vias (Nascimento *et al.*, 2007).

A partir deste estudo, sugere-se que agências governamentais (Polícia, Senad etc.), setor de educação (universidade) e comunidade (participantes) podem e devem trabalhar juntas, trocando saberes e experiências vividas. Prevenir o comportamento de risco e esclarecê-lo por meio da educação e da fiscalização pode diminuir consideravelmente a mortalidade no trânsito. Existem diversos exemplos que deram certo no Brasil e no mundo, como os períodos estabelecidos para a jornada de trabalho dos motoristas de caminhão. Wilde (2005) relata que todas as decisões são arriscadas, visto que nunca se sabe qual é o resultado; por isso, é importante se ter uma percepção clara da decisão a tomar, além dos riscos a serem assumidos. Nessa mesma linha, Soares Junior (2007) argumenta que a pessoa tem um limite e riscos com que convive.

Além disso, o uso aleatório do etilômetro como método de fiscalização nas empresas tem trazido resultados positivos para qualidade do trabalho dessa categoria. Tais intervenções poderiam ser mais divulgadas.

Vale ressaltar que os motoristas de caminhão passam a maior parte de suas vidas trafegando pelas rodovias e devem estar conscientes das consequências do uso de substâncias ilícitas. Embora a fiscalização aos estabelecimentos que vendem estimulantes venha sendo cada vez mais rigorosa, a atenção nesse sentido deve ser redobrada.

Entende-se que é de grande importância existirem políticas públicas, campanhas preventivas e esclarecedoras vinculadas às empresas nas quais trabalham esses profissionais. As longas distâncias percorridas, principalmente quando lhes é dado um curto espaço de tempo, contribuem para o uso de SPA, e esses períodos devem ser revistos, tendo em vista que todos dependem, de certa maneira, dessa categoria profissional. É importante também cobrar a melhoria das estradas, embora não tenha sido objeto da pesquisa, é uma intervenção importante, com impacto no comportamento dos motoristas.

Os motoristas, por sua vez, devem se conscientizar sobre os riscos que eles aceitam, quando combinam direção com álcool e outras drogas. Entender as atitudes e valores para poder intervir nos comportamentos de risco no trânsito é de fundamental importância para uma ação adequada relacionada à prevenção e à promoção da saúde, principalmente no campo das políticas públicas, no que se refere à qualidade de vida e diminuição do limite aceitável do risco nas estradas. Segundo Pereira (2005), o condutor se expressa conforme o grupo ao qual pertence; seu estímulo provoca e mantém as ações de acordo com o ambiente em que está inserido, e tais atitudes interferem no espaço físico, tal como o sistema de trânsito. É importante destacar que os motoristas de caminhão são vulneráveis a desenvolver comportamentos de risco por meio do uso de álcool e outras drogas (Domingos, 2008).

É válido repensar sobre as leis de trânsito. Elas servem para assegurar a integridade dos que estão participando desse sistema e devem ser entendidas e compreendidas, para que possam ser cumpridas. Deve-se refletir sobre o uso de substâncias psicoativas por essa classe profissional. Conforme os relatos dos participantes, provavelmente esse consumo se dá pela pressão do trabalho.

Referências

Andrade, A., Belmonte, A. P., & Viana, M. S. (2006). Tempo de reação, flexibilidade e velocidade acíclica de membros inferiores de atletas de *taekwon do*. *Lecturas, Educación Física y Deportes, 11*(96). Recuperado em 17 junho, 2009, de http://www.efdeportes.com/efd96/tkd.htm

Andrade, T. M. (Coord.). (2008). *O uso de substâncias psicoativas no Brasil: epidemiologia, legislação, políticas públicas e fatores culturais* (Módulo 1 do curso SUPERA). Brasília, DF: Secretaria Nacional de Políticas sobre Drogas.

Caminhoneiros admitem que usam drogas e medicamentos. *RBSTV*. Porto Alegre. Recuperado em 7 setembro, 2009, de http://mediacenter.clicrbs.com.br/templates/player.aspx?uf=1&contentID=75581&channel=45

Centro Brasileiro de Informações sobre Drogas Psicotrópicas. (2009). *Anfetaminas*. Recuperado em 4 fevereiro, 2009, de http://www.unifesp.br/dpsicobio/cebrid/folhetos/anfetaminas_.htm

De Boni, R. B. (2007). *Percepção de risco para dirigir e alcoolemia em frequentadores de postos de gasolina de Porto Alegre*. Dissertação de mestrado. Universidade Federal do Rio Grande do Sul, Porto Alegre, RS, Brasil.

Dia do motorista: é pra comemorar? (2009). *Programa na Mão Certa*. Recuperado em 15 julho, 2009, de http://www.namaocerta.org.br/bol_0502.php

Domingos, J. B. C. (2008). *O uso de álcool e as condições de saúde entre motoristas nas estradas*. Dissertação de mestrado. Universidade de São Paulo, Ribeirão Preto, SP, Brasil.

Dornelas, L. F., Freitas, J. P. P., Ribeiro, L. A., & Jorge, M. T. (2006). Reabilitação de vítimas de acidentes de trânsito. In D. L. Ferreira & L. A. Ribeiro (Org.). *Acidentes de trânsito em Uberlândia: ensaios da epidemiologia e da geografia* (1ª ed.). Uberlândia: Aline editora e artes gráficas Ltda., v. 1, p. 89-96.

Drummer, O. H., Gerostamoulos, D., Chu, M., Swann, P., Boorman, M., & Cairns I. (2007). Drugs in oral fluid in randomly selected drivers. *Forensic Science International, 170*(2-3), 105-110. Retrieved July 15, 2009, from http://www.ncbi.nlm.nih.gov/pubmed/17658711

Fernandes, J. C. *Acidentes de trânsito*. (2009). Recuperado em 4 fevereiro, 2009, de http://www.bauru.unesp.br/curso_cipa/artigos/4_transito.htm

Fleischfresser, I. (2005). *Estudo sobre as atitudes dos jovens motoristas de Campo Grande-MS*. Dissertação de mestrado. Universidade Católica Dom Bosco, Campo Grande, MS, Brasil.

Gabinete de Segurança Institucional da Presidência da República. (2006). Secretaria Nacional Antidrogas. *Glossário em álcool e drogas*. Brasília, DF: Autor. Recuperado em 7 março, 2008, de http://www.dominiopublico.gov.br/download/texto/br000010.pdf

Gonçalves, F., Morita, P. A., & Haddad, S. (2007). *Sequelas invisíveis dos acidentes de trânsito: o transtorno de estresse pós-traumático como problema de saúde pública* (Textos para discussão, 1.291). Brasília, DF: Ipea.

Hoffmann, M. H. (2005). Comportamento do condutor e fenômenos psicológicos. *Psicologia: Pesquisa e Trânsito, 1*(1), 17-24.

Lacey, J., Kelley-Baker, K., Furr-Holden, C., Brainard, K., & Moore, C. (2007). *Pilot test of new road side survey methodology for impaired driving, (DOT HS 810 704)* Washington, DC: National Highway Traffic Safety Administration.

Lei n. 11.705 de 19 de junho de 2008 (2008). Altera a Lei n. 9.503, de 23 de setembro de 1997, que "institui o Código de Trânsito Brasileiro", e a Lei n. 9.294, de 15 de julho de 1996, que dispõe sobre as restrições ao uso e à propaganda de produtos fumígenos, bebidas alcoólicas, medicamentos, terapias e defensivos agrícolas, nos termos do § 4o do art. 220 da Constituição Federal, para inibir o consumo de bebida alcoólica por condutor de veículo automotor, e dá outras providências. Brasília, 2008. Recuperado em 17 outubro, 2014, de http://www.planalto.gov.br/ccivil_03/_ato2007-2010/2008/lei/l11705.htm

Lia, K., Spiqset, O., & Slørdal, L. (2009). Driving under the influence of amphetamine and metamphetamine. *Tidsskrift for Den norske lægeforening: tidsskrift for praktiskmedicin, nyrække, 129*(2), 105-108. Retrieved July 7, 2009, from http://www.ncbi.nlm.nih.gov/pubmed/19151802

Marques, A. C. P. R., & Ribeiro, M. (2003). Abordagem geral do usuário. In R. Laranjeira, M. R. C. Nobre & W. M. Bernardo (Orgs.). *Usuários de substâncias psicoativas: abordagem, diagnóstico e tratamento* (2a ed., pp. 11-28). São Paulo: Conselho Regional de Medicina de São Paulo/Associação Médica Brasileira. Recuperado em 20 novembro, 2008, de http://www.cremesp.org.br/library/modulos/publicacoes/pdf/substancias_psicoativas_2.pdf

Ministério da Justiça. Secretária Nacional de Segurança Pública. (2007). *Pesquisa flagra uso de drogas por 30% dos caminhoneiros*. Brasília, DF: Autor. Recuperado em 27 janeiro, 2009, de http://www.infoseg.gov.br/infoseg/destaques-01/13-10-2007-pesquisa-flagra-uso-de-drogas-por-30-dos-caminhoneiros

Montalvo, M. F. M. (2009). *Riscos no uso do trator agrícola*. Seropédica: Universidade Federal Rural do Rio de Janeiro. Recuperado em 15 julho, 2009, de http://www.ufrrj.br/institutos/it/de/acidentes/trator.htm

Morais, N. A., Cerqueira-Santos, E., Moura, A. S., Vaz, M., & Koller, S. (2007). Exploração sexual comercial de crianças e adolescentes: um estudo com caminhoneiros brasileiros. *Psicologia: Teoria e Pesquisa, 23*(3), 263-271. Recuperado em 30 maio 2009, de http://www.scielo.br/pdf/ptp/v23n3/a04v23n3.pdf

Moreno, R. C., Cristofoletti, M. F., & Pasqua, I. C. (2001). Turnos irregulares de trabalho e sua influência nos hábitos alimentares e de sono: o caso dos motoristas de caminhão. *Revista da Associação Brasileira de Acidentes e Medicina de Tráfego, 36*, 17-24.

Nascimento, E. C., Nascimento, E., & Silva, J. P. (2007). Uso de álcool e anfetaminas entre caminhoneiros de estrada. *Revista de Saúde Pública, 41*(2), 290-293. Recuperado em 11 novembro, 2008, de http://www.scielo.br/pdf/rsp/v41n2/5846.pdf

Paiva, V., Aranha, F., & Bastos, F. I. (2008). Opiniões e atitudes em relação à sexualidade: pesquisa de âmbito nacional, Brasil, 2005. *Revista de Saúde Pública, 42*(suppl.), 54--64. Recuperado em 18 julho, 2009, de http://www.scielo.br/pdf/rsp/v42s1/08.pdf

Panichi, R. M. D., & Wagner, A. (2006). Comportamento de risco no trânsito: revisando a literatura sobre as variáveis preditoras da condução perigosa na população juvenil. *Interamerican Journal of Psychology, 40*(2), 159-166. Recuperado em 7 maio, 2009, de http://www.psicorip.org/Resumos/PerP/RIP/RIP036a0/RIP04018.pdf

Pereira, M. S. F. (2005). Social representation of drivers in traffic. *International Cooperation on Theories and Concepts in Traffic Safety (ICTCT) – Extra work shop Abstracts*. Campo Grande, Brasil. Recuperado em 19 abril, 2009, de http://www.ictct.org/workshop.php?workshop_nr=21

Ponce, J. C., & Leyton, V. (2008). Drogas ilícitas e trânsito: problema pouco discutido no Brasil. *Revista de Psiquiatria Clínica, 35*(suppl.), 65-69. Recuperado em 25 dezembro, 2012, de http://www.scielo.br/pdf/rpc/v35s1/a14v35s1.pdf

Ribeiro, M., & Marques, A. C. P. R. (2003). Anfetamina: abuso e dependência. In R. Laranjeira, M. R. C. Nobre & W. M. Bernardo (Orgs.). *Usuários de substâncias psicoativas: abordagem, diagnóstico e tratamento* (2a ed., pp. 63-69). São Paulo: Conselho Regional de Medicina de São Paulo/Associação Médica Brasileira. Recuperado em 20 novembro, 2008, de http://www.cremesp.org.br/library/modulos/publicacoes/pdf/substancias_psicoativas_2.pdf

Rozestraten, R. J. A. (1988). *Psicologia do trânsito*: conceitos e processos básicos. São Paulo: Edusp.

Simas Filho, M., & Pamplona, G. (1995). Remédios que matam: perigo nas estradas. *Isto É*, (1.355, p. 35).

Soares Junior, R. C. (2007). *Comportamento de risco no trânsito dos motoristas em Campo Grande – MS*. Dissertação de mestrado. Universidade Católica Dom Bosco, Campo Grande, MS, Brasil.

Souza, J. C., Paiva, T., & Reimão, R. (2005). Sleep habits, sleepiness and accidents among truck drivers. *Arquivos de Neuro-Psiquiatria, São Paulo, 63*(4), 925-930.

Thielen, I. P., Hartmann, R. C., & Soares, D. P. (2008). Percepção de risco e excesso de velocidade. *Cadernos de Saúde Pública, 24*(1), 131-139. Recuperado em 26 julho, 2009, de http://www.scielo.br/pdf/csp/v24n1/12.pdf

Vasconcellos, E. A. (2006). *Transporte e meio ambiente: conceitos e informações para análise de impacto*. São Paulo: Ed. do Autor.

Walsh, J. M., Flegel, R., Cangianelli, L. A., Atkins, R., Soderstrom, C. A., Kerns, T. J. (2004). Epidemiology of alcohol and other drug use among motor vehicle crash victims admitted to a trauma center. *Traffic Injury Prevention, 5*(3), 254-260. Recuperado em 2 agosto, 2009, de http://www.ncbi.nlm.nih.gov/pubmed/15276926

Wilde, G. J. S. (2005). *O limite aceitável de risco: uma nova psicologia de segurança e de saúde*. São Paulo: Casa do Psicólogo.

Williamson, A. (2007). Predictors of psychostimulant use by long-distance truck drivers. *American Journal of Epidemiology, 166*(11), 1320-1326. Recuperado em 10 maio, 2009, de http://www.ncbi.nlm.nih.gov/pubmed/17716982

World Health Organization (2013). *Global status report on road safety 2013: supporting a decade ofaction*. Genève: Autor. Recuperado em 17 maio, 2012, de http://apps.who.int/violence_injury_prevention/road_safety_status/2013/report/cover_and_front.pdf

Yonamine, M. (2004). *A saliva como espécime biológico para monitorar o uso de álcool, anfetamina, metanfetamina, cocaína e maconha por motoristas profissionais*. 2004. 139 f. Tese (Doutorado em Toxicologia e Análises Toxicológicas) – Universidade de São Paulo, Faculdade de Ciências Farmacêuticas.

Zeferino, M. T. (2004). *Acidentes de trânsito e os estimulantes do tipo anfetaminas – estudo de caso junto às empresas de transporte rodoviário de cargas no estado de Santa Catarina*. Dissertação de mestrado. Universidade Federal de Santa Catarina, Florianópolis, SC, Brasil.

CAPÍTULO 14

ANÁLISE DO TRABALHO DO PSICÓLOGO PERITO EXAMINADOR DE TRÂNSITO

Carla Giovana Dagostin

Fonte: Beto Nociti / Cerrado Fotografia

Introdução

O campo de atuação profissional dos psicólogos do trânsito tem se limitado, ao longo dos tempos, à avaliação das condições psicológicas para dirigir, denominado historicamente de exame psicotécnico. A denominação "avaliação psicológica pericial no trânsito" e a nomenclatura "psicólogo perito examinador de trânsito" foram uma novidade do Código de Trânsito Brasileiro – CTB (Lei n. 9.503, 1997), explicitada no Anexo II da Resolução do Contran n. 080/1998[1] do Conselho Nacional de Trânsito (Contran, 1998). Essa resolução, naquela época, definiu também quais fenômenos psicológicos deveriam ser aferidos para qualificar o candidato à Carteira Nacional de Habilitação (CNH) do ponto de vista psicológico, bem como os pareceres a serem emitidos pelos profissionais (apto, apto com restrição, inapto temporariamente ou inapto). Todavia, não especificou quais condições psicológicas são desejáveis ao motorista para cada categoria da CNH (por exemplo, para dirigir carro de passeio, ônibus e caminhão).

Em 2008, a Resolução Contran n. 080/1998 foi revogada pela Resolução Contran n. 267/2008, que indicava avanços na descrição dos processos psíquicos ou fenômenos psicológicos a serem periciados, bem como nos procedimentos e técnicas a serem usadas no processo de avaliar condutores, por exemplo, a dinâmica de grupo, escutas e intervenções. Essa resolução, por sua vez, foi revogada pela Resolução Contran n. 425/2012, atualmente

---

[1] O CTB foi implementado em 21/01/1998 e, em maio daquele ano, entrou em vigor a Resolução Contran 51/98, que definiu as normas para o trabalho do psicólogo perito.

em vigor, que embasa o trabalho do psicólogo perito. Nesse documento, são definidos e descritos os processos psíquicos que devem ser aferidos por meio de: entrevistas diretas e individuais; testes psicológicos, que deverão estar de acordo com as resoluções vigentes do Conselho Federal de Psicologia (CFP); dinâmicas de grupo, escutas e intervenções verbais. Também indica o tempo para emissão do resultado dessa avaliação, o número de perícias a serem realizadas ao dia e os critérios para a aptidão e inaptidão para a atividade de dirigir.

Decorridos alguns anos da implementação do CTB e de novas resoluções do Contran, ainda continuamos com a ausência de especificações para o perfil dos condutores de cada categoria da CNH. Este é um aspecto preocupante, pois é no exercício de sua atividade que os psicólogos peritos associam responsabilidades técnicas, políticas e sociais e podem contribuir com a mudança de um dos problemas mais graves do cotidiano dos brasileiros: os acidentes de trânsito.

No Brasil, os acidentes de trânsito podem ser considerados um problema de saúde pública, com características de epidemia. De acordo com dados publicados no Portal Saúde (2011), com dados do Sistema de Informações de Mortalidade (SIM) do Ministério da Saúde, os brasileiros estão morrendo mais por acidentes com transporte terrestre, passando de 32.753 para 40.610 mortes, entre 2002 e 2010. O custo total dos acidentes nas rodovias seria em torno de R$ 24,6 bilhões de reais anuais (Ipea & Denatran, 2006), incluindo os custos relativos aos danos materiais e às pessoas (perda de produção e cuidados com a saúde – pré-hospitalar, hospitalar e pós-hospitalar, remoção e traslado). Nas rodovias federais, por exemplo, estimou-se um gasto de R$ 8,1 bilhões de reais; nas rodovias estaduais, estimou-se um gasto de R$ 16,5 bilhões de reais.

Neste capítulo, relata-se uma pesquisa com o objetivo de caracterizar o processo de trabalho dos psicólogos peritos em trânsito de uma região brasileira. Antes disso, são apresentados e discutidos a influência dos órgãos normativos no exercício desse trabalho, alguns requisitos necessários para atuar como perito, assim como os procedimentos, as técnicas, os instrumentos e critérios de tomada de decisão do psicólogo. É importante ressaltar, inicialmente, que este estudo ocorreu durante a vigência da resolução Contran

n. 080/1998 e do Decreto Estadual n. 1.636 (2004), do Estado de Santa Catarina, sendo tais documentos usados na análise dos resultados da pesquisa.

A influência dos órgãos normativos no trabalho do psicólogo perito

O trabalho dos psicólogos peritos está vinculado à natureza institucional dos órgãos públicos de trânsito, como o Contran e o Departamento Nacional de Trânsito (Denatran), que representam a esfera federal, e os órgãos públicos estaduais, como a Secretaria de Segurança Pública dos Estados (SSP) e os Departamentos de Trânsito (Detrans). Estes se constituem em organizações burocráticas no sentido weberiano (Weber, 1982), isto é, com características de centralização das decisões sobre o seu trabalho, normatizando desde as características dos locais de funcionamento, horários de atendimento, definição de instrumentos de testagem até políticas públicas de trânsito.

O trabalho dos psicólogos peritos é configurado por uma interação dinâmica que se articula entre duas bases de referência. A primeira é dada pelas estruturas normativas federais e estaduais, pelos órgãos de trânsito e pelas instituições representativas dos profissionais, como os Conselhos Regionais e Federal de Psicologia. Já a segunda base é constituída pela diversidade de modo operatório e como esses profissionais realizam o trabalho prescrito, decorrentes das exigências de adaptação à primeira base de referência. Esses conceitos, modo operatório e trabalho prescrito, serão mais bem apresentados a seguir.

O trabalho prescrito é um termo usado na ergonomia, e refere-se ao que é esperado no âmbito de um processo de trabalho específico para realizar uma tarefa. O conceito do trabalho prescrito (tarefa) está vinculado às regras e aos objetivos formais do trabalho, definidos pela organização sobre o que deve ser feito e quais meios o trabalhador tem à disposição para executá-lo. Nas situações reais de trabalho, é possível verificar o trabalho prescrito e a atividade (trabalho real ou atividade induzida). São, portanto, duas perspectivas importantes para compreender o trabalho (Guérin, Laville, Daniellou, Duraffourg & Kerguelen, 2001).

O modo operatório, por sua vez, é um termo utilizado em psicologia do trabalho e ergonomia, e refere-se às diferentes maneiras dos trabalhadores executarem a mesma tarefa; é uma espécie de personalização do trabalho (Abrahão, 2000). Isso implica ajustes frequentes no modo operatório dos processos de avaliação conduzido pelos psicólogos peritos. Dessa forma, há, no modo operatório de cada psicólogo perito, especificidades técnicas nos procedimentos utilizados em seu trabalho, tipos de instrumentos de medida, conhecimento em seu manejo e interpretação dos critérios usados para definir aptidão ou inaptidão para dirigir, condicionados pelas contingências de sua formação e experiência no exercício profissional.

Embora existam as resoluções, os psicólogos peritos desenvolvem o seu modo operatório. Isso, por consequência, poderá ter implicações, por exemplo, no resultado do processo de habilitação. Desse modo, é possível supor que quanto mais diverso esse modo operatório (o que é realizado) dos psicólogos peritos, menos padronizado está sendo o trabalho (prescrito pelas resoluções). Isso poderia ajudar a explicar a diversidade de instrumentos e critérios que os psicólogos usam para definir aptidão, como apontados por Alchieri e Stroeher (2002). Identificar essas discrepâncias (diferença entre o que é prescrito e o modo operatório) e suas possíveis razões, pode ajudar a minimizar alguns dos problemas que os peritos enfrentam em seu trabalho (por exemplo, na tomada de decisão, na escolha do instrumento), razão pela qual desenvolvemos este trabalho.

Ainda sobre a segunda base de referência (relação entre modo operatório e trabalho prescrito), recai o tipo de formação profissional do psicólogo e a precária produção de conhecimento acerca de um fenômeno tão complexo que são as condições psicológicas para dirigir. São problemas que interferem diretamente no aperfeiçoamento, na formação e na qualidade de suas intervenções. Compreender o processo de trabalho desse profissional significa saber em que medida a profissão de psicólogo especializou um conjunto de atividades reguladas e mediadas por legislações e um saber técnico-científico específico para avaliar as condições psicológicas para dirigir. Na próxima seção, trataremos dos requisitos prescritos para o exercício dessa atividade.

Requisitos necessários para atuar como psicólogo perito em trânsito e o local de trabalho

Para o exercício profissional dessa atividade em nosso país, exige-se, além da graduação em psicologia, ter concluído o curso, no mínimo, há dois anos, e possuir o registro de psicólogo atualizado no Conselho Regional de Psicologia. É obrigatório, ainda, ter o curso de capacitação de psicólogo perito examinador de trânsito, uma exigência instituída pela Resolução Contran n. 080/1998, e implementada em 1999. No início, foram definidas 120 horas de curso, mas, atualmente, sob as diretrizes da Resolução Contran n. 425/2012, a duração é de 180 horas, com exigência, ao final do curso, de um ensaio monográfico realizado em instituição de ensino superior e reconhecido pelo Ministério da Educação e Cultura. Há também a exigência, nessa resolução, do título de especialista em psicologia do trânsito, cursado em instituições de ensino superior ou obtido pela prova do CFP para quem quiser atuar ou continuar nesse campo. Cabe ressaltar que, a partir de fevereiro de 2015, só poderá ser credenciado o psicólogo portador do título de especialista em psicologia do trânsito, reconhecido pelo CFP.

Os psicólogos peritos em trânsito são trabalhadores que executam um serviço especializado. A Resolução Contran n. 425/2012, no artigo 15, define que as entidades públicas ou privadas serão credenciadas pelos órgãos ou entidades executivas dos estados e do Distrito Federal. Os psicólogos peritos atuam, geralmente, em clínicas credenciadas que funcionam com a autorização dos Detrans de cada estado, por meio de contrato de prestação de serviços. Elas são regulamentadas e fiscalizadas em seu funcionamento por esse órgão e devem apresentar acomodações físicas adequadas.

Nas clínicas credenciadas, são realizadas a avaliação psicológica e o exame de aptidão física e mental para a aquisição da primeira habilitação, mudança de categoria, renovação da CNH dos motoristas profissionais que exercem atividade remunerada e atuam no transporte de bens e pessoas, avaliação de motoristas infratores contumazes e envolvidos em acidentes com vítimas e para a reabilitação do condutor. Os candidatos poderão se habilitar nas categorias de A a E, existindo requisitos específicos de acordo com cada uma delas. Por exemplo, na primeira habilitação, o indivíduo não poderá candidatar-se às categorias C, D ou E. De acordo com o artigo 143 do Código de Trânsito Brasileiro – CTB (Lei n. 9.503, 1997), os candidatos poderão se habilitar nas categorias A, B, AB, C, D e E, sendo necessário atender os requisitos específicos indicados para cada categoria, definidos pela seguinte gradação (p. 34):

> Categoria A – condutor de veículo motorizado de duas ou três rodas, com ou sem carro lateral;
> Categoria B – condutor de veículo motorizado, que não inclui a categoria A, cujo peso bruto total não exceda três mil e quinhentos quilogramas e cuja lotação não exceda oito lugares, excluído o do motorista;
> Categoria C – condutor de veículo motorizado de transporte de carga, cujo peso bruto total exceda três mil e quinhentos quilogramas;
> Categoria D – condutor de veículo motorizado que atua no transporte de passageiros, cuja lotação exceda oito lugares, excluído o do motorista;
> Categoria E – condutor de combinação de veículos em que a unidade tratora se enquadre nas categorias B, C ou D e cuja unidade acoplada, reboque, semirreboque, trailer ou articulada, tenha 6.000 kg (seis mil quilogramas) ou mais de peso bruto total, ou cuja lotação exceda oito lugares.

Procedimentos, técnicas e instrumentos psicológicos utilizados e os critérios de tomada de decisão do psicólogo

A avaliação psicológica está definida no CTB (Lei n. 9.503, 1997) como um processo "preliminar, obrigatório, eliminatório e complementar" para os condutores e candidatos à obtenção ou mudança da categoria da CNH. O anexo II da Resolução Contran n. 080/1998, usada como referência à época do estudo que descreveremos neste capítulo, determinava que deveriam ser aferidos psicometricamente, de forma integrada e interdependente, as seguintes características psicológicas: a) áreas percepto-reacionais e motoras (incluindo a atenção, a percepção, a tomada de decisão, a motricidade e a reação) e nível mental; b) área do equilíbrio psíquico (avaliação da ansiedade, excitabilidade, ausência de quadro reconhecidamente patológico, controle adequado da agressividade e da impulsividade, equilíbrio emocional, ajustamento pessoal-social e problemas correlatos); c) as habilidades específicas, como o tempo de reação, a atenção concentrada, a rapidez de raciocínio e as relações espaciais.

Ao final da avaliação, a conclusão possível poderia ser: apto, quando o indivíduo apresenta desempenho condizente para a condução de veículos na categoria pretendida; apto com restrição, quando apresenta distúrbios ou comprometimento psicológico que estejam temporariamente sob controle (deve constar o prazo de validade da CNH para realização de novos exames); inapto temporariamente, quando apresenta alguma deficiência nos aspectos avaliados e que possibilitem recuperação ou correção; e inapto, quando apresenta alguma deficiência psicológica que esteja fora dos padrões da normalidade e, portanto, não recuperáveis.

Os critérios da tomada de decisão são um aspecto crítico na avaliação psicológica no trânsito. Para Muchinsky (2004), critérios são padrões avaliativos que servem como pontos de referências para fazer julgamentos de objetos, pessoas, procedimentos e grupos, com intuito de determinar sua qualidade. O que o psicólogo perito profissional leva em consideração quando delibera por uma daquelas conclusões? As diretrizes legais? Ou sua interpretação particular dessas diretrizes, a respeito do que interfere nas condições psicológicas para dirigir?

O profissional de psicologia, ao atuar nessa atividade, realiza uma avaliação formal e sistemática por meio da aplicaçãode técnicas (tais como testes psicológicos, observações e entrevistas), a fim de identificar e avaliar algumas capacidades ou condições psicológicas dos condutores para dirigir. Na aplicação dos instrumentos psicológicos, o psicólogo perito obtém as características e o desempenho do sujeito testado, um fato constatado por meio de instrumentos e técnicas. Convém indagar: é possível que os psicólogos peritos estejam compreendendo que somente aplicar testes e corrigi-los é o que constitui o processo de avaliar? Conforme Alchieri e Cruz (2003), uma das principais dificuldades para o trabalho dos psicólogos, não só os especialistas na área da avaliação, é organizar os instrumentos e os procedimentos necessários à compreensão dos fenômenos psicológicos. Nesse ponto, instala-se uma das críticas mais frequentes na atividade do psicólogo perito: má aplicação dos procedimentos e a redução da avaliação psicológica a testes, estigmatizando os psicólogos peritos como os "profissionais dos testes".

São muitos os tipos de testes psicológicos usados na avaliação psicológica, pois não há padronização dos testes psicológicos definidos pelo Contran como obrigatórios em nível nacional. Cabe ressaltar que, independente da diversidade dos testes psicológicos, que podem mudar de um estado para outro, de acordo, ainda, com as determinações de alguns Detrans, os instrumentos adotados devem ser validados e aprovados pelo CFP, devendo constar como tal no Sistema de Avaliação de Testes Psicológicos (Satepsi)[2].

Os testes psicológicos têm sido os principais recursos técnicos utilizados pelo psicólogo perito e podem ser caracterizados como "uma forma objetivamente definida para a mensuração de determinadas características comportamentais" (Alchieri & Noronha, 2003, p. 314). Podemos destacar que alguns instrumentos psicológicos foram consagrados pelo uso no contexto do trânsito, tais como: Psicodiagnóstico Miocinético (PMK), Bender-Gestáltico, Teste Wartegg, o HTP Casa-Árvore-Pessoa e Palográfico para avaliar traços de personalidade; e Toulouse – Pierón I e Suzi Cambraia, para avaliar a atenção concentrada[3].

Entre os instrumentos psicológicos usados na avaliação psicológica pericial, de acordo com a literatura da área, destaca-se a Bateria de Funções Mentais para motoristas – BFM (Tonglet, 2001, 2007), utilizada para a aferição das funções da atenção e fatores cognitivos. Dessa bateria, os mais

---

[2] No ano de 2003, por meio da Resolução CFP n° 02, o CFP revogou a Resolução CFP n° 025/2001 e regulamentou o uso, a elaboração e a comercialização dos testes psicológicos no país e instituiu o SATEPSI. Tais medidas tornaram-se necessárias para referendar a credibilidade dos serviços que os psicólogos prestam à comunidade por meio desses instrumentos, incluindo a perícia no trânsito.

[3] Os testes psicológicos como Psicodiagnóstico Miocinético (PMK), Teste Wartegg e Toulouse – Pierón I estão contraindicados, no momento, pelo sistema Satepsi para o uso e comercialização, conforme consulta realizada em abril de 2013.

utilizados são a) BFM-1, composta por seis testes de atenção, sendo que dois deles avaliam atenção difusa (TADIM e TADIM-2), dois avaliam a atenção concentrada (TACOM-A e TACOM-B) e dois avaliam atenção discriminativa (TADIS-1 e TADIS-2); b) BFM-3, para mensurar o raciocínio lógico, por meio do teste TRAP; e c) BFM-4, que mede a atenção concentrada utilizada pelos motoristas cujo trabalho exige maior nível de complexidade da atenção (TACOM C e D). Para avaliar a capacidade de o condutor analisar, realizar julgamentos e raciocinar sobre diferentes estímulos, são utilizados os testes não verbais de inteligência R-1 – forma B, G-36 e G-38. Para avaliar aspectos dapersonalidade eajustamento emocional, destacam-se o Palográfico, HTP, Escala Fatorial de Neuroticismo (EFN) e as Escalas de Personalidade de Conrey (CPS).

Um procedimento já previsto como obrigatório pela Resolução Contran n. 080/1998 é a entrevista psicológica, por meio da qual o psicólogo levanta informações sobre o candidato. Além disso, a resolução de número 12 do Conselho Federal de Psicologia (CFP, 2000)[4] também indicava, naquela época, que a entrevista (inicial e devolutiva) era obrigatória no processo de avaliação, definindo temas ou conteúdos a serem investigados. Para Alchieri e Cruz (2003), a entrevista representa a possibilidade de verificação mediada pela autopercepção do examinando e de suas manifestações comportamentais por meio do diálogo entre avaliador e avaliando.

Um aspecto importante, que fragiliza a eficácia do trabalho dos psicólogos peritos, é a incipiente produção de conhecimento até o presente momento; mais especificamente sobre a relação (por exemplo, com estudos longitudinais) entre as características psicológicas dos diversos grupos de motoristas habilitados (jovens, idosos, mulheres, profissionais de trânsito) e seus indicadores de envolvimento em acidentes (com ou sem vítimas) e infrações de trânsito (Sampaio, 2012). Não há sistematização

---

[4] Essa resolução aprovou o primeiro Manual para Avaliação Psicológica de Candidatos à CNH. Foi uma ação inicial para definir parâmetros para executar essa atividade, com o objetivo de suprir uma lacuna, apresentando algumas diretrizes de procedimentos para avaliação. Atualmente, essa resolução está revogada e, em seu lugar, foi instituída a Resolução CFP nº 007/2009, que define as "Normas e Procedimentos para a Avaliação psicológica de candidatos a CNH e condutores de veículos automotores".

das características psicológicas dos candidatos à CNH (perfil profissiográfico) que possa servir de parâmetro para seu trabalho. Os psicólogos peritos podem estar aplicando testes psicológicos que não contemplam a diversidade das características dessa população avaliada, bem como aplicação de escalas de testes ainda não atualizadas no tocante a esses aspectos. Entretanto, questionamentos sobre a preditividade dos instrumentos psicológicos e a avaliação psicológica no trânsito tem sido objeto de pesquisa mostrando, por um lado, as fragilidades e problemas (Duarte, 2003; Silva, 2008), e, por outro, argumentando sua eficácia como um fator de prevenção à violência no trânsito (Damian, 2008).

Segundo Groeger (2003), existem dificuldades para a avaliação realizada pelos psicólogos e a probabilidade de predizer se o condutor tem habilidade para dirigir. Existem vários fatores que podem contribuir para a ocorrência do acidente de trânsito que não estão restritos à ação individual do motorista, por exemplo, condições ambientais, condições da via, falha mecânica e o comportamento dos outros motoristas. Em suma, caracterizar o processo de trabalho do psicólogo perito implica considerá-lo um exercício profissional que abrange a utilização de técnicas pertinentes à profissão e a observância de diretrizes normativas das organizações de trânsito e classe para atuar. Na próxima seção, será apresentada uma pesquisa realizada sobre o processo de trabalho do psicólogo perito (o modo operatório).

O processo de trabalho dos psicólogos peritos

Em 2006, foi realizada uma pesquisa descritiva-exploratória com o objetivo de caracterizar o processo de trabalho (modo operatório) dos psicólogos peritos da região sul de Santa Catarina que realizam a avaliação psicológica pericial no trânsito. O estudo buscou identificar, especificamente, os seguintes aspectos: o perfil desses profissionais, os procedimentos, técnicas e instrumentos psicológicos mais usados, assim como identificar os critérios na tomada de decisão que diferenciam os candidatos aptos, inaptos temporários, aptos com restrição e inaptos nas categorias da CNH. A pesquisa foi norteada pelas diretrizes estabelecidas pela Resolução Contran n. 080/1998 e pelo Decreto Estadual n. 1.638 (2004), sobre essa atividade profissional no estado de Santa Catarina, ambas vigentes à época do estudo.

Método

Participantes

A quantidade de participantes do estudo foi de doze psicólogos peritos credenciados que se dispuseram a participar de todas as etapas do estudo. Não houve preocupação em segmentar uma amostra estatisticamente significativa. Outro fator de inclusão na pesquisa dos participantes é de estar atuando na região sul de Santa Catarina como psicólogo perito credenciado. Essa delimitação deu-se após realização de consulta à Coordenadoria de Credenciamento e Fiscalização, setor do Detran-SC, responsável por gerir e executar atividades inerentes ao credenciamento e à fiscalização de entidades, pessoas físicas e jurídicas prestadoras de serviços. Os dados obtidos nessa consulta apresentaram 95 psicólogos credenciados naquele período e 6 psicólogos policiais[5]. Nesse sentido, a amostra caracteriza-se como não probabilística e, de acordo com Laville e Dione (1999, p. 170), "a partir das necessidades de seu estudo, o pesquisador seleciona casos julgados exemplares ou típicos da população-alvo ou de uma parte desta".

O credenciamento do psicólogo perito é determinado pelo Detran-SC para as Circunscrições Regionais de Trânsito (Ciretrans), que englobam o atendimento da população dos municípios que delas fazem parte. Cabe esclarecer que esses profissionais desenvolvem suas atividades em clínicas denominadas Centros de Avaliação de Condutores (CACs) desde a promulgação do Decreto Estadual n. 1.638/04 (atualmente revogado; em vigor está o Decreto n. 3.160/2010). O psicólogo perito mantém um contato constante com as Ciretrans por conta da natureza da sua atividade.

5 No estado de Santa Catarina, no período em que foi realizada a pesquisa, tanto os psicólogos credenciados quanto os seis psicólogos policiais (profissionais concursados desde 1986) vinculados ao Detran-SC realizavam a mesma atividade.

No estado de Santa Catarina, esse órgão se localiza nas dependências das Delegacias Regionais de Polícia (DRPs), sendo vinculados ao Detran e à Secretaria de Segurança Pública e Defesa do Cidadão (SSP). As Ciretrans administram todas as etapas do processo de habilitação dos municípios pertencentes à sua circunscrição.

Técnicas e instrumentos de coleta de dados

Utilizou-se uma combinação de técnicas e instrumentos desenvolvidos com base na decomposição de variáveis do fenômeno em estudo, provenientes das fontes documentais e da revisão da literatura. Os dados foram coletados por meio de uma entrevista individual, na qual foi aplicado um questionário estruturado denominado "Questionário das Características do Processo de Trabalho dos Psicólogos Peritos Examinadores de Trânsito (Q-PET)", a fim de investigar a percepção dos participantes sobre as características de seu processo de trabalho. As variáveis investigadas foram: sexo e idade, formação e capacitação profissional, dados ocupacionais, organização do trabalho, procedimentos psicológicos e critérios da decisão na avaliação psicológica pericial. Também se utilizou a técnica de observação direta da situação de trabalho, em que foi elaborado um roteiro de observação, priorizando a análise dos aspectos que constituíam organização do trabalho, procedimentos na avaliação psicológica e descrição do CAC. Os dados relativos à observação da situação de trabalho foram registrados pela pesquisadora nesse roteiro após o término das observações, constituindo notas descritivas da situação em estudo.

Procedimentos

Por meio de contato telefônico, foram explicadas as finalidades da pesquisa a cada participante e seu interesse em participar. Se aceito, efetuava-se o agendamento para visitas aos locais, solicitando também: o acompanhamento da execução dos procedimentos da perícia psicológica *in loco* e a realização das entrevistas com cada profissional. Os números telefônicos foram concedidos pelos órgãos de trânsito. Os locais das entrevistas foram as salas coletivas ou individuais de atendimento dos CACs. O tempo de administração do Q-PET oscilou entre quarenta e cinquenta minutos, e todos consentiram que as entrevistas fossem gravadas.

As observações iniciavam no momento em que a pesquisadora entrava nas dependências do CAC e terminavam quando o psicólogo perito concluía os atendimentos agendados para aquele período de trabalho (matutino ou vespertino). Isso permitiu averiguar tanto as semelhanças ou variações no processo de trabalho na realização da tarefa prescrita, observando aqueles que estão mais ou menos integrados com os aspectos institucionais, assim como a caracterização dos CACs. No total, a quantidade de horas de observações chegou a quase 36.

Um procedimento de coleta de dados alternativo foi realizado no local de trabalho da pesquisadora, uma vez que esta atua como psicóloga perita em uma das cidades pesquisadas. Foi preciso que uma auxiliar de pesquisa, com formação em psicologia e que recebeu as orientações necessárias, realizasse a coleta de dados nesses casos. Em relação aos aspectos éticos, foi encaminhado o projeto de pesquisa oficialmente qualificado para ser avaliado pelo Comitê de Ética em Pesquisa com seres humanos da Universidade Federal de Santa Catarina (Parecer CEP nº 227/05). Todos os participantes leram e assinaram o termo de consentimento livre e esclarecido, concordando em participar da pesquisa e permitindo o acompanhamento de seu trabalho sem restrições.

A análise dos dados foi realizada a partir dos grupos de variáveis definidas no Q-PET. Eles foram analisados e relacionados aos dados das entrevistas e aos do roteiro de observação. Foram confrontados isoladamente ou em seu conjunto com a sistematização da produção de conhecimento e dos documentos normativos referentes à atividade do psicólogo perito. Efetuou-se o agrupamento da ocorrência de respostas de cada variável.

Resultados e discussão

Todos os participantes do estudo são do *sexo feminino*, na faixa etária de 25 aos 42 anos, e revelaram que concluíram a formação profissional em instituições de ensino superior particulares (dez) ou públicas (dois). No que diz respeito ao tempo de conclusão do curso de psicologia, apresentou uma variação entre dezenove anos, maior tempo, e dois anos, menor tempo.

O *tipo de especialização* (*lato sensu*) mais escolhida foi na área clínica, saúde coletiva, educação inclusiva, língua portuguesa e filosofia da linguagem e avaliação psicológica; nenhum em psicologia do trânsito. Nos cursos de pós-graduação em mestrado e doutorado (*stricto sensu*), uma das participantes concluiu o mestrado em engenharia de produção. Nos mestrados em andamento, as áreas citadas foram educação e ciências da linguagem. Uma das participantes estava em fase de doutoramento em psicologia clínica. Cinco participantes revelaram não ter cursado qualquer especialização, somente a graduação em psicologia.

Em relação ao *tempo de atuação nessa atividade*, houve o predomínio de experiência de um a cinco anos, seguido de duas ocorrências com mais de dez anos. Com relação à carga horária semanal de atividades laborais, há diferenciação no tempo que cada um trabalha: seis participantes afirmaram se dedicar menos de vinte horas semanais e outros seis indicaram mais de vinte horas.

Conforme as observações realizadas, a situação desse processo de trabalho pode ser representada genericamente no fluxograma da Figura 14.1, que descreve uma síntese da sequência das atividades que constituem o modo operatório geral dos psicólogos peritos pesquisados.

Figura 14.1 Caracterização do processo de trabalho dos psicólogos peritos examinadores de trânsito pesquisados no sul de SC.

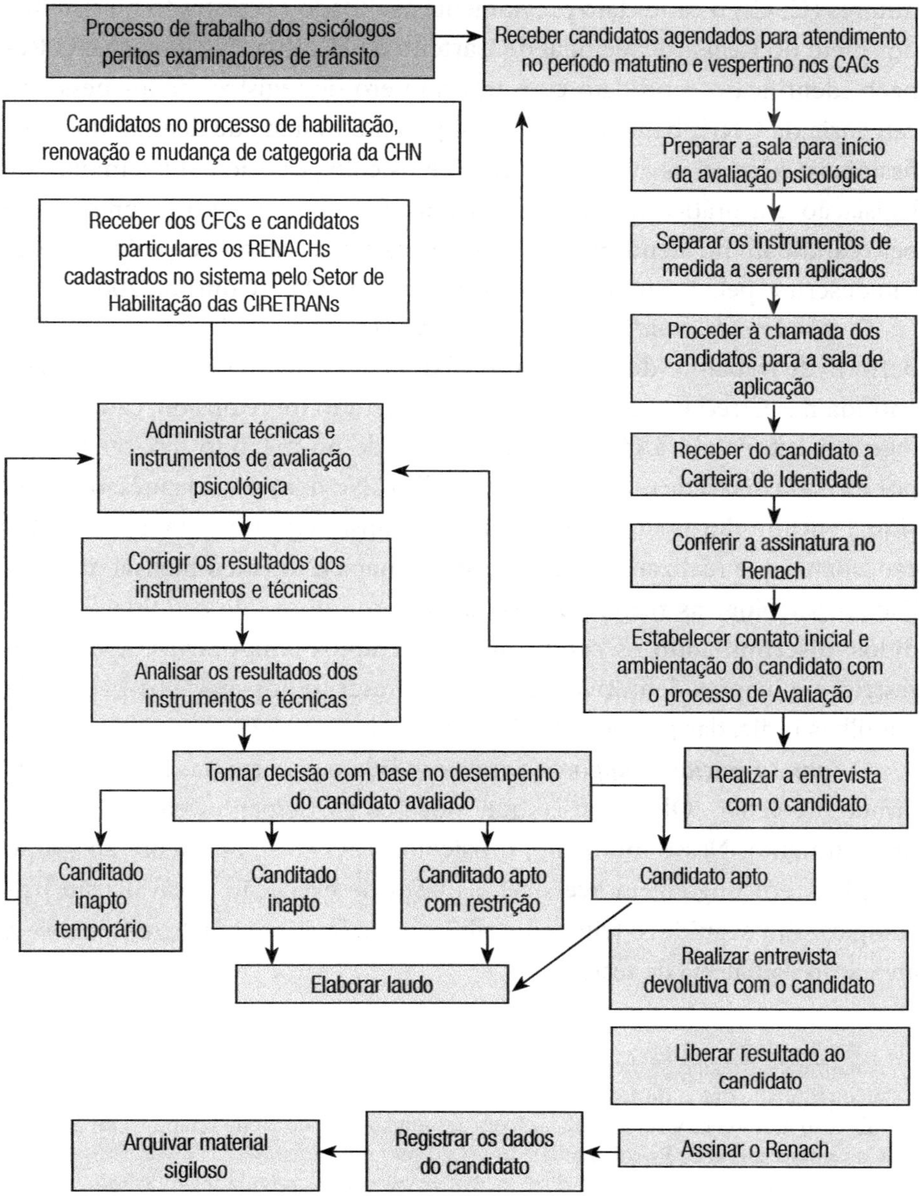

Fonte: Dagostin (2006).

O trabalho do psicólogo perito inicia, de acordo com a Figura 14.1, quando este recebe da Ciretran/Detran e dos Centros de Formação de Condutores (CFCs) o candidato previamente agendado e registrado no sistema, por meio do Registro Nacional de Carteira de Habilitação (Renach). O Renach identifica o candidato com um número de registro, dados pessoais, categoria da CNH, bem como um campo para tomada de decisão dos profissionais, relativa: às avaliações físicas e psicológicas, ao conhecimento de legislação e à prática de direção veicular. Esse documento é apresentado pelo candidato no atendimento. Estas são as etapas do processo de habilitação descritas pela Resolução do Contran n. 168/2004 (Contran, 2004).

O *número de candidatos que o psicólogo deve avaliar* varia em cada período de trabalho (de um até, no máximo, dez), dependendo do fluxo de entrada nas Ciretrans. Na época em que o estudo foi realizado, cada psicólogo era autorizado a efetuar atendimento de no máximo dez candidatos por jornada diária de oito horas de trabalho[6]. No final de cada mês, o profissional encaminha às suas respectivas Ciretrans/Detrans a lista nominal dos candidatos que realizaram a avaliação e o mapa estatístico mensal das avaliações psicológicas realizadas[7], constando o número de candidatos atendidos, discriminando os candidatos aptos, aptos temporários, aptos com restrição e inaptos definitivos, conforme prescrito nos modelos-padrão de planilhas indicadas pela Resolução Contran n. 080/1998.

O *contato inicial e rapport* com os candidatos ocorre nas salas de atendimento coletivo. Observou-se que todos os participantes efetuavam esse procedimento. Nesse momento, o psicólogo perito se apresenta ao grupo e explica, em linguagem acessível, as fases de execução da avaliação psicológica. Em seguida, é feita a distribuição de lápis ou caneta, e inicia-se a aplicação da bateria de testes.

---

6 Atualmente, o artigo 85 da resolução do CFP n. 03/2007, foi revogado. Não há limitação da quantidade diária de atendimento dos psicólogos credenciados nos processos de habilitação, tendo em vista a publicação da resolução n. 8, de 20 de setembro de 2013 do Conselho Federal de Psicologia.

7 Cabe ressaltar que o psicólogo perito realiza essas duas atividades todo mês, e também é prescrito na Resolução do Contran 425/12, conforme especificado nos Anexos XVIII e XX.

Em relação ao *uso da entrevista psicológica*, constatou-se que dois psicólogos peritos não realizaram a entrevista inicial, somente a devolutiva. O que se observou é que a entrevista psicológica normalmente inicia os procedimentos na avaliação. O tempo de contato com cada candidato, apontado pelos participantes, foi entre quatro e quinze minutos; mas, dependendo das circunstâncias, pode exceder esse tempo. A etapa conclusiva é a entrevista devolutiva, que comunica o resultado do processo, isto é, se o candidato está apto ou não para dirigir. Nesse momento, os dados obtidos na entrevista inicial e por meio dos testes já foram confrontados, com objetivo de observar se esses indicadores se repetiam, refutavam ou confirmavam as hipóteses de trabalho.

Em relação ao *método, às técnicas e aos instrumentos de medida utilizados*, verificou-se que os psicólogos peritos utilizavam diversas técnicas e testes psicológicos. Predominaram em todos os participantes a aplicação de técnicas tradicionais, como observação do desempenho do candidato, testes psicológicos e entrevista. O uso de questionários montados pelos próprios psicólogos peritos foi constatado em dez participantes da pesquisa. Esse questionário era composto por questões abertas e fechadas para identificar características socioprofissionais, de saúde (sintomas e sinais que comprometem o bem-estar psicológico) e motivações para dirigir. Contudo, não ficou claro se a inclusão desse roteiro de questões está cumprindo o objetivo referido, ou simplesmente verifica a alfabetização dos candidatos, cuja responsabilidade não deveria ser exclusiva dos psicólogos peritos, mas de todos os profissionais que participam do processo de avaliação dos candidatos à obtenção da CNH.

Quanto aos *testes usados*, a bateria BFM-1 é a mais utilizada para avaliar atenção difusa, atenção concentrada e discriminativa, assim como também é muito usado o teste de atenção concentrada de Suzy Cambraia. Os testes expressivos gráficos, como HTP – Casa-Árvore-Pessoa (seguido ou não de uma síntese do inquérito sobre o desenho) e o Palográfico predominaram na avaliação das características de personalidade e equilíbrio psíquico. Os testes aplicados para avaliar os níveis mentais mencionados foram o BFM-3 Trap (Teste de raciocínio lógico) e o R-1, destinado a avaliar a inteligência geral.

Ao que parece, há uma preferência por testes psicológicos considerados mais fáceis de operacionalizar as instruções, rápidos na aplicação e que possibilitem economia financeira (isto é, que envolvam somente uso de lápis e papel). Vale lembrar que cabe aos psicólogos peritos a responsabilidade pela qualidade e quantidade dos testes psicológicos que utilizam no seu processo de trabalho.

Em relação ao *tempo utilizado para realizar a avaliação psicológica*, a maior parte dos psicólogos (sete) levou entre uma hora e meia e duas horas; cinco psicólogos indicaram um intervalo entre três horas e meia e quatro horas. Essa constatação foi observada nos relatos das entrevistas e, em alguns casos, por meio da observação *in loco*. Essa variação de tempo é decorrente, por exemplo, do número de candidatos atendidos por período de trabalho e se há liberação dos resultados da avaliação psicológica imediatamente após o término da aplicação, fazendo que o profissional acelere os procedimentos usados na avaliação psicológica. Outros aspectos que incidem nessa variação do tempo são os tipos de testes psicológicos utilizados (por exemplo, se possui tempo livre ou não), as dificuldades ou facilidades apresentadas pelos candidatos no momento de respondê-los, a entrevista psicológica e o tempo investido nesse contato com o candidato.

No encadeamento das outras etapas da avaliação, tais como corrigir testes psicológicos aplicados, emitir um laudo psicológico e liberar os resultados para os candidatos, verificou-se, também, uma variação no tempo utilizado. Seis participantes revelaram que, para finalizar a correção dos instrumentos aplicados, levam de trinta minutos a uma hora. Outros seis indicaram de uma hora e trinta minutos a duas horas. O tempo de liberação dos resultados teve a seguinte variação: seis psicólogos informaram que é de trinta minutos a uma hora; os outros seis informaram que é acima de duas horas (podendo variar a liberação dos resultados ao candidato de 24h a 48h). Cabe destacar que o tempo indicado para a liberação dos resultados, recomendado pela Resolução do Contran nº 080/1998 e pelo Detran-SC, é de até 48 horas[8]. Dessa maneira, constata-se que os psicólogos procuram

---

[8] A Resolução do Contran n. 425/12, vigente atualmente, também indica o tempo de até 48 horas para a liberação dos resultados da avaliação psicológica.

agilizar a liberação dos resultados antes desse tempo. O fato de acelerar a correção dos testes psicológicos pode estar relacionado às decisões definidas pelo próprio profissional ou pela Ciretran à qual está vinculado. Entretanto, observa-se a presença de dois tipos de pressão externa que incidem diretamente sobre o processo de trabalho do psicólogo perito: a) dos próprios candidatos, que querem concluir logo os procedimentos, receber o resultado e ir embora por uma série de motivos (por exemplo, se ausentaram do trabalho e de casa, moram em outras cidades e precisam com brevidade retomar seus compromissos pessoais e de trabalho) e b) dos CFCs, que dependem do resultado do psicólogo para encaminhar os candidatos às demais etapas para a obtenção da CNH. Essas pressões, geralmente, tendem a comprometer análises mais aprofundadas e cuidadosas do desempenho do candidato pelo psicólogo. Quanto à forma de comunicação dos resultados da avaliação aos candidatos, seis participantes indicaram que o fazem direto à pessoa e registram no Renach; quatro entregam, por escrito, no Centro de Avaliação de Condutores para que auxilie na distribuição dessa informação ao candidato; dois psicólogos afirmaram que fazem essa comunicação por telefone ou por escrito.

Averiguaram-se os *critérios da tomada de decisão* usados pelos psicólogos peritos buscando identificar os indícios de aptidão e inaptidão para dirigir, considerando os diferentes tipos de CNH. Constatamos que os participantes normalmente não diferenciam pelo tipo de veículo que o condutor dirigirá. Os indícios observados na CNH das categorias A, B, C, D e E revelam diversidade de fatores de previsão do candidato considerado apto. Na conclusão apto com restrição e inapto temporário, não se registraram diferenças significativas, ou distinção entre as categorias da CNH A, B e C. Contudo, para as categorias D e E verificou-se que o psicólogo perito considera indícios diferentes em relação ao desempenho do condutor com os dados obtidos na testagem psicológica, em relação à dimensão percepto-reacional e motora, exigindo um percentil médio e médio superior nos testes de atenção difusa e concentrada, principalmente na categoria D (transporte de passageiros e escolares, transporte de cargas perigosas), e a categoria E (carreta).

Na entrevista psicológica com condutores da CNH C, D e E[9], o psicólogo perito prioriza a investigação da maneira pela qual o condutor lida com a atividade como motorista profissional, do tempo de CNH, do envolvimento em acidentes e da tolerância a fatores estressores, assim como da saúde em geral. Algumas características observadas no condutor dessas categorias são: responsabilidade, equilíbrio psíquico, tranquilidade, segurança, relacionamento familiar e social ajustados. Há indícios de que o psicólogo perito define e aplica critérios distintos quando relaciona e compara o comportamento do condutor para dirigir um ônibus e uma carreta com riscos maiores do que dirigir carro, moto e caminhão, e diferencia essa decisão com base nos dados provenientes do uso das medidas psicológicas, normatizações previstas e na especialização dos seus conhecimentos teóricos e práticos enquanto perito.

Percebeu-se entre todos os participantes que o reexame é uma prática corrente quando o candidato recebe o resultado do inapto temporário. É registrado no Renach e realiza-se nova avaliação, em uma retestagem dos procedimentos e dos instrumentos aos quais ele apresentou rendimento insatisfatório. Conforme evidenciado, o candidato pode retornar de duas a quatro vezes na condição de reteste, mas alguns participantes disseram exceder esse número. A data de retorno concedida para uma nova avaliação é de, no mínimo, quinze dias, podendo variar o tempo de retorno de acordo com a condição do candidato e recomendação do psicólogo. Cabe destacar que no acompanhamento dos inaptos temporários existem peculiaridades, o que faz que o psicólogo perito expresse modos operatórios diferentes, permitindo um tempo maior ou menor de retorno, assim como de tentativas no reexame. No Renach, há somente quatro campos para efetuar o registro de todas as avaliações realizadas pelo profissional. Essa etapa de seu processo de trabalho requer do psicólogo perito uma avaliação processual das diferentes etapas da avaliação psicológica, pois mobilizam expectativas do candidato, uma vez que interfere em sua autoestima quando recebe uma devolução desfavorável de seu desempenho. A devolução dos resultados

9 Até maio de 2005, não era obrigatória a renovação dos exames psicológicos dos motoristas profissionais que atuam no transporte de bens e pessoas nas categorias C, D e E.

com o candidato requer cuidados especiais como: tempo diferenciado de contato, reforço da presença de elementos favoráveis do desempenho e orientações para as dificuldades que podem ser circunstanciais ou não. Na situação do *inapto definitivo*, também são comunicados ao candidato os motivos da conclusão, indicando-os no laudo psicológico.

De acordo com as orientações da Resolução Contran n. 080/98, o psicólogo deve apresentar os resultados da avaliação psicológica em uma planilha, seguindo um modelo preestabelecido. O laudo psicológico deve conter as dimensões psicológicas avaliadas, as informações sobre os instrumentos e técnicas adotados e os resultados obtidos. O psicólogo perito emite-o na situação de apto (com ou sem restrição) e inapto definitivo, quando é finalizada a avaliação psicológica do condutor avaliado. Finalizada essa etapa, liberam-se os resultados para os candidatos e arquiva-se o material sigiloso.

Considerações finais

O psicólogo perito é um prestador de serviços, sendo credenciado pelas organizações de trânsito com a finalidade de avaliar as condições psicológicas da população para dirigir. Esses órgãos mantêm o controle do processo de trabalho por meio das normatizações federais e estaduais que incidem diretamente na forma como os psicólogos peritos se relacionam com essa atividade. Os psicólogos que exercem essa atividade sofrem influência da cultura política desses órgãos públicos, do poder político presente nos órgãos de trânsito, da descontinuidade nos projetos e nas decisões sobre as políticas públicas de trânsito, que, por sua vez, são influenciadas por aspectos econômicos e políticos do país.

No estudo aqui apresentado, constatamos o uso de técnicas tradicionais na avaliação das condições psicológicas para dirigir, como observação do comportamento do candidato, entrevista e testes psicológicos como um dos principais recursos metodológicos. Cabe ressaltar que os instrumentos psicológicos utilizados pelos psicólogos peritos pesquisados estão em consonância com as diretrizes normatizadas pela CFP (2003), sobre a relação de testes aprovados pelo sistema Satepsido CFP.

O que se percebe é que o modelo de avaliação adotado ainda tem como foco o indivíduo e suas características individuais na identificação de suas capacidades psicológicas e os aspectos patológicos. Contudo, embora isso seja importante, não tem sido suficiente para a identificação dos comportamentos de risco dos condutores. Trânsito é um espaço coletivo que exige constantes adaptações, pois "o trânsito é um movimento essencialmente social" (Rozestraten, 1988, p. 8). Nesse sentido, seria importante a inclusão de técnicas no processo de avaliação psicológica já indicadas pela resolução vigente, como a dinâmica de grupo, para verificar essa competência no comportamento dos futuros condutores. São estratégias que possibilitariam ao psicólogo inserir discussões atuais sobre questões do trânsito, identificando os valores e crenças culturais que sustentam o modo de se comportar das pessoas, tanto no papel de motorista, quanto no trânsito de maneira geral.

Ainda que tenhamos observado que o psicólogo perito tende a seguir as diretrizes prescritas para realizar sua função, parte das dificuldades encontradas na atividade desse profissional, ao executar seu processo de trabalho, pode estar no manejo do instrumento utilizado, na amplitude da escolha do tipo de testes, técnicas e indicadores pertinentes para planejar e realizar o processo de avaliar de forma científica. O uso de diversos instrumentos psicológicos que visam avaliar as condições psicológicas para dirigir é um traço observado ao longo do tempo. Ao que parece, o interesse tem se direcionado à busca de instrumentos psicológicos que garantam "como avaliar" os processos psicológicos associados à atividade de dirigir, esquecendo-se de discutir e pesquisar sobre "o que avaliar" e "como se manifestam" esses fenômenos no comportamento do condutor no trânsito. Isso ocorreu, porque, no Brasil, historicamente a inserção do psicólogo nessa área se deu primeiro de forma pragmática, com a função de selecionar candidatos à habilitação, antes de se ter estudos científicos sobre processos psicológicos envolvidos no ato de dirigir, e sem ter submetidos à pesquisa os testes psicológicos usados, a fim de constatar a validade e fidedignidade (Rozestraten, 1988).

Há ainda poucos instrumentos psicológicos de procedência nacional no mercado editorial que sejam específicos para esse contexto de avaliação, assim como os estudos de validação regionais para esse tipo de população ainda são incipientes. Isso reflete diretamente no processo de trabalho do psicólogo perito, que faz uso constante de tais instrumentos (ocorrendo um treinamento da população) sem considerar as características da população-alvo avaliada, produzindo pouca eficácia da avaliação. Outro aspecto é que a utilização desses instrumentos tem ocorrido principalmente pelo critério da economia, ou seja, mais baratos, mais fáceis e rápidos de serem aplicados e corrigidos. Isso traz implicações éticas e técnicas na avaliação psicológica pericial, pois quando um psicólogo usa instrumentos psicológicos priorizando somente essas características pode criar um modo operatório que "enfatiza a rapidez". Consequentemente, dá a impressão de maior "eficiência", por concluir, de forma breve, todas as etapas de seu processo de trabalho. Para as organizações de trânsito e a população que busca esse tipo de serviço, pode ser um "diferencial positivo", tendo em vista que, hoje, o tempo é um recurso escasso na vida moderna; mas pode, por outro lado, instigar a "concorrência" entre profissionais da área, a banalização do trabalho e o comprometimento da qualidade do serviço prestado à sociedade.

Para haver qualidade em seu trabalho, o psicólogo perito deve ter uma formação adequada, tanto ética quanto técnica: com experiência em lidar com situações de procedimentos de aplicação, análise de informações (tanto de testes psicológicos objetivos quanto de projetivos), controle das situações adversas (por exemplo, grande quantidade de pessoas sendo avaliadas, tendo que garantir os princípios da isonomia), conhecimento dos fundamentos científicos dos instrumentos que utiliza e, principalmente, compreensão dos fenômenos e processos psicológicos observados nos grupos atendidos, que são diversificados (faixa etária, escolaridade, sexo e características socioculturais).

Um aspecto problemático para o processo de trabalho do psicólogo perito é o conhecimento científico insuficiente no país, relativo às características psicológicas desejáveis no perfil de cada tipo de motorista. Os dados da pesquisa apontaram que o psicólogo perito tende a fazer adequações em seu modo operatório na tomada de decisão, procurando, de acordo com as necessidades de cada situação, seguir os indicadores (critérios) prescritos nas normatizações do Contran, para concluir como apto ou inapto para dirigir. No entanto, ao que parece, nas categorias D e E da CNH, os psicólogos peritos traçam um perfil do condutor ao revelarem critérios mais pontuais para a tomada de decisão. Nesse aspecto, cabe lembrar que a Resolução do Contran n. 080/1998 não definia o perfil do motorista para cada CNH, só indicava de forma ampla a aptidão e inaptidão para dirigir. Da mesma forma, na atual resolução ainda não há essa definição. Hoje, ainda observamos que não há pesquisas intensivas que caracterizem o perfil dos diferentes tipos de motoristas. No entanto, o psicólogo perito precisa avaliar diversos aspectos psicológicos e comportamentais nesses grupos de candidatos à CNH – o motorista profissional, que utiliza o veículo como ferramenta de trabalho, o idoso, o jovem – e o faz aparentemente sem distinções no uso de critérios ou de instrumental. Eis um dos fatores que podem comprometer os resultados do trabalho desse profissional.

Uma ação que poderia minimizar essa situação e contribuir para esse campo deconhecimento seria a organização dos psicólogos peritos em grupos de trabalho regionais, vinculados aos cursos de pós-graduação na área de trânsito e áreas afins. O objetivo seria desenvolver "estudos de campo e em laboratório, do comportamento individual e coletivo em diferentes situações no trânsito para sugerir medidas preventivas" (CFP, 2001a, p. 10), conforme previsto nas atribuições como especialista na área, e, dessa maneira, produzir conhecimentos e identificar as características do trânsito de sua região e de seus participantes, como os motoristas.

Os dados aqui expostos mostraram as características do trabalho do psicólogo perito em trânsito. Os resultados obtidos nessa pesquisa não são passíveis de serem generalizados, tendo em vista as peculiaridades dos objetivos do estudo e metodologia aplicada, bem como os participantes pesquisados que configuram uma região específica do Brasil. Como sugestão para novos estudos, o tema poderia ser investigado sob a perspectiva da psicologia do trabalho: o significado desse trabalho, as condições de trabalho, as consequências da terceirização desse serviço pelos órgãos de trânsito e como isso interfere na consolidação de suas atribuições como psicólogo especialista em trânsito, entre outros temas correlatos. Espera-se que essas informações contribuam para mostrar como é o processo de trabalho dos psicólogos peritos, elucidando alguns aspectos de sua atividade a fim de expor as dificuldades de realizar esse tipo de função e a importância que tais profissionais possuem na qualificação dos condutores.

Para finalizar, cabe destacar que apenas o trabalho do psicólogo perito não influi decisivamente nas estatísticas dos acidentes de trânsito, já que também outros profissionais atuam no processo de habilitação dos condutores, como médicos peritos, diretores e instrutores dos CFCs e demais profissionais envolvidos na habilitação, seja na etapa de aquisição, mudança ou renovação. Além disso, vários fatores podem contribuir para a ocorrência dos acidentes de trânsito: fator viário, veicular, ambiental, não cumprimento da legislação de trânsito pelos motoristas e demais usuários, baixa eficácia nas ações de fiscalização, para citar alguns. Desse modo, espero ter colaborado no que diz respeito ao trabalho que cabe ao psicólogo perito em trânsito na promoção da segurança viária, na perspectiva de aperfeiçoar sempre seu trabalho.

Referências

Abrahão, J. I. (2000). Reestruturação produtiva e variabilidade do trabalho: uma abordagem da ergonomia. *Psicologia, Teoria e Pesquisa. 16*(1), 49-54. Recuperado em 20 outubro, 2014, de http://www.scielo.br/scielo.php?script=sci_arttext&pid=S0102-37722000000100007

Alchieri, J. C., & Cruz, R. M. (2003). *Avaliação psicológica: conceito, métodos e instrumentos*. São Paulo: Casa do Psicólogo.

Alchieri, J. C., & Noronha, A. P. (2003). Caracterização técnica dos instrumentos psicológicos utilizados na avaliação psicológica do trânsito. In M. H. Hoffmann, R. M. Cruz, & J. C. Alchieri (Orgs.). *Comportamento humano no trânsito*. São Paulo: Casa do Psicólogo.

Alchieri, J. C., & Stroeher, F. (2002). Avaliação psicológica no trânsito: o estado da arte sessenta anos depois. In R. M. Cruz, J. C. Alchieri & Sarda Jr., J. J. (Orgs.). *Avaliação e medidas psicológicas: produção do conhecimento e da intervenção profissional*. São Paulo: Casa do Psicólogo.

Conselho Federal de Psicologia [CFP]. (2000). *Resolução CFP n. 012 de 20 de dezembro de 2000.* Institui o Manual para Avaliação Psicológica de candidatos à Carteira Nacional de Habilitação e condutores de veículos automotores. Brasília, DF. Recuperado em 20 outubro, 2014, de http://site.cfp.org.br/wp-content/uploads/2000/12/resolucao2000_12.pdf

Conselho Federal de Psicologia [CFP]. (2001a). *Resolução CFP n. 002 de 2001.* Altera e regulamenta a Resolução CFP n. 014/00 que institui o título profissional de especialista em psicologia e o respectivo registro nos Conselhos Regionais. Brasília, DF. Recuperado em 20 outubro, 2014, de http://site.cfp.org.br/wp-content/uploads/2001/03/resolucao2001_2.pdf

Conselho Federal de Psicologia [CFP]. (2001b). *Resolução CFP n. 025 de 2001.* Define teste psicológico como método de avaliação privativo do psicólogo e regulamenta sua elaboração, comercialização e uso. Brasília, DF. Recuperado em 20 outubro, 2014, de http://www.crprs.org.br/upload/legislacao/legislacao46.pdf

Conselho Federal de Psicologia [CFP]. (2003). *Resolução CFP n. 002 de 2003.* Define e regulamenta o uso, a elaboração e a comercialização de testes psicológicos e revoga a Resolução CFP n. 025/2001. Brasília, DF. Recuperado em 20 outubro, 2014, de http://site.cfp.org.br/wp-content/uploads/2003/03/resolucao2003_02_Anexo.pdf

Conselho Federal de Psicologia [CFP]. (2007). *Resolução n. 003 de 2007.* Institui o Manual de Elaboração de Documentos Escritos produzidos pelo psicólogo, decorrentes de avaliação psicológica e revoga a Resolução CFP n. 17/2002. Brasília, DF. Recuperado em 20 outubro, 2014, de http://site.cfp.org.br/wp-content/uploads/2003/06/resolucao2003_7.pdf

Conselho Federal de Psicologia [CFP]. (2009). *Resolução CFP n. 007 de 29 de julho de 2009.* Revoga a Resolução CFP n. 012/2000, publicada no DOU do dia 22 de dezembro de 2000. Seção I, e institui normas e procedimentos para a avaliação psicológica no contexto do Trânsito. Brasília, DF. Recuperado em 20 outubro, 2014, de http://site.cfp.org.br/wp-content/uploads/2013/09/Resolu%C3%A7%C3%A3o-CFP-007-09-anexo-II-alterado-pela-Resolu%C3%A7%C3%A3o-CFP-9_11.pdf

Conselho Federal de Psicologia [CFP]. (2013). *Resolução CFP n. 008 de 2013.* Revoga o artigo 86 da Resolução CFP n. 18/2000, substituído pelo artigo 85 da Resolução CFP n. 03/2007, publicada no DOU, Seção 01, Edição 32, Página 50, do dia 14/02/2007, que institui a Consolidação das Resoluções do CFP. Brasília, DF. Recuperado em 20 outubro, 2014, de http://site.cfp.org.br/wp-content/uploads/2013/09/Resolu%C3%A7%C3%A3o-CFP-008-13.pdf

Conselho Nacional de Trânsito [Contran]. (1998). *Resolução Contran n. 080 de 19 de novembro de 1998*. Dispõe sobre os exames de aptidão física e mental e os exames de avaliação psicológica. Brasília, DF. Recuperado em 17 outubro, 2014, de http://www.denatran.gov.br/resolucoes.htm

Conselho Nacional de Trânsito [Contran]. (2004). *Resolução Contran n. 168 de 14 de dezembro de 2004*. Estabelece Normas e Procedimentos para a formação de condutores de veículos automotores e elétricos, a realização dos exames, a expedição de documentos de habilitação, os cursos de formação, especializados, de reciclagem e dá outras providências. Brasília, DF. Recuperado em 20 outubro, 2014, de http://www.denatran.gov.br/download/resolucoes/resolucao_contran_168.pdf

Conselho Nacional de Trânsito [Contran]. (2008). *Resolução Contran n. 267 de 15 de fevereiro de 2008*. Dispõe sobre o exame de aptidão física e mental, a avaliação psicológica e o credenciamento das entidades públicas e privadas de que tratam o art. 147, I e §§ 1º a 4º e o art. 148 do Código de Trânsito Brasileiro. Brasília, DF. Recuperado em 17 outubro, 2014, de http://www.denatran.gov.br/resolucoes.htm

Conselho Nacional de Trânsito [Contran]. (2012). *Resolução Contran n. 425 de 27 de novembro de 2012*. Dispõe sobre o exame de aptidão física e mental, a avaliação psicológica e o credenciamento das entidades públicas e privadas de que tratam o art. 147, I e §§ 1º a 4º e o art. 148 do Código de Trânsito Brasileiro. Brasília, DF. Recuperado em 17 outubro, 2014, de http://www.denatran.gov.br/resolucoes.htm

Dagostin, C. G. (2006). *Características do processo de trabalho dos psicólogos peritos examinadores de trânsito na avaliação das condições psicológicas para dirigir*. Dissertação de mestrado, Universidade Federal de Santa Catarina, SC.

Damian, A. C. (2008). *Eficácia na avaliação psicológica para obtenção da CNH como fator de prevenção à violência no trânsito*. Trabalho de conclusão de curso (especialização em formulação e gestão de políticas públicas), Universidade Estadual do Oeste do Paraná, PR, Brasil.

Decreto Estadual n. 1.636 de 5 de abril de 2004. (2004). Regulamenta a atividade de despachante de trânsito. Departamento Estadual de Trânsito, Santa Catarina, 2004. Recuperado em 19 outubro, 2014, de http://www.detran.sc.gov.br/index.php/legislacao1/decretos

Decreto Estadual n. 3.160 de 24 de março de 2010. (2010). Dispõe sobre o credenciamento, pelo Departamento Estadual de Trânsito – DETRAN, de médicos e psicólogos. Departamento Estadual de Trânsito, Santa Catarina, 2010. Recuperado em 19 outubro, 2014, de http://www.detran.sc.gov.br/index.php/legislacao1/decretos

Duarte, T. O. (2003). Avaliação psicológica de motoristas. In M. H. Hoffmann, R. M. Cruz & J. C. Alchieri (Orgs.). *Comportamento humano no trânsito*. São Paulo: Casa do Psicólogo.

Groeger, J. A. (2003). Testes psicológicos podem predizer habilidade para dirigir? In R. Risser (Org.). *Estudos sobre avaliação psicológica de motoristas* (R. J. A. Rozestraten, Trad.). São Paulo: Casa do Psicólogo.

Guérin, F., Laville, A., Daniellou, F., Duraffourg, F., & Kerguelen, A. (2001). *Compreender o trabalho para transformá-lo: a prática da ergonomia*. (G. M. J. Ingrata & M. Maffei, Trad.). São Paulo: Edgarb Blücher Ltda.

Instituto de Pesquisa Econômica Aplicada [Ipea] & Departamento Nacional de Trânsito [Denatran]. (2006). *Impactos sociais e econômicos dos acidentes de trânsito nas rodovias brasileiras*. Brasília, DF. Recuperado em 21 outubro, 2014, de http://www.denatran.gov.br/publicacoes/download/custos_acidentes_transito.pdf

Laville, C., & Dionne, L. (1999). *A construção do saber*. (H. Monteiro e F. Settineri, Trad.). Belo Horizonte: UFMG, Artmed.

Lei n. 9.503, de 23 de setembro de 1997. (1997). Institui o Código de Trânsito Brasileiro. Brasília, DF. Recuperado em 17 outubro, 2014, de http://www.planalto.gov.br/ccivil_03/leis/l9503.htm

Muchinsky, P. M. (2004). *Psicologia organizacional*. São Paulo: Thomson.

Portal Saúde (2011). Trânsito é responsável por mais de 40 mil mortes no Brasil. Recuperado em 17 outubro, 2014, de http://portalsaude.saude.gov.br/portalsaude/noticia/2933/162/transito-e-responsavel-por-mais-de-40-mil-mortes-no-brasil.html

Rozestraten, R. J. A. (1988). *Psicologia do trânsito: conceitos e processos básicos*. São Paulo: EPU.

Sampaio, M. H. L. (2012). *Avaliação psicológica no trânsito: análise do desempenho dos motoristas infratores, não infratores e envolvidos em acidentes*. Dissertação de mestrado, Pontifícia Universidade Católica de Campinas, SP.

Silva, F. H. V. C. (2008). Medida da preditividade de instrumentos psicológicos nas avaliações psicológicas de condutores. Dissertação de mestrado, Universidade Federal do Rio Grande do Norte, RN.

Tonglet, E. C. (2001). *BFM-3. Bateria de funções mentais para motorista: testes de raciocínio lógico*. São Paulo: Vetor.

Tonglet, E. C. (2007). *BFM-1. Bateria de funções mentais para motorista: testes de atenção*. (2a ed). São Paulo: Vetor.

Weber, M. (1982). *Ensaios de sociologia*. (5a. ed., W. Dutra, Trad.) Rio de Janeiro: LTC.

CAPÍTULO 15

AVALIAÇÃO PSICOLÓGICA E SEGURANÇA NO TRÂNSITO: PROBLEMAS E DESAFIOS[1]

Fábio de Cristo e
João Carlos Alchieri

Fonte: Beto Nociti / Cerrado Fotografia

[1] Agradecimentos ao CNPq pelo financiamento dado ao primeiro autor (bolsa de pós-graduação) e ao segundo autor (bolsa de produtividade).

O trânsito tem sido, cada vez mais, objeto de preocupação por parte da sociedade em função dos altos custos sociais e econômicos, assim como pelo sofrimento incontável causado nas vítimas de acidentes e em seus familiares. Estima-se que os custos dos acidentes nas rodovias brasileiras, no período de um ano, sejam cerca de 22 bilhões de reais (Ipea, Denatran & ANTP, 2006), desafiando a sociedade, autoridades e especialistas, que buscam respostas precisas ao desafio de promover segurança.

Uma das atuações do psicólogo, na tentativa de colaborar com essa segurança, é a realização da avaliação psicológica dos (futuros) motoristas (Silva, 2012). A avaliação psicológica é um processo científico que visa conhecer fenômenos e processos psicológicos a partir de técnicas e testes psicológicos (Anastasi & Urbina, 2000). Seus objetivos variam de acordo com as questões propostas para investigação ou com a necessidade de quem o solicita (Cunha, 2000), sendo útil em diversas situações e contextos. No Brasil, o processo de avaliação psicológica é uma etapa preliminar, obrigatória, eliminatória e complementar para os candidatos à obtenção da Carteira Nacional de Habilitação (CNH) e para os condutores que exercem atividade remunerada ao volante. Sua finalidade é aferir as condições psicológicas dos indivíduos para dirigir (por exemplo, atenção, raciocínio, memória e personalidade), verificando, minimamente, se essas pessoas são capazes ou não de conduzir veículo sem perigo para si e para os outros.

Mas fica a questão: afinal, a avaliação psicológica contribui para a segurança no trânsito? Neste capítulo, analisamos essa questão a partir da investigação acerca da validade preditiva dos testes psicológicos utilizados no

Brasil, indicando que, no momento atual, existem poucas evidências de que essa contribuição é efetiva. Esse argumento terá como suporte a revisão das pesquisas nacionais, discutidas na próxima seção, e, também, os resultados de nosso próprio programa de pesquisa, conforme será exposto nas seções posteriores. Ao final, apresentaremos algumas lições que esses estudos podem proporcionar à pesquisa e à prática da avaliação de motorista, à formação do psicólogo do trânsito e à fiscalização do exercício profissional na avaliação psicológica no trânsito.

Estudos brasileiros sobre a relação entre variáveis psicológicas e segurança no trânsito

Do ponto de vista da psicologia, existem dois indicadores de segurança no trânsito, amplamente usados na literatura: os acidentes e as infrações (Groeger, 2003; Silva & Alchieri, 2010). A partir desses indicadores, alguns psicólogos tentam verificar, por exemplo, se os instrumentos psicológicos são sensíveis o suficiente para conseguir diferenciar entre grupos de motoristas acidentados e de não acidentados, ou de infratores e de não infratores. A lógica é testar se os instrumentos psicológicos revelam diferenças sistemáticas entre esses grupos, dando suporte à tomada de decisão do profissional.

O estudo da validade preditiva dos instrumentos psicológicos torna-se, então, um elemento importante para analisar a referida suposição. A validade preditiva busca estabelecer relações entre o desempenho do indivíduo em um teste e outros fatores independentemente observáveis do comportamento, de modo que se possa estabelecer a probabilidade de ocorrência deste em função dos resultados do teste (Anastasi & Urbina, 2000; ver ainda Conselho Federal de Psicologia [CFP], 2011b). No caso dos testes usados no processo de habilitação, de acordo com esse raciocínio, espera-se que os motoristas que não se envolvem (ou se envolvem pouco) em acidentes ou não cometem (ou cometem poucas) infrações de trânsito, tenham características psicológicas em magnitudes distintas nos resultados dos instrumentos psicológicos. Por exemplo, espera-se que tenham maior atenção e maior raciocínio lógico do que aqueles motoristas acidentados e infratores. O que os estudos publicados no Brasil dizem a respeito?

Acidentes de trânsito como critérios de (in)segurança para evidenciar a validade dos instrumentos psicológicos

A psicologia tem contribuído para aprofundar os conhecimentos sobre os aspectos humanos no trânsito, por exemplo, a partir do estudo das diferenças individuais. Isso pressupõe que alguns motoristas são mais propensos a se envolverem em acidentes (Rothengatter, 2002). No Brasil, desde a década de 1950, todavia, observam-se poucas pesquisas relacionadas aos testes psicológicos e aos indicadores do comportamento de segurança no trânsito, como o envolvimento em acidentes (Silva & Alchieri, 2007, 2008). Apresentamos a seguir algumas delas.

Vieira, Amorim e Carvalho (1956) apresentaram os primeiros resultados de exames de motoristas realizados por meio dos testes de atenção difusa, tacodômetro, visão noturna e ofuscamento. Os autores concluíram que 5,56% dos motoristas causadores de acidentes foram reprovados nos testes de habilidade.

Na tentativa de diferenciar grupos de motoristas, Rozestraten (1990) investigou a validade preditiva de diversos instrumentos psicológicos em um grupo de vinte motoristas não acidentados e outro de pluriacidentados. Foram avaliadas as seguintes características: atenção difusa, atenção concentrada, capacidade visual, tempo de reação visual seletiva e auditivo seletivo, coordenação visomotora, habilidade motora bimanual, estilo perceptivo dependência-independência de campo, orientação espacial, interesses e inteligência não verbal. Os resultados não indicaram a existência de características que diferenciassem os dois grupos.

Grisci (1991), por sua vez, investigou a relação entre acidentes de trânsito e as variáveis agressividade, atuação (*acting-out*) e culpa no teste Gestáltico Visomotor de Bender. Participaram da pesquisa sessenta motoristas profissionais de uma empresa. Os resultados apontaram que o grupo com histórico de acidentes apresentou um nível significativamente maior de agressividade e atuação, conforme mensurados pelo teste, em relação ao grupo sem histórico. Apresentaram ainda dificuldade no controle dos impulsos agressivos em relação a si e ao meio ambiente, bem como a dificuldade em relação a padrões e limites preestabelecidos quanto às leis de trânsito e suas normas de segurança. Hernandez e Cruz (2001) também usaram o teste de Bender para avaliar sessenta motoristas profissionais divididos em grupos com e sem histórico de acidentes ou com pouca frequência de acidentes. Dos sete sinais simbólicos de agressão, representados pelos indicadores emocionais, apenas três tiveram diferenças significativas (repasse, pressão do lápis e amontoamento – superposição).

Em resumo, as pesquisas que acabamos de descrever não evidenciam de forma clara a relação entre as características individuais dos motoristas com os acidentes de trânsito. Vieira *et al.* (1956) argumentam que quase 6% dos motoristas foram reprovados, todavia, não indicaram se esses motoristas se envolveram ou não em acidentes. Rozestraten (1990), por sua vez, não encontrou a relação hipotetizada. Grisci (1991) encontrou relação e Hernandez e Cruz (2001) encontraram parcialmente a relação esperada. Vejamos, a seguir, os resultados dos estudos relacionados às infrações como critério de validade preditiva dos testes psicológicos.

As infrações de trânsito como critérios de (in)segurança para evidenciar a validade dos instrumentos psicológicos

A ocorrência de infrações às normas de trânsito também é outro critério frequentemente usado como indicador de (in)segurança no trânsito. Uma parte dos acidentes geralmente é precedida por alguma infração, por exemplo, quando um motorista ultrapassa o sinal vermelho e, em seguida, colide com um veículo que cruzava a via. Alguns estudos buscaram relacionar os resultados obtidos nos testes psicológicos e o envolvimento em infração. Duarte (1999), por exemplo, pesquisou um instrumento de atenção concentrada (AC), o Toulouse-Pierón, e dois instrumentos de personalidade (Bender projetivo e Inventário Fatorial de Personalidade – IFP) para verificação da validade preditiva em relação aos comportamentos de

182 motoristas. O registro das infrações foi feito por um Departamento de Trânsito (Detran). Os resultados evidenciaram que não há diferenças significativas entre motoristas infratores e não infratores no teste de AC, nem correlações entre os resultados do Bender projetivo e os comportamentos infratores; e que no IFP as correlações significativas ocorreram entre o número total de infrações e os fatores assistência e deferência.

Ávila e Benczik (2005) também buscaram avaliar habilidades e personalidade por meio de estudo de caso de um motorista profissional infrator que se envolveu em três acidentes. Foram utilizados os testes AC, que avaliam atenção; R-1, que avalia raciocínio lógico; e o PMK, formato reduzido, que avalia características de personalidade. Apenas o PMK evidenciou inconformidade, demonstrando alterações nos seguintes indicadores: no Desvio Secundário Sagital; no traçado disrítmico em todas as folhas; no resultado inadequado no DPS; e nos traços disrítmicos, no sentido específico das chamadas Lesões Cerebrais Mínimas. O motorista foi diagnosticado como portador do Transtorno do Déficit e Atenção e Hiperatividade do tipo combinado, sugerindo às autoras que esse aspecto estaria relacionado às infrações e aos acidentes com o motorista.

Frasson e Souza (2002) desenvolveram estudo sobre a personalidade de dez motoristas que tiveram a suspensão do direito de dirigir, utilizando o teste projetivo Rorschach, que avalia características de personalidade, e a Escala Diagnóstica Adaptativa Operacionalizada, que avalia a capacidade de adaptação do sujeito, isto é, de dar soluções e respostas nos momentos de dificuldade. Os instrumentos sinalizaram dificuldades afetivo-relacionais, evidenciando um distanciamento nas relações interpessoais e a desvalorização do outro. Também indicaram dificuldades no aspecto sociocultural, sugerindo menor consciência da responsabilidade sobre os atos; carência de limites; predomínio de relações insatisfatórias com os pais, possibilitando o desencadeamento de dificuldades com a autoridade; e presença de ansiedade, produzindo distúrbio do sono e da alimentação.

Em outro estudo, Lamounier e Villemor-Amaral (2006) também buscaram evidências de validade para o método de Rorschach. As autoras compararam os indicadores de controle de impulsos, afetividade, agressividade e adequação às normas. Participaram 42 condutores, divididos em dois grupos: 21 infratores de trânsito e 21 não infratores. Os resultados mostraram diferenças estatisticamente significativas nos seguintes indicadores do Rorschach: controle e tolerância ao estresse (AdjD), capacidade de adequação e percepção da realidade (Xu%), tendência de manter comportamentos hostis em relação aos demais (AG), boa capacidade de adaptação afetiva (FC), afetividade instável e pouco adaptável (CF), impulsividade associada à falta de adaptação (C). As autoras concluíram que o teste é válido para identificar características psicológicas de indivíduos que poderiam se envolver em acidentes.

Bartholomeu (2008), por sua vez, analisou as relações entre traços de personalidade, medidos pelo modelo dos cinco grandes fatores, e os comportamentos de risco no trânsito, avaliado por meio de uma lista com 148 condutas de risco. Participaram 74 estudantes universitários com e sem habilitação. De acordo com os resultados, 3 condutas de risco se correlacionaram com o fator *socialização*, 6 condutas com o fator *extroversão*, cinco com o fator *escrupulosidade*, 32 com o fator *neuroticismo* e 11 com o fator *abertura*. Das 148 condutas de risco, 57 se relacionaram aos fatores de personalidade avaliados. O autor sugere que, possivelmente, a própria situação de trânsito produza comportamentos inesperados, não associados às características mais estáveis dos sujeitos.

Após a descrição dos estudos mencionados, a que conclusões podemos chegar?

Sumário e conclusões

Conforme os resultados dos estudos que acabamos de descrever, é possível concluir que estudos isolados demonstram diferença entre os grupos (que podem ser ao acaso) ou não estabelecem evidências de validade preditiva, ou seja, não indicam a probabilidade de predizer o comportamento a partir dos resultados dos testes psicológicos. Em suma, os resultados não são replicados em outros estudos e variam em função da medida psicológica utilizada, do critério de segurança estudado e da forma de apreendê-lo (relato verbal ou registro no Detran).

Algumas razões para isso relacionam-se à medida do critério de (in)segurança no trânsito. O envolvimento em acidentes é operacionalizado a partir do registro das autoridades de trânsito (por exemplo, boletins de ocorrência, pontos na CNH) ou pelo relato verbal do respondente da pesquisa (por exemplo, "em quantos acidentes de trânsito você se envolveu no último mês?"). Existem alguns problemas associados à abordagem do envolvimento em acidentes como critério de segurança: esquecimento dos indivíduos ou por não querer relatar (desejabilidade social) (Groeger, 2003); sub-registro das infrações, pois nem sempre tais ações são registradas pelas autoridades, seja pela ausência de fiscalização, pela falta de equipamentos ou mesmo pelas habilidades/estratégias usadas pelos motoristas para burlar as leis.

Além disso, em vários estudos os acidentes e as infrações são tratados como acontecimentos homogêneos. Assim, uma infração em que o condutor ultrapassa o sinal vermelho por não ter percebido o semáforo, ou seja, um comportamento decorrente de uma falha na tomada de informação, é incluído no mesmo grupo de infrações que tem por base a motivação do motorista. É o caso quando ele reconhece que está estacionando em local proibido, mas o faz mesmo assim. Todavia, existem diferentes tipos de infrações e de acidentes que podem se associar a diferentes tipos de processos psicológicos. Em suma, considerar esses diferentes tipos de infrações e acidentes como parte do mesmo grupo, isto é, a mesma coisa do ponto de vista psicológico, sem considerar suas diferenças, pode tornar as correlações fracas ou nulas. Nossa sugestão é que cada tipo de infração ou de acidente seja tratado de forma distinta quando se for relacionar com as características psicológicas do sujeito.

Reflexão sobre os métodos empregados nas pesquisas sobre determinantes psicológicos da segurança no trânsito

Vários aspectos dificultam o estabelecimento das relações hipotetizadas entre aspectos psicológicos e acidentes/infrações, basicamente relacionados à qualidade desses dados e à dificuldade de mensurá-los, conforme discutido na seção anterior. Adicionalmente, os resultados das pesquisas também podem variar em função da maneira como a pesquisa é organizada, como as informações são obtidas e como os participantes são selecionados. Aprofundaremos esse ponto a seguir.

Recentemente, realizamos um censo das pesquisas publicadas sobre avaliação psicológica em motoristas (Silva & Alchieri, 2007, 2008) no qual se identificaram as publicações na tentativa de sistematizar a produção empírica brasileira sobre os estudos de personalidade, inteligência e outras habilidades em motoristas. Foram analisadas as publicações desde a década de 1950 até o ano de 2006, caracterizando-as quanto aos temas e métodos (participantes, instrumentos e delineamentos).

Verificamos escassez de publicações sobre os referidos construtos, uma vez que apenas 28 artigos foram identificados em periódicos científicos brasileiros. Existem, por exemplo, poucos estudos sobre validade e padronização de instrumentos, tornando duvidosa a eficácia dos exames psicológicos no processo de habilitação, quando observados os referidos parâmetros psicométricos. Escassos estudos investigaram a relação entre acidentes, infrações e variáveis de personalidade; todavia, é comum encontrarmos na literatura referência aos aspectos da personalidade como causa dos acidentes de trânsito, mas com pouca evidência empírica.

Nos aspectos metodológicos das pesquisas, foi evidenciado que, na maior parte dos estudos sobre personalidade, o número de participantes foi inferior a 300. Nos estudos de habilidades e inteligência, a maioria utilizou amostras com a quantidade inferior a 140 participantes. Dessa maneira, o uso de normas para as cidades/estados, em razão da ausência de parâmetros demográficos, não garantem representatividade da população pesquisada, especialmente em relação às tabelas padronizadas pelas editoras responsáveis. As pesquisas, em sua maioria, estudaram candidatos à habilitação e universitários habilitados, o que não representa a população-alvo (motoristas), pelo fato de ainda não serem condutores, não apresentarem tempo de direção para serem considerados participantes representativos nessa atividade, nem representarem o nível de escolaridade predominante existente no país. Poucos estudos investigaram motoristas profissionais (oito), motoristas acidentados e infratores (três).

Evidenciou-se, ainda, a existência de publicações apenas com instrumentos projetivos para o estudo da personalidade. No entanto, existe uma diversidade de instrumentos nas pesquisas sobre habilidade e inteligência em condutores: 22 instrumentos, sendo que 17 testes de habilidade, 4 de inteligência e 1 de memória foram identificados. Mesmo assim, não contemplaram todos os instrumentos de habilidade e inteligência mais usados no Brasil, conforme identificados em estudos anteriores (Alchieri & Stroeher, 2003; CFP, 2006). Uma parcela substancial dos instrumentos identificados nas publicações analisadas já não é mais usada no processo de habilitação, e/ou não são mais recomendados pelo CFP para uso e comercialização.

Nos estudos com foco na personalidade, a comparação entre grupos de motoristas foi o delineamento mais utilizado, o que pode ser justificado pela possibilidade de verificar se existe, de fato, variação nos resultados dos testes entre os grupos, identificando suas diferenças e magnitudes. Nos estudos com foco nas habilidades, as pesquisas têm caráter descritivo-exploratório, isto é, verificam apenas os resultados de um grupo de participantes nos instrumentos aplicados. Nesse caso, pouco tem sido feito para identificar a relação entre os resultados desses testes e o comportamento dos motoristas no ambiente do tráfego. Não são identificados na literatura estudos com delineamentos longitudinais, acompanhando durante um tempo os (futuros) motoristas.

Sumário e conclusões

A análise dos temas e métodos indicam outros porquês de os resultados das relações entre os testes psicológicos e os acidentes/infrações não serem sistemáticos, especialmente em relação aos seguinte itens: a) quantidade, isto é, poucos artigos (menos de trinta) foram publicados no período pesquisado (desde a década de 1950 até o ano de 2006), não havendo, portanto, evidências sistemáticas e b) qualidade das pesquisas, ou seja, escolha dos participantes, em geral candidatos à CNH, escolha dos testes, sendo que, em alguns estudos, os instrumentos não são atualmente recomendados pelo CFP, e poucos estudos relacionam os testes a acidentes ou infrações. Revisões de literatura posteriores têm dado suporte às nossas conclusões. Sampaio e Nakano (2011), por exemplo, incluíram em suas análises, além dos artigos publicados entre 2000 e 2009, os resumos publicados em quatro congressos de avaliação psicológica no mesmo período. Rueda e Monteiro (2012) analisaram a produção científica brasileira no período de 2001 a 2011, referente ao construto atenção no contexto da psicologia do trânsito nas bases de dados SciELO e PePSIC. Os resultados desses trabalhos também sugerem a existência de escassos estudos, e restritos a candidatos a motoristas, sem resultados consistentes quanto à relação entre os aspectos psicológicos e o comportamento no trânsito. Merece destaque o aumento, nos últimos anos, das publicações de testes psicológicos oriundas da comercialização pelas editoras para serem usados no trânsito, assim como artigos sobre a análise de seus parâmetros psicométricos, o que é um aspecto positivo para o profissional ter instrumentos alternativos e confiáveis (por exemplo, Rueda, 2010; Rueda & Castro, 2012).

A partir das lacunas apontadas nesta e na seção anterior, desenvolvemos um estudo para tentar identificar a possibilidade de predizer a ocorrência de infrações de trânsito, a partir dos resultados dos testes psicológicos aplicados no processo de habilitação[2], é o que discutiremos a seguir.

Estudo sobre a validade preditiva de testes psicológicos usados na avaliação de motoristas

A pesquisa consistiu em identificar os pontos na CNH, os testes aplicados e as pontuações obtidas pelos motoristas, verificando se os escores

[2] O estudo foi publicado previamente (veja Silva & Alchieri, 2010).

médios desses testes diferenciavam os condutores com e sem registro de infração e se existiam relações entre os escores dos testes e a frequência de infrações cometidas. Obtivemos acesso ao material psicológico colhido no momento da obtenção da CNH e no momento da renovação do documento, cinco anos depois. A população-alvo foi de motoristas que exerciam atividade remunerada de transporte de bens ou pessoas (motoristas profissionais) e que se submeteram a dois processos de avaliação psicológica: na obtenção da permissão para dirigir, em 2002, e na renovação e/ou na mudança de categoria da CNH, em 2007.

Identificou-se uma população de 839 condutores que se adequaram aos critérios estabelecidos. No entanto, foram encontrados efetivamente 127 protocolos de testes psicológicos aplicados em 2002 nos arquivos do Detran. Esses 127 foram solicitados à clínica credenciada, que encontrou, por sua vez, 68 protocolos do ano de 2007. A amostra pesquisada, portanto, foi de 68 motoristas do sexo masculino, de dezoito a 41 anos, com média de idade de 21,72 ± 5,24 anos, sendo a maioria entre dezoito e 22 anos. Todo o material psicológico analisado havia sido aplicado e corrigido por treze psicólogos peritos. É possível que outros psicólogos tenham aplicado os testes, mas não foram identificados em 69 protocolos pela ausência de carimbo de identificação profissional.

A amostra caracterizou-se predominantemente por motoristas sem registros de infração nos últimos cinco anos (54 participantes). A pontuação na CNH na amostra variou de zero a 35, e o valor típico de pontos, a partir da mediana, foi zero. Catorze motoristas tiveram registros de infração, chegando a um total de 29. Nesse grupo, a pontuação na CNH variou de três a 35, com média de 10,79 ± 7,73 pontos.

Três grandes áreas foram avaliadas: a) percepto-reacional, motora e nível mental; b) equilíbrio psíquico; c) habilidades específicas (ver Tabela 15.1). Identificaram-se dezessete testes usados ao longo do processo de avaliação psicológica dos condutores em 2002 e 2007.

Tabela 15.1 Áreas e construtos avaliados, ano de aplicação, testes usados e frequência de uso.

Área percepto-reacional, motora e nível mental				**Área do equilíbrio psíquico**				**Habilidades específicas**							
Inteligência				**Personalidade**				**Atenção concentrada**				**Atenção difusa**			
2002		**2007**		**2002**		**2007**		**2002**		**2007**		**2002**		**2007**	
Teste	*n*	**Teste**	*n*	**Teste**	*n*	**Testes**	*n*	**Teste**	*n*	**Teste**	*n*	**Teste**	*n*	**Teste**	*n*
R-1	65	R-1	60	Palográfico	36	Palográfico	67	AC Suzy Cambraia	33	AC Suzy Cambraia	55	TADIM- 2	29	TADIM	50
D-48	2	TRAP-1	7	Wartegg (WZT)	21			TACOM-B	16	TACOM-B	7	TADIM	26	TEDIF-1	11
INV	1			HTP	11			D-2	9	TACOM-A	5	MPM	12	TADIM-2	6
								AC Toulouse--Piéron	8						
								ACRE	2						
Total:	68		67		68		67		68		67		67		67

Nota: R-1 = Teste Não Verbal de Inteligência; D-48 = Teste Dominós 48; INV-C = Teste de Inteligência Não Verbal Forma C; WZT = Teste Wartegg; HTP = Teste da Casa, Árvore e Pessoa; TACOM-B = Teste de Atenção Concentrada Forma B; D-2 = Teste de Atenção Concentrada D-2; ACRE = Teste de Atenção Concentrada, Rapidez e Exatidão; TADIM e TADIM-2 = Teste de Atenção Difusa e Atenção Difusa 2; MPM = Teste Medida da Prontidão Mental.

Fonte: Silva e Alchieri (2010).

Em 2002, catorze testes foram empregados, sendo os mais frequentes em cada área: R-1, palográfico, atenção concentrada (AC) Suzy Cambraia e TADIM-2. A personalidade foi avaliada apenas por testes projetivos. A atenção concentrada apresentou maior diversidade de testes (n = 5) em relação aos outros construtos avaliados. Um teste de atenção difusa não foi aplicado ou anexado ao protocolo de testes, embora constasse como aplicado no laudo psicológico (dos 68 testes esperados, tendo em vista serem 68 motoristas). Além disso, 49 instrumentos não foram corrigidos ou analisados: 43 de personalidade, quatro de atenção difusa, um de inteligência e um de atenção concentrada. Dos testes aplicados, embora seu uso e comercialização estivessem indicados naquela época, cinco não são atualmente indicados para uso na lista do CFP: D-48, INV-C, Wartegg (WZT), AC Toulouse-Piéron e ACRE.

Em 2007, usaram-se nove testes psicológicos. Excetuando-se o TADIM-2, que foi o instrumento mais usado para avaliar atenção difusa, os testes mais usados em cada área foram os mesmos usados em 2002. A personalidade foi avaliada apenas pelo palográfico. Em 2007, não foram aplicados ou anexados ao protocolo quatro testes, um de cada construto. Isso pode indicar a perda do material ou a não aplicação dos mesmos, embora no laudo constassem os resultados, o que constitui em inobservância aos princípios estabelecidos pelo *Código de ética profissional psicólogo* (CFP, 2005). A quantidade de testes não corrigidos ou analisados também aumentou para 69, sendo apenas um de inteligência e os 68 restantes de personalidade. Em alguns casos, a análise dos psicólogos pode ter ocorrido apenas com a visualização rápida das respostas dos candidatos aos testes. Apesar da grande quantidade de instrumentos não aplicados ou sem análise, em 2002, somente dezessete motoristas foram considerados inaptos ou inaptos temporários, e, em 2007, apenas cinco foram considerados inaptos/inaptos temporários, evidenciando que os candidatos estão sendo aprovados, sem que tenham sido plenamente avaliados.

Dos dezessete instrumentos identificados, apenas seis foram aplicados nos dois momentos e nos mesmos sujeitos: R-1 (57 motoristas), Palográfico (32), AC Suzy Cambraia (28), TACOM-B (três), TADIM (vinte) e

TADIM-2 (quatro), o que diminuiu, ainda mais, o número de participantes nas análises, pois não é possível considerar os resultados de testes diferentes para fazer uma média geral. Em alguns casos, os testes são construídos a partir de diferentes teorias e, assim, apresentam diferentes operacionalizações de um construto semelhante, e podem não avaliar sob uma mesma perspectiva (ver CFP, 2011a).

As estatísticas descritivas dos escores brutos dos candidatos, por instrumento e ano, são apresentadas na Tabela 15.2. Os resultados sugerem, de modo geral, que o desempenho dos candidatos aumentou com o tempo. Somente as médias dos escores brutos do TACOM-B não aumentaram após cinco anos. Acompanhar os resultados das avaliações anteriores dos motoristas pode ser uma informação adicional ao psicólogo, que pode tentar explorar as possíveis causas.

Tabela 15.2 Estatísticas descritivas dos resultados dos candidatos por teste e por ano.

Teste/ano de aplicação	n	Variação dos escores brutos	M ± DP
R-1 (2002)	57	De 9 a 35 pontos	24,23 ± 5,34
R-1 (2007)	57	14 a 37	27,21 ± 5,35
AC Suzy Cambraia (2002)	28	34 a 120	76,75 ± 23,94
AC Suzy Cambraia (2007)	28	54 a 134	86,07 ± 21,85
TACOM-B (2002)	3	77 a 105	88,67 ± 14,57
TACOM-B (2007)	3	30 a 114	72,00 ± 42,00
TADIM (2002)	20	15 a 50	34,80 ± 9,90
TADIM (2007)	20	22 a 50	38,00 ± 8,27
TADIM-2 (2002)	4	32 a 44	37,75 ± 5,68
TADIM-2 (2007)	4	36 a 48	42,25 ± 5,32

Fonte: adaptada de Silva e Alchieri (2010).

Compararam-se os motoristas com e sem registro de infração que se submeteram ao mesmo teste em 2002 e em 2007 (AC Suzy Cambraia, R-1 e TADIM). Não foram incluídos nessas análises os testes Palográfico, TACOM-B e TADIM-2, o primeiro, em função da não correção dos testes, e os dois últimos, pela pouca quantidade de sujeitos (ver Tabela 15.2). O teste t não indicou diferença significativa entre os grupos, ou seja, as características psicológicas dos motoristas sem registro de infração parecem não ser diferentes do grupo infrator.

As relações entre infrações e os escores dos testes foram realizadas por meio da correlação de *Pearson*. Para essa análise, foram relacionados os escores brutos dos testes com a quantidade de infrações na amostra de motoristas que realizaram os mesmos testes em 2002 e 2007. Os resultados, todavia, não evidenciaram correlações estatisticamente significativas entre essas variáveis ($ps > 0{,}05$). Não se pode afirmar, por exemplo, que à medida que a pontuação nos escores dos testes aumenta (maior atenção; maior potencial intelectivo) as infrações tendem a diminuir, e vice-versa.

Sumário e conclusões

Os resultados sugerem que altos ou baixos escores nos diversos instrumentos aqui analisados não são indicadores capazes de definir se um motorista cometerá mais ou menos atos infracionais. Os testes analisados, portanto, não demonstraram validade preditiva, considerando as infrações de trânsito registradas pelo Detran como critério. Os resultados podem indicar que, talvez, as infrações relacionem-se a outros processos psicológicos que não foram analisados na pesquisa; ou tenham relação com os aspectos contextuais da dinâmica entre o motorista e o ambiente do trânsito. Esses resultados, todavia, não podem ser generalizados por várias razões: a amostra não foi representativa da população; algumas infrações cometidas pelos motoristas podem não ter sido registradas pela autoridade de trânsito, influenciando a ausência de correlações; o material psicológico utilizado, mesmo tendo sido coletado e cedido por psicólogos peritos em trânsito, apresentou uma série de inconformidades. Em função dessas limitações, não se pode afirmar categoricamente que os aspectos psicológicos mensurados pelos testes estudados e as infrações de trânsito não se relacionam.

Referente às inconformidades, é importante destacar que o estudo, talvez, exemplifique, infelizmente, o que pode acontecer em outros lugares do

Brasil em razão do descompromisso de alguns psicólogos e à ausência de fiscalização dos Conselhos Regionais de Psicologia referente à prática do psicólogo (ver também CFP, 2006). Muitos protocolos de instrumentos estavam sem correção, ou não foram encontrados, ou não foi identificado quem realizou a avaliação. Isso tudo também dificulta a produção de evidências empíricas favoráveis sobre a contribuição da avaliação psicológica para a segurança no trânsito, além dos aspectos metodológicos já discutidos na seção anterior. Em função desses problemas, decidimos ampliar a pesquisa, incluindo a análise dos laudos psicológicos encontrados, conforme será exposto a seguir[3].

A qualidade da elaboração e a guarda dos laudos psicológicos

Os laudos psicológicos são um instrumento científico que descreve situações, condições psicológicas e suas multideterminações, investigadas na avaliação. Sua finalidade é relatar o encaminhamento, as intervenções e o diagnóstico, estabelecer prognóstico e a evolução do caso, além de orientar, sugerir e/ou solicitar uma proposta terapêutica (CFP, 2003). Segundo o *Código de ética profissional do psicólogo*, é dever fundamental a prestação de serviços de qualidade, em condições de trabalho apropriadas, zelando pelo material privativo, sendo vetada a emissão de documentos sem fundamentação e qualidade (CFP, 2005). Todavia, a ausência de rigor na elaboração e/ou guarda dos documentos tem gerado denúncias contra psicólogos (CFP, 2003; Frizzo, 2004). Diante disso e das falhas identificadas no estudo anterior, o objetivo deste trabalho foi avaliar sistematicamente a guarda, a estrutura e a qualidade do preenchimento de laudos produzidos por psicólogos peritos em trânsito, credenciados ao Detran (Silva & Alchieri, 2011) e, assim, identificar em que pontos os psicólogos falham na elaboração e/ou na guarda do laudo.

Os laudos foram obtidos a partir dos procedimentos descritos na seção anterior, ou seja, foram selecionados os laudos dos motoristas profissionais

[3] O estudo foi publicado previamente (veja Silva & Alchieri, 2011).

que se submeteram a dois processos de avaliação psicológica, na aquisição da permissão para dirigir (2002) e na renovação e/ou mudança de habilitação (2007). Apenas os laudos de 2007 foram analisados, por serem recentes, à luz da resolução mais atual do CFP sobre a elaboração de documentos psicológicos. Os critérios de avaliação foram definidos com base na *Resolução CFP n° 007/2003* (CFP, 2003). Para verificar a guarda do material, seria preciso encontrar/receber os laudos dos motoristas selecionados nos arquivos de 2002 e 2007, sendo que as buscas, em 2007, só ocorreram nos casos em que os laudos de 2002 haviam sido encontrados. Para avaliar a estrutura e o preenchimento do laudo, este deveria contemplar os cinco conjuntos de itens básicos e obrigatórios, sendo analisados quanto ao preenchimento ou não dos itens; se expressaram as informações adequadamente (por exemplo, uso de termos técnicos/conceitos de maneira clara e correta): (1) identificação – deve constar o nome do psicólogo, o número do CRP, o nome do interessado e o assunto/finalidade, (2) descrição da demanda – deve constar informações sobre a problemática e os motivos para elaborar o documento, além de justificativa para os procedimentos, (3) procedimento – descrição dos recursos e instrumentos, (4) análise – exposição descritiva e objetiva dos dados/situações relacionadas à demanda, e (5) conclusão – expressão do resultado da demanda e do processo em sua complexidade. Os demais subitens exigidos pelo CFP foram rotulados como (6) outros requisitos obrigatórios – identificação do local, data de emissão, assinatura, número do CRP e rubrica em todas as laudas, com assinatura na última.

Os resultados indicaram vários problemas. Em relação à guarda, menos de 10% dos laudos psicológicos da população-alvo foram encontrados para as análises. De uma população de 839 motoristas, foram localizados 127 informes de 2002 e 67 laudos de 2007. Apenas os laudos do ano de 2007 foram analisados. Na estrutura, não foi verificado um dos cinco itens obrigatórios, a conclusão; em vez dele, havia o parecer final, sem os subitens relativos ao psicólogo (nome e número do CRP). Também não foi registrado o local de realização dos exames. A análise do preenchimento evidenciou outros problemas, ressaltando-se: o uso excessivo de abreviações na ortografia (por exemplo, "cond apto p/ CNH (AD)", para dizer que o condutor está apto), a ausência ou a expressão inadequada dos instrumentos (por exemplo, PLG ou PG para o Palográfico), resultados com diferentes designações (por exemplo, "ok!, i, +/–, – , apto", para indicar o desempenho no teste), e, na análise, verificou-se a não integração dos dados obtidos (entrevista, observação, testes aplicados ou teoria), o que pode comprometer as conclusões dos profissionais.

Sumário e conclusões

Os resultados sugerem que a maior parte dos laudos psicológicos analisados não contempla a qualidade científica preconizada, desconsiderando vários aspectos da norma (CFP, 2003) que, por sua vez, não garante, ao que parece, a ausência de problemas na elaboração de laudos psicológicos. A pesquisa evidenciou confusões ainda existentes para alguns psicólogos das diferenças entre laudo, parecer e conclusão, sugerindo que parte de tais profissionais, talvez, não tenha clareza sobre o que deve conter nos itens básicos do laudo. Esta pesquisa contribui para sinalizar aos profissionais em que pontos devem ter cuidado, uma vez que eles podem ser alvos de representações éticas que questionam, simultaneamente, a qualidade do documento e as conclusões da avaliação. As causas dessas falhas podem estar associadas às competências do psicólogo e às suas condições de trabalho (Silva, no prelo).

Avaliação psicológica no trânsito: lições para a pesquisa, a prática, a formação do psicólogo e a fiscalização do serviço

Nas seções anteriores, revisamos e discutimos vários estudos publicados no Brasil cuja finalidade era estudar a relação entre os resultados dos testes psicológicos e a ocorrência de infrações ou de acidentes de trânsito. Também sumarizamos algumas pesquisas que conduzimos sobre a validade preditiva de instrumentos e a qualidade da elaboração de laudos psicológicos. Os estudos relacionam-se a uma atividade exclusiva do psicólogo: a avaliação psicológica. O Brasil é um dos poucos países que obriga a avaliação das condições psicológicas para dirigir; porém, essa atividade contribui para a segurança no trânsito? Conforme discutimos, não é simples obter essa evidência, ao contrário, as tentativas de respostas com base em estudos científicos no contexto brasileiro sugerem que uma resposta conclusiva ainda é incerta. Os poucos estudos realizados anteriormente não encontraram evidências significativas ou sistemáticas relacionando os aspectos psicológicos medidos nos testes e a segurança no trânsito, considerando os acidentes ou as infrações como critério. Tal contribuição, portanto, ainda precisa ser demonstrada empiricamente, ainda que seja um exame obrigatório e que motoristas e candidatos à obtenção da CNH percebam a importância da avaliação psicológica, por exemplo, para identificar fatores de risco, para diminuir o índice de acidentes e que deveria ser realizada com maior periodicidade (Lamounier & Rueda, 2005).

Diante do que foi exposto, quais lições podemos aprender para melhorar a situação atual? Em relação às pesquisas, um aspecto que pode ser explorado futuramente é a distinção entre os tipos de infração e suas associações com os diferentes aspectos psicológicos e comportamentais. A mesma lógica também pode se aplicar aos acidentes. Essa distinção não foi investigada nos estudos descritos anteriormente, sendo as infrações e os acidentes considerados de modo geral. Estudos futuros também poderão investir em estratégias alternativas de coleta de dados, a fim de se obter informações fidedignas (por exemplo, empresas que registram sistematicamente as infrações de seus motoristas e possuem um processo de avaliação psicológica para acompanhá-los na atividade profissional). No caso dos laudos, os trabalhos poderão investigar o que provoca a falta de qualidade, considerando a realidade desses profissionais, a fim de tentar sugerir a melhor forma de expressar as informações, considerando o tempo destinado à perícia e as características do examinando.

Na prática profissional do psicólogo, por sua vez, as falhas indicadas na correção, análise e elaboração dos laudos podem indicar que, talvez, os psicólogos têm adotado estratégias (inadequadas) para dar conta do trabalho (por exemplo, em decorrência do aumento da demanda para tirar a CNH; da pressão que sofrem dos proprietários de clínicas, dos usuários, dos Detrans e/ou dos Centros de Formação de Condutores para que os resultados das avaliações sejam divulgados rapidamente). Podem indicar também uma formação deficitária do profissional; podem refletir a falta de condições físicas das clínicas, a baixa remuneração pelas avaliações e a falta de autonomia na escolha dos testes que são exigidos pelos Detrans. Com a rotina de trabalho, isto é, a repetição diária de avaliações psicológicas, eventuais erros podem se tornar hábitos que, uma vez adotados, perpetuam-se com o tempo, sem que o psicólogo perceba isso. Posteriormente, tais hábitos indesejados tornam-se um "padrão" difícil de ser modificado, pois o psicólogo não se dá conta. Em suma, os problemas podem se relacionar tanto à natureza do trabalho do psicólogo quanto à sua competência profissional. Assim, o psicólogo pode sentir-se incapaz de reagir diante dessas pressões, o que prejudica a qualidade do trabalho. Portanto, deve-se ter bastante cautela ao extrapolar os resultados da avaliação psicológica do candidato para seu comportamento no trânsito.

O uso de um procedimento que acompanhe os condutores nas reavaliações psicológicas – e não apenas avalie de forma pontual o indivíduo – pode ser uma forma de obter mais informações psicológicas do motorista que está renovando a sua habilitação (por exemplo, os que exercem atividade remunerada ou solicitam a mudança de categoria da CNH). Busca-se, dessa forma, compreender as razões de possíveis discrepâncias entre os resultados anteriores e suas implicações na segurança. Na prática, isso não acontece, e, geralmente, o psicólogo não tem as informações dos exames anteriores. Nesse sentido, sugerimos que, pelo menos no caso dos motoristas com atividade remunerada, o prazo de armazenamento dos laudos psicológicos seja ampliado para além do período mínimo de cinco anos estabelecido pelo CFP (2003).

No caso do trabalho nas juntas psicológicas, que ocorre quando um candidato considerado inapto recorre da conclusão de seu exame, a análise dos laudos pode oferecer um passo inicial para essa equipe, antes de iniciar um novo processo avaliativo. Conforme evidenciamos, alguns resultados podem expressar falhas no processo de avalição realizado anteriormente, o que contribuiria para sistematizar os trabalhos dessas juntas, que têm sofrido com a falta de uniformidade dos procedimentos em vários estados.

No que concerne à formação do psicólogo, os cursos devem reforçar o ensino de preceitos básicos da avaliação, como a correção e análise dos testes e a elaboração de laudos psicológicos. Alunos de graduação e pós-graduação, não raro, terminam sua formação sem ter aprendido bem essas etapas ou conceitos básicos, por exemplo, a diferença entre laudo, parecer e conclusão (Silva, no prelo).

Quanto à fiscalização, as pesquisas que conduzimos e descrevemos em seções anteriores podem ajudar nessa tarefa à medida que oferecem uma forma acessível e relativamente simples de fazê-la com eficiência. O método mostrou-se eficaz para detectar problemas no processo de avaliação psicológica referentes à aplicação, correção/análise, expressão dos resultados e guarda do material psicológico. As avaliações sistemáticas e constantes da guarda e da elaboração dos laudos podem oferecer importantes indicadores da qualidade dos informes psicológicos e do trabalho do psicólogo; afinal, o laudo é a última etapa e poderá refletir possíveis falhas no processo. Isso possibilitaria o aprimoramento da atividade a partir de cursos, mudanças na organização do serviço e/ou das rotinas de trabalho. Em suma, a partir dessas lições e sugestões relacionadas à pesquisa, à prática do psicólogo, à sua formação e à fiscalização da avaliação psicológica no trânsito, esperamos colaborar para o desenvolvimento dessa atividade realizada por grande parte dos psicólogos do trânsito brasileiro, respaldando cada vez mais nosso trabalho.

Referências

Alchieri, J. C., & Stroeher, F. (2003). Características do processo de avaliação psicológica para condutores de veículos: um estudo sobre a tomada de decisão dos psicólogos na utilização de testes psicológicos no Brasil. *Revista Iberoamericana de Diagnostico y Evaluación Psicológica, 15*(1), 107-119.

Anastasi, A., & Urbina, S. (2000). *Testagem psicológica.* Porto Alegre: Artes Médicas.

Ávila, F. A., & Benczik, E. B. P. (2005). Transtorno de Déficit de Atenção e Hiperatividade – TDAH: um estudo do exame psicológico de um motorista infrator. *Revista Abramet, 22*(45), 32-39.

Bartholomeu, D. (2008). Traços de personalidade e comportamentos de risco no trânsito: um estudo correlacional. *Psicologia Argumento, 26*(54), 193-206.

Conselho Federal de Psicologia [CFP]. (2003). *Resolução CFP n. 007/2003.* Institui o manual de elaboração de documentos escritos produzidos pelo psicólogo, decorrentes de avaliação psicológica e revoga a Resolução CFP n. 17/2002. Brasília, DF. Recuperado em 21 outubro, 2014, de http://site.cfp.org.br/wp-content/uploads/2003/06/resolucao2003_7.pdf

Conselho Federal de Psicologia [CFP]. (2005). *Código de ética profissional do psicólogo.* Brasília, DF. Recuperado em 21 outubro, 2014, de http://site.cfp.org.br/wp-content/uploads/2012/07/codigo_etica.pdf

Conselho Federal de Psicologia [CFP]. (2006). *Pesquisa exploratória sobre o processo de avaliação psicológica para a obtenção da carteira nacional de habilitação.* (Relatório final da ação conjunta de fiscalização/2006). Brasília, DF. Recuperado em 21 outubro, 2014, de http://site.cfp.org.br/wp-content/uploads/2007/05/relatorio_transito.pdf

Conselho Federal de Psicologia [CFP]. (2011a). *Nota técnica CFP n. 001/2011.* Recuperado em 21 outubro, 2014, de http://site.cfp.org.br/wp-content/uploads/2014/08/NOTA-T%C3%89CNICA-CFP-n%C2%BA-001-2011-p%C3%B3s-plen%C3%A1ria-fev.-20111.pdf.

Conselho Federal de Psicologia [CFP]. (2011b). *Resolução CFP n. 009/2011.* Altera a Resolução CFP n. 007/2009, publicada no DOU, Seção 1, do dia 31 de julho de 2009. Recuperado em 21 outubro, 2014, de http://site.cfp.org.br/wp-content/uploads/2011/05/resolucao2011_009.pdf

Cunha, J. A. (2000). Passos do processo psicodiagnóstico. In J. A. Cunha (Ed.). *Psicodiagnóstico-V* (pp. 105-138). Porto Alegre: Artes Médicas Sul.

Duarte, T. O. (1999). *Validade preditiva dos testes atenção concentrada Toulouse--Pierón, Bender e IFP na avaliação do comportamento de motoristas.* Dissertação de mestrado, Universidade Federal do Rio Grande do Sul, RS.

Frasson, L. M. M., & Souza, M. A. (2002). Estudo qualitativo da personalidade do motorista infrator através do Rorschach e EDAO. *Boletim de Psicologia, 52*(117), 141-157.

Frizzo, N. P. (2004). *Infrações éticas, formação e exercício profissional em psicologia.* Dissertação de mestrado, Universidade Federal de Santa Catarina, SC.

Grisci, C. L. I. (1991). Relação entre acidentes de trânsito e as variáveis de agressividade, atuação e culpa. *Psico, 21*(1), 103-117.

Groeger, J. A. (2003). Testes psicológicos podem predizer habilidade para dirigir? In R. Risser (Ed.). *Estudos sobre a avaliação psicológica de motoristas* (pp. 79-95). São Paulo: Casa do Psicólogo.

Hernandez, J. A. E., & Cruz, A. B. (2001). O teste de Bender e a seleção de motoristas nos transportes coletivos. *Aletheia, 14*, 49-61.

Instituto de Pesquisa Econômica Aplicada [Ipea], Departamento Nacional de Trânsito [Denatran] & Associação Nacional de Transportes Públicos [ANTP]. (2006). *Impactos sociais e econômicos dos acidentes de trânsito nas rodovias brasileiras.* Brasília, DF. Recuperado em 21 outubro, 2014, de http://www.denatran.gov.br/publicacoes/download/custos_acidentes_transito.pdf

Lamounier, R., & Rueda, F. J. M. (2005). Avaliação psicológica no trânsito: Perspectiva dos motoristas. *Psic, 6*(1), 35-42.

Lamounier, R., & Villemor-Amaral, A. E. (2006). Evidencias de validez para el Rorschach en el contexto de la psicología de transito. *Revista Interamericana de Psicología, 40*(2), 167-176.

Rothengatter, T. (2002). Driver's illusions – no more risk. *Transportation Research Part F, 5*, 249-258.

Rozestraten, R. J. A. (1990). O uso e a validade dos testes aplicados aos motoristas – dados de uma pesquisa [Trabalhos completos]. In Sociedade Brasileira de Psicologia (Ed.). *Anais da XX Reunião Anual de Psicologia* (pp. 471-476). Ribeirão Preto, SP: SBP.

Rueda, F. J. M. (2010). *Teste de Atenção Dividida (TEADI) e Teste de Atenção Alternada (TEALT)*. São Paulo: Casa do Psicólogo.

Rueda, F. J. M., & Castro, N. R. (2012). *Teste de Inteligência (TI)*. São Paulo: Vetor.

Rueda, F. J. M., & Monteiro, R. M. (2012). Avaliação da atenção no contexto da psicologia do trânsito: análise das publicações na área. In E. Boruchovitch, A. A. A. Santos & E. Nascimento (Eds.). *Avaliação psicológica nos contextos educativo e psicossocial*. São Paulo: Casa do Psicólogo.

Sampaio, M. H. L., & Nakano, T. C. (2011). Avaliação psicológica no contexto do trânsito: revisão de pesquisas brasileiras. *Psicologia: Teoria e Prática, 13*(1), 15-33.

Silva, F. H. V. C. (no prelo). O laudo psicológico é uma mera formalidade ou um indicador de qualidade da avaliação psicológica? In G. S. F. Lemos (Ed.). *Olhares interdisciplinares para o trânsito: teorias, métodos e pesquisas*. Goiânia: Dimensão.

Silva, F. H. V. C. (2012). A psicologia do trânsito e os 50 anos de profissão no Brasil. *Psicologia: Ciência e Profissão, 32*, 176-193.

Silva, F. H. V. C., & Alchieri, J. C. (2007). Avaliação psicológica da personalidade de condutores: uma revisão de literatura. *Psico-USF, 12*(2), 189-196.

Silva, F. H. V. C., & Alchieri, J. C. (2008). Revisão das pesquisas brasileiras em avaliação psicológica de habilidades e inteligência de condutores. *Estudos de Psicologia (Natal), 13*(1), 57-64.

Silva, F. H. V. C., & Alchieri, J. C. (2010). Validade preditiva de instrumentos psicológicos usados na avaliação psicológica de condutores. *Psicologia: Teoria e Pesquisa, 26*(4), 695-706.

Silva, F. H. V. C., & Alchieri, J. C. (2011). Laudo psicológico: operacionalização e avaliação dos indicadores de qualidade. *Psicologia: Ciência e Profissão, 31*(3), 518-535.

Vieira, M. V. M., Amorim, J. A., & Carvalho, A. V. (1956). O psicodiagnóstico miocinético na seleção de motoristas. *Arquivos Brasileiros de Psicotécnica, 8*(1), 53-65.

SOBRE OS ORGANIZADORES

Fábio de Cristo: psicólogo (CRP-17/1296), especialista em gestão de pessoas e mestre em Psicologia (UFRN). Doutor em Psicologia Social, do Trabalho e das Organizações (UnB). Pesquisador colaborador na Universidade de Brasília, professor de graduação no Centro Universitário de Brasília (UniCEUB) e de cursos de capacitação e de especialização em Psicologia do Trânsito pelo país. Consultor do Conselho Federal de Psicologia na elaboração de referências técnicas para a área de trânsito, transporte e mobilidade. Administrador do *Portal de Psicologia do Trânsito* (www.portalpsitran.com.br) e coordenador da Rede Latino-Americana de Psicologia do Trânsito. Autor do livro *Psicologia e trânsito: reflexões para pais, educadores e (futuros) condutores.*

Hartmut Günther: graduado em Psicologia pelo Albion College, mestre em Psicologia Experimental pela Western Michigan University e doutor em Psicologia Social pela University of California at Davis. Atualmente é professor titular da Universidade de Brasília, na qual coordena o Laboratório de Psicologia Ambiental e realiza pesquisas sobre qualidade de vida urbana e psicologia do trânsito.

Ingrid Neto: psicóloga e pedagoga, doutora em Psicologia Social, do Trabalho e das Organizações pela Universidade de Brasília. Pesquisadora colaboradora no Laboratório de Psicologia Ambiental da Universidade de Brasília. Docente no Centro Universitário do Distrito Federal e em cursos de pós-graduação na área de trânsito. Desenvolve pesquisas na área de transportes, com ênfase em variáveis psicológicas que influenciam o comportamento no ambiente de transportes.

Zuleide Oliveira Feitosa: psicóloga, especialista em Clima, Gestão e Bem-estar Organizacional, mestre em Psicologia Social do Trabalho e das Organizações pela Universidade de Brasília (UnB), doutoranda pelo Programa de Pós-Graduação em Transportes (UnB). Desenvolve pesquisas na área de transportes, com ênfase em variáveis psicológicas que influenciam o comportamento na escolha de diferentes modos de transportes.

SOBRE OS AUTORES

Alessandra Olivato: mestre em Sociologia Urbana pela Universidade de São Paulo, coordenadora de Pesquisa do Ibope Inteligência e professora de Sociologia da Faculdade das Américas, São Paulo, SP.

Alessandra Sant'Anna Bianchi: graduada em Psicologia pela Universidade Federal do Rio Grande do Sul, mestre em Psicologia do Desenvolvimento pela mesma instituição e doutora em Psicologia na Universidade de Barcelona. Desde 2007, é professora adjunta na Universidade Federal do Paraná, no qual coordena o grupo de pesquisa Trânsito e Transporte Sustentável e é responsável pela linha de pesquisa "Psicologia do Trânsito: Avaliação e Prevenção" no programa de Mestrado em Psicologia.

Ana Paula Soares Gondim: farmacêutica, doutora em Saúde Coletiva, docente do Mestrado em Saúde Coletiva da Unifor.

Antonio Clóvis Pinto Ferraz: engenheiro civil, mestre e doutor em Engenharia de Transportes pela EESC/USP. Livre-docente e Professor Titular da EESC/USP.

Carla Giovana Dagostin: psicóloga perita credenciada no Detran/SC, mestre em Psicologia pela Universidade Federal de Santa Catarina e professora da Universidade do Sul de Santa Catarina.

Cláudio Márcio Antunes Franco: graduado e mestre em Psicologia pela Universidade Federal do Paraná na linha de pesquisa "Psicologia do Trânsito: Avaliação e Prevenção". Tem experiência na área de Psicologia Jurídica e Psicologia do Trânsito, atuando principalmente nos seguintes temas: mobilidade sustentável, uso da bicicleta e escolha modal. Atua profissionalmente como psicólogo clínico no Complexo Médico Penal do Estado do Paraná e é professor de Psicologia Jurídica na Faculdade Campo Real.

Fernanda Cubas: psicóloga, mestre em Psicologia da Saúde. Docente na Universidade Luterana do Brasil (ILES/Ulbra) em Itumbiara (GO). Coordenadora da Instituição de Acolhimento para Adolescentes de Ituiutaba (MG) e psicóloga no Centro de Referência Especializado de Assistência Social de Ituiutaba (Creas).

Flavio Pechansky: psiquiatra, doutor em Medicina – Clínica Médica pela Universidade Federal do Rio Grande do Sul (UFRGS). Diretor do Centro de Pesquisa em Álcool e Drogas do Hospital de Clínicas de Porto Alegre (HCPA). Coordenador do NEPTA da UFRGS. Professor-associado do Departamento de Psiquiatria da UFRGS e chefe do Programa de Dependência Química do HCPA.

João Carlos Alchieri: doutor em Psicologia do Desenvolvimento pela Universidade Federal do Rio Grande do Sul. É professor no Programa de Pós-graduação em Psicologia da Universidade Federal do Rio Grande do Norte.

José Carlos Souza: psiquiatra, doutor em Ciências Médicas pela Universidade Estadual de Campinas, pós-doutor pela Universidade de Lisboa. Professor titular da graduação, do mestrado e do doutorado em Psicologia da Universidade Católica Dom Bosco (UCDB), em Campo Grande (MS).

Ludmila Fernandes da Cunha: graduada em Psicologia e mestre em Psicologia Social e do Trabalho pela Universidade de Brasília. Atualmente trabalha como psicóloga organizacional no Departamento de Polícia Federal.

Luiza Jane Eyre de Souza Vieira: enfermeira, doutora em Enfermagem, docente do Mestrado em Saúde Coletiva da Unifor e do doutorado em Saúde Coletiva pela Associação Ampla UECE/UFC/Unifor.

Paula Ariotti: engenheira civil, mestre e doutora em Engenharia de Produção com ênfase em Sistemas de Transportes pela Universidade Federal do Rio Grande do Sul. Atualmente, é analista em infraestrutura de transporte no Departamento Nacional de Infraestrutura de Transporte (DNIT), superintendência regional do Rio Grande do Sul, em Porto Alegre.

Renata Jucksch Torquato: graduada e mestre em Psicologia pela Universidade Federal do Paraná, na linha de pesquisa "Psicologia do Trânsito: Avaliação e Prevenção". Em 2011, trabalhou como pesquisadora convidada no Departamento de Segurança e Ambiente no Institute of Transport Economics, na Noruega. Atualmente, trabalha no Norwegian Public Roads Administration, no qual realiza pesquisas, consultorias e palestras sobre processos psicológicos e comportamento no trânsito.

Samira Valentim Gama Lira: enfermeira, mestre em Saúde Coletiva, doutoranda em Saúde Coletiva pela Associação Ampla UECE/UFC/Unifor, docente do curso de Enfermagem da Universidade de Fortaleza.

Thais de Cássia Martinelli Guerreiro: engenheira civil pela UFSCar, mestre e doutoranda em Engenharia de Transportes pela EESC/USP.

Zenith Nara Costa Delabrida: professora adjunta da Universidade Federal de Sergipe no Departamento de Psicologia, responsável pelas disciplinas de método (experimental e psicometria), psicologia ambiental e estágios. Conduz estudos em Psicologia Social, principalmente com ênfase em Psicologia Ambiental. Atualmente, suas pesquisas englobam os seguintes temas: ambientes coletivos, comportamento pró-ambiental e o ensino de psicologia.

Zuleide Oliveira Feitosa: psicóloga, especialista em Clima, Gestão e Bem-estar Organizacional, mestre em Psicologia Social do Trabalho e das Organizações pela Universidade de Brasília (UnB), doutoranda pelo Programa de Pós-Graduação em Transportes (UnB). Desenvolve pesquisas na área de transportes, com ênfase em variáveis psicológicas que influenciam o comportamento na escolha de diferentes modos de transportes.